◎ 山东省自然科学基金（ZR2023QG044）
◎ 山东省自然科学基金（ZR2023QG032）
◎ 山东省高等学校哲学社会科学研究项目（2024ZSMS312）
◎ 烟台市科技战略研究项目（2023ZLYJ113）
◎ 山东工商学院特色研究项目（2023TSXM012）

供应链企业横向创新竞合与决策

Horizontal Innovation Coopetition and
Decision-Making in
Supply Chain Enterprises

曲薪池 ———— 著

U0717430

图书在版编目（CIP）数据

供应链企业横向创新竞合与决策 / 曲薪池著.
北京：经济管理出版社，2024. -- ISBN 978-7-5243
-0185-1

Ⅰ．F274

中国国家版本馆 CIP 数据核字第 20251QY487 号

组稿编辑：赵天宇
责任编辑：赵天宇
责任印制：许　艳
责任校对：蔡晓臻

出版发行：经济管理出版社
　　　　　（北京市海淀区北蜂窝 8 号中雅大厦 A 座 11 层　100038）
网　　址：www. E-mp. com. cn
电　　话：（010）51915602
印　　刷：唐山玺诚印务有限公司
经　　销：新华书店
开　　本：720mm×1000mm/16
印　　张：12.5
字　　数：234 千字
版　　次：2025 年 4 月第 1 版　　2025 年 4 月第 1 次印刷
书　　号：ISBN 978-7-5243-0185-1
定　　价：88.00 元

序　言

供应链创新管理是实现供应链战略安全的重要保障，现已成为国内外学者普遍关注的经济与社会问题。然而，提供可替代服务的供应链企业间的市场竞争，抑制了供应链企业间横向创新合作关系的发展，成为供应链企业横向创新竞合系统发展的桎梏。因此，要想提高供应链企业横向创新竞合效率，助推供应链企业产品创新水平的共同提高，实现供应链战略安全，就必须妥善解决提供可替代服务的供应链企业间的横向创新竞争与合作问题。为此，本书综合运用动态规划、博弈论、系统仿真等方法理论，探究供应链企业横向创新竞合模式及决策过程中的相关问题，具体研究内容如下：

首先，通过分析供应链企业横向创新竞合过程中的利益相关关系，梳理出提供可替代服务的供应链企业间两类横向创新合作的实现形式，即联合决策模式和创新成果共享模式，并设计了不同横向创新合作模式下供应链企业横向创新竞合系统的理论分析框架。在分析框架的基础上，分别构建了联合决策模式下和创新成果共享模式下供应链企业横向创新竞合决策模型。为实现联合决策模式下供应链企业横向创新竞合系统的稳定运行，防范系统内企业的道德风险问题，在分散式决策模型基础上给出了联合决策模式下供应链企业横向创新竞合系统的利润再分配策略；为解决创新成果共享衍生出的产品市场竞争加剧和企业间公平关切问题，探讨了市场竞争强度和企业间公平关切对创新成果共享模式下供应链企业横向创新竞合决策的影响机理。研究结果发现：联合决策模式虽有利于提升系统整体利润，但抑制了创新领导企业的创新研发投入，存在引发 Cartel 问题的风险；创新成果共享模式下创新追随企业必须通过降低产能和定价、创新领导企业则应通过拓展独立市场来应对市场竞争加剧问题；创新领导企业公平关切虽然有利于实现创新成果共享，却不利于提升创新领导企业的产品创新水平，创新追随企业公平关切不仅抑制了创新领导企业的产品创新水平，还抑制了创新领导企业的创新成果共享积极性。因此，政府不仅应警惕创新追随企业公平关切情境下创新领导企业通过哄抬创新成果共享定价制造激烈的市场竞争环境，以实现技术垄断；也应对采取联合生产、兼并购策略的企业生产活动加强监管，适当地引进新的研发企业进行竞争，以规避垄断风险，并对高技术壁垒行业的供应链企业创新研发活动进行补贴，降低供应链企业的创新研发成本。

其次，当市场机制无法有效引导企业市场行为时，那么政府规制将成为引导企业行为的必要手段。考虑到政府规制将改变供应链企业间的话语权，进而改变供应链企业横向创新竞合系统中企业间的权力结构，因此，构建了政府规制下考虑权力结构的供应链企业横向创新竞合决策模型，探讨了政府规制与权力结构对供应链企业决策、模式选择的影响机理。研究发现：创新追随企业难以主导供应链企业间的横向创新竞合关系，但创新追随企业话语权的提升，有利于推动企业间的创新成果共享；供应链企业采取 Nash 分散式决策时，产品创新成本系数的提升，将迫使创新领导企业通过创新成果共享分担创新成本和创新风险；而在创新领导企业主导的供应链企业横向创新竞合关系中，创新成果共享加剧了提供可替代服务的供应链企业间横向创新竞争，又由于创新领导企业在系统中具有绝对话语权，因此，创新领导企业轻易不会采取创新成果共享策略，此时，联合决策模式和政府补贴在一定限度上将有利于推动创新领导企业采取创新成果共享策略。因此，为推动供应链企业间开展创新成果共享活动，政府应采取措施，提升创新追随企业在系统中的话语权（结构权力）。

最后，基于研究成果总结了供应链企业横向创新竞合系统运行优化机制、异质视角下供应链企业横向创新竞合决策的提升策略，并借鉴国外供应链创新管理经验，提出了供应链企业横向创新竞合系统可持续运行的政策保障措施。上述总结从系统优化、政府及供应链异质视角两个维度，为供应链企业横向创新竞合决策与管理提供了启示。

目　录

1 绪论

1.1 研究背景

供应链创新与管理是当前国内外普遍关注的经济与社会问题，是企业参与市场竞争、国家获取竞争优势的重要途径[1]，供应链管理问题有时还会危及国家战略安全。为获得可持续的国家竞争优势，美国政府于 2012 年发布了《全球供应链国家安全战略》[2]。为应对经济发展下行的压力，亚太经合组织会议于 2014 年提出，应建立区域乃至全球经济发展的供应链战略。近年来，我国高度重视现代供应链创新发展，2017 年，国务院办公厅印发了《关于积极推进供应链创新与应用的指导意见》，对我国供应链创新发展作出全面部署[3]；2018 年，商务部、工业和信息化部等八部门联合下发《关于开展供应链创新与应用试点的通知》，在全国范围内开展供应链创新与试点应用[4]。

为了鼓励我国供应链企业间的创新合作，提升中国企业的国际竞争力，满足社会发展的需要，我国各级政府投入大量人力、物力为企业创新提供保障。2018年 5 月，我国政府便以共享创新成果、引领行业发展为主题，举办了中国国际大数据产业博览会；浙江、江西、四川等省份亦发布了促进企业创新、加快创新成果共享的政策文件。根据国务院新闻办消息，2019 年，我国全社会创新投入突破 2 万亿元人民币，居世界第一位[5]，其中，企业研发投入占比超过 70%，政府的投入极大地带动了企业创新投入与研发活动，提升了我国供应链竞争力。但是，世界知识产权组织（WIPO）评估显示，我国创新指数仅居世界第 14 位，同时，根据国家海关统计数据可知，仅 2018 年，我国芯片进口总量就达到 3120 亿美元，占全球集成电路 5000 亿美元市场规模的 60%以上。

就供应链企业而言，随着社会经济的快速发展和社会物质的极大丰富，当前世界各国主要的消费市场已经基本脱离了以"填饱肚子"为目标的发展阶段，逐渐向着物质、精神文明需求多元化方向发展。价格已不再是消费者选择消费的唯一判定依据，新鲜概念的出现也在逐渐主导消费者的消费观念。在此时代背景下，创新成为供应链企业在激烈的市场竞争中脱颖而出的必然选择。供应链企业的创新过程不是一蹴而就的，而是需要供应链企业间的通力协作。在供应链内部，企业间存在横向与纵向的组织结构关系，并最终形成了供应链内部网络。在供应链内部企业的纵向组织结构关系中，各企业间分工协作，完成零配、制造组装、物流销售以及售后服务等各个环节，以保证供应链的正常运行；然而，在供应链内部企业的横向组织结构关系中，从事提供同一环节服务的供应链企业间，竞争往往是其关系中的主要问题，合作潜力往往会被竞争所抑制。比如供应链中的物流环节，物流企业间本可以通过整合门店资源，为客户带来更为便捷的收寄件服务体验（尤其是在客户相对稀疏的地区，分散的快递点给客户收寄件带来了不便），然而在客户数量一定的情况下，物流企业间又必然存在争夺客户资源的问题，这将抑制物流企业间的门店资源整合，推高物流企业的服务成本。因此，在供应链内部企业的横向竞争过程中，竞争虽然在一定程度上刺激了供应链企业的创新活动，但是竞争抑或过度竞争，都存在导致企业创新失败的风险和造成创新资源浪费的问题。供应链内部企业间的横向合作一直受到社会各界的广泛关注，备受推崇，这是由于供应链内部企业间的横向合作，一方面可以提升资源的利用效率，另一方面可以提升创新成功的概率。竞争与合作已然成为供应链企业不得不面对的问题，相较于供应链企业间的纵向创新协作问题，供应链企业间的横向竞争与合作矛盾业已成为限制当前供应链创新的重要问题。因此，如何缓解供应链企业间的横向竞争问题，推动供应链企业间的横向创新合作，进一步提升供应链创新竞争能力，将是不得不解决的问题。

当前，学者从供应链发展过程的角度，将供应链企业间合作关系的发展历程归结为传统企业关系、传统供应链关系、集成供应链关系；赵树宽提出了与之相对应的供应链企业间的创新模式：独立研发模式、引进创新模式、联合研发模式，并对供应链企业间的合作关系与创新模式间的关联关系进行了分析[6]。独立研发模式下，提供可替代服务的供应链企业间通过联合决策可以实现资源的节约和收益的增加，规避双输局面的出现；引进创新模式和联合研发模式具有一定的同质性，均通过创新成果共享，分担创新成本和分散创新风险，提升创新效率。上述三种模式各有利弊，第一种模式虽然并不能直接实现供应链企业间的创新成果共享，但在提升供应链收益的同时，规避了由于创新成果共享导致的产品差异减小所带来的市场竞争加剧问题；后两种模式虽然更有利于创新水平的提升和行业的整体发展，但会产生由于产品差异减小所带来的市场竞争加剧问题。此外，创新成果共享将导致利益分配问题，继而引发供应链企业间的公平关切问题。李京文和姚蔚曾提出企业开放型创新的两种基本模式，即自主创新和模仿学习创新[7]。赵树宽的引进创新和联合研发创新便是建立在李京文的模仿学习创新基础之上的。虽然，供应链企业间的横向竞争严重抑制了企业间的横向合作，但实际上，具有竞争关系的供应链企业间的横向合作，并非仅存于科学研究过程中，在市场运作过程中亦较为常见。当提供可替代服务的供应链企业间存在较为明显的技术层次差异时，供应链中的强势企业并非一味地占领其所在领域的各个层次的市场，为了专注于自己领域的高尖端市场，往往会通过一定的技术共享或转让，在赚取技术共享或转让费用，将资金用于高尖端技术研发的同时，将部分技术共享、转让于其他企业，推动行业技术的整体提升，继而提升自身的创新动力，实现自身和整个供应链的竞争力提升。此外，由于创新合作过程中存在技术的共享与转移，因此，供应链企业间的横向创新合作在一定程度上还可以规避政府的反垄断调查。

可以发现，消费观念的转变、企业竞争的加剧和政府创新政策的出台均迫使供应链企业不得不通过创新来满足自身需要和社会各方需要。企业间创新合作可以降低企业创新成本和创新风险，有利于提升企业创新积极性，现已成为社会各界的普遍共识。然而提供可替代服务的供应链企业间的创新合作却存在如下问题：

第一，提供可替代服务的供应链企业间的横向创新合作能够通过创新成本分担，降低供应链企业的创新成本和创新风险，如三星与vivo联合推出了Exynos 980芯片，使三星Exynos 980芯片的研发成本得以分担，风险得以分散。然而，提供可替代服务的供应链企业在向同一消费群体提供服务的过程中，由于服务是可替代的，因此提供可替代服务的供应链企业间必然存在市场竞争问题，如使用Exynos 980芯片的三星与vivo手机必然存在市场竞争问题。创新竞争与创新合作本就是一对矛盾体，创新竞争与创新合作的同时存在致使供应链企业间产生了复杂的利益相关关系，然而目前鲜有研究对提供可替代服务的供应链企业间如何实现横向创新合作问题进行系统讨论。

第二，提供可替代服务的供应链企业间必然存在信息不对称的问题，供应链企业有限理性更是给信息不对称的供应链企业的机会主义行为提供了空间，为提供可替代服务的供应链企业间横向创新合作平添了不确定性，阻碍了提供可替代服务的供应链企业间的横向创新竞合关系的发展。因此，在理清了提供可替代服务的供应链企业间如何实现横向创新合作后，就有必要探究如何更好地实现提供可替代服务的供应链企业间的横向创新合作。完善的横向创新竞合机制的建立以及科学的决策将为供应链企业间更加健康的横向创新竞合关系提供保障，然而虽然现有的部分文献对供应链企业间的横向创新竞争问题和横向创新合作问题进行了广泛的研究，却忽视了对供应链企业横向创新竞合过程中的保障机制和科学决策问题的讨论。

第三，当供应链企业间的横向创新竞合关系不稳定时，供应链企业间的横向创新合作与竞争的平衡将被打破，双赢的局面将无法实现，甚至会出现双输局面，此时，政府应如何对供应链企业横向创新竞合系统的发展进行规制，并促使供应链企业横向创新竞合系统服务于社会发展？市场机制不是万能的，当供应链企业间的横向创新竞合关系不稳定时，政府规制便成为解决问题、维系平衡的关键。政府规制赋予了供应链中创新追随企业一定程度的话语权，将会改变供应链企业横向创新竞合系统中的权力结构，那么政府规制下供应链企业横向创新竞合过程中的权力结构变化又会如何影响供应链企业间的横向创新竞合决策与模式选择，以及政府应如何通过补贴提升供应链企业创新水平和创新成果共享水平？

上述问题的解决，将为提供可替代服务的供应链企业横向创新竞合决策和政府规制提供科学依据，有利于提供可替代服务的供应链企业间更好地实现创新合作，降低供应链企业的创新成本和创新风险，提高供应链企业间的横向创新竞合效率，助推供应链企业产品创新水平的共同提高，最终实现供应链战略安全。

1.2　研究目的及意义

1.2.1　研究目的

当前，企业创新竞争已逐渐演变为供应链间的创新竞争，供应链创新能力对国家安全与战略制定的影响愈发显著。供应链创新活动包括提供不同环节服务的供应链内企业间的纵向创新竞合活动与提供可替代服务的供应链企业间的横向创新竞合活动，由于提供不同环节服务的供应链企业间往往可以很好地达成共同目标或愿景，因此，供应链企业间可以较好地实现合作；而在提供可替代服务的供应链企业间，由于市场竞争的存在，供应链企业间的创新合作往往难以达成，致使创新成本难以分担、创新风险难以分散，造成了创新资源的极大浪费，因此，无论是对于企业还是政府而言，提高供应链企业横向创新竞合效率，助推供应链企业产品创新水平的共同提高，实现供应链战略安全，就必须妥善解决提供可替代服务的供应链企业间的横向创新竞争与合作问题。基于此，本书旨在实现如下研究目的：

第一，为了系统分析供应链企业横向创新竞合问题，本书将尝试梳理提供可替代服务的供应链企业间的横向创新竞合模式，在此基础上，厘清供应链企业横向创新竞合过程中参与主体间的利益相关关系和竞合模式，构建基于利益相关者理论的联合决策模式下和创新成果共享模式下供应链企业横向创新竞合系统的分析框架。

第二，为了向联合决策模式下供应链企业横向创新竞合决策提供科学的决策依据，本书将尝试构建并探讨联合决策模式下供应链企业横向创新竞合决策问题。为了规避联合决策模式下供应链企业集中决策过程中的道德风险问题，本书构建了供应链企业横向创新竞合分散式决策模型，通过对比分析联合决策与分散式决策以及利润的差异性，探究了联合决策模式下供应链企业横向创新竞合决策问题及利益协调问题。

第三，为了向创新成果共享模式下供应链企业横向创新竞合决策提供科学的决策依据，本书将尝试构建创新成果共享模式下供应链企业横向创新竞合决策模型，并就创新成果共享带来的产品差异性降低引发的市场竞争问题和公平关切问题进行探讨。首先，将市场竞争强度概念引入模型设计，探究创新成果共享模式下供应链企业横向创新竞合决策问题及管理问题。其次，构建供应链企业的公平关切效用函数，并引入创新成果共享模式下供应链企业横向创新竞合决策模型，探究创新成果共享模式下存在公平关切的供应链企业间的横向创新竞合决策及管理问题。

第四，市场并不是万能的，在市场无法有效促使市场参与主体有效服务社会的情境下，政府规制成为解决市场失灵的有效办法，政府规制在一定程度上为创新追随企业赋予了一定的话语权，将改变供应链企业间的权力结构。因此，本书尝试探索政府规制下考虑权力结构的供应链企业横向创新竞合决策与模式选择问题，以期为供应链企业横向创新竞合决策、模式选择及政府规制策略的科学制定作出贡献。

1.2.2 研究意义

在供应链创新竞争力亟待提升的背景下，推动供应链企业间的横向创新竞合发展成为提升供应链创新竞争力的突破口。本书首先通过分析供应链企业间横向创新竞合关系，理清了供应链企业横向创新竞合过程中存在的两类横向创新竞合模式，构建了基于利益相关者理论的两类创新竞合模式下供应链企业横向创新竞合系统的分析框架，继而考虑消费者偏好、市场竞争强度、决策主体公平关切以及政府规制等因素，构建了供应链企业横向创新竞合决策模型，具有重要的理论意义与现实意义。

（1）理论意义

供应链企业横向创新竞合关系的建立，将有助于本是竞争对手的供应链企业间的创新成本分担和创新风险分散，提高供应链企业横向创新竞合效率，助推供应链企业产品创新水平的共同提高，实现供应链战略安全。然而，供应链企业横向创新竞合过程中竞争和合作并存，给供应链企业横向创新竞合系统的稳定性带来了挑战，本书将经典的竞争博弈模型应用到企业创新竞合问题中，并发现了不同横向创新合作模式下供应链企业决策的异质性问题，具有重要的理论意义。具体而言：

1）拓展了利益相关者理论的应用情境。利益相关者理论被广泛地应用于供应链企业间的纵向创新合作研究及产学研协同创新研究，为利益相关主体间的良性合作提供了有益铺垫。然而，提供可替代服务的供应链企业横向创新竞合过程中创新竞争与创新合作并存，因此，本书以利益相关者理论为基础，构建了提供可替代服务的供应链企业间的横向创新竞合模型，拓展了利益相关者理论的应用情境。

2）拓展了经典竞争博弈模型的应用范围。经典的 Stackelberg 博弈模型、Cournot 博弈模型研究了寡头企业间的市场竞争问题，然而没有考虑企业创新问题和寡头企业间的合作问题。本书通过构建提供可替代服务的供应链企业间的横向创新竞合模型，将经典的 Stackelberg 博弈模型和 Cournot 博弈模型应用到供应链企业横向创新竞合博弈问题的分析过程中，刻画了供应链企业间的横向创新竞合问题，尝试探索了供应链企业横向创新竞合系统的演变过程。

3）研究结论丰富了对 Cartel 问题的认识。传统的 Cartel 问题是指生产同类产品的企业间为了获取高额利润，通过划分市场、约定产品产量和价格，达成协议进而形成垄断，本书研究发现，采取联合决策的供应链内独立研发企业虽然可以通过联合决策实现系统利润水平的提高，但是联合决策不仅提升了供应链企业间约定的产品定价，而且限制了产品创新水平的提升，形成了 Cartel 问题；然而，创新成果共享的供应链企业间采取联合决策，不仅有助于推动供应链企业间的创新成果共享，提升供应链企业的产品创新水平；而且不会导致供应链企业联合抬价、限制产量的问题。因此，本书研究丰富了对一般 Cartel 问题的认识，并为政府规制垄断提供了参考。

（2）现实意义

本书研究将有助于供应链内提供可替代服务的企业间横向创新合作关系的实现和维系，推动供应链企业横向创新竞合关系的发展，进一步提升供应链创新竞争力，保障国家供应链战略安全。本书的现实意义具体体现在以下四个方面：①本书在赵树宽等[6]、李京文和姚蔚[7] 研究的基础上梳理出的两类供应链企业间的横向创新竞合模式，将为更多地提供可替代服务的供应链企业间的创新合作提供路径；②本书构建的联合决策模式下供应链企业横向创新竞合决策模型，考虑了参与主体分散式决策时的利益分配问题，将为通过联合决策实现横向创新竞合的供应链企业决策及收益分配协调提供依据，规避联合决策过程中可能存在的道德风险问题；③提出并构建了以创新成果共享形式实现的供应链企业间横向创新竞合决策模型，引入产品市场竞争强度及企业公平关切，分析了产品市场竞争强度和供应链企业间公平关切对创新成果共享模式下供应链企业横向创新竞合决策的影响机理，为创新成果共享模式下供应链企业横向创新竞合决策提供了依据；④考虑到政府规制在一定程度上可以为创新追随企业赋予一定的话语权，改变供应链企业间的权力结构，因此构建了政府规制下考虑权力结构的供应链企业横向创新竞合决策模型，将为供应链企业横向创新竞合决策、模式选择和政府规制策略的科学制定提供依据。

1.3　国内外研究现状

基于提供可替代服务的供应链企业横向创新过程中存在的竞争与合作问题，

本书在利益相关者理论的基础上，分析了供应链企业横向创新竞合关系，研究了联合决策模式下和创新成果共享模式下供应链企业横向创新竞合决策的演变过程，探讨了供应链企业横向创新合作模式的选择问题，并分别从供应链视角和政府视角探究了供应链企业横向创新竞合系统的优化及管理提升问题。

在日益复杂的市场竞争环境下，供应链企业建立同链内竞争对手之间富有价值的外部合作关系，对于供应链企业的生存和发展至关重要[8]，供应链企业横向创新竞合问题是传统供应链企业间横向竞争问题（代表性问题：供应链双渠道竞争问题）和双渠道契约协调等问题的深化。供应链企业间的横向创新竞合关系，是提供可替代服务的供应链企业间，为分担创新成本和风险，获得互补性资源，与竞争对手之间建立起来的竞争与合作并存的关系[9]，这种关系正越来越受到社会各界的关注[10][11]。国内外学者普遍认为，供应链企业间的横向创新竞合关系，提高了企业间的知识共享效率[12][13]，助推了行业技术水平的进步[14]，提升了企业创新绩效[15][16]。然而，李东红等对中国制造企业境外竞合问题的最新研究成果显示，中国制造企业同境外竞争者的合作对提升创新绩效并无显著作用，伴随市场竞争强度的提升，中国制造企业同境外竞争者的合作关系反而会降低中国制造企业的创新绩效[17]。由此可见，企业间的竞合关系对企业创新决策及创新绩效的影响，尚待进一步研究讨论。

接下来，本书将分别从传统供应链企业的竞争与合作问题、供应链企业的创新竞争与合作问题、供应链企业的创新与政府规制问题三个方面进行文献回顾，定位本书的研究贡献。

1.3.1 传统供应链企业的竞争与合作问题

供应链企业创新决策研究为供应链利益相关主体决策提供了科学依据，在推动供应链企业创新发展过程中具有至关重要的作用。为研究供应链企业创新决策问题，笔者首先对传统供应链企业决策的相关研究成果进行整理，其次为供应链企业创新研究提供借鉴。

自网络经济面世以来，供应链线上销售渠道作为线下零售渠道的有效补充，在给消费者带来消费便利以及为产品制造商创造更大价值的同时，也给传统的线下零售业造成了巨大冲击。因此，学者在对提供不同环节服务的供应链企业间产销进行研究的基础上，对基于线上、线下双渠道的供应链模式及供应链企业决策问题展开了广泛且深入的研究。由于供应链企业创新决策问题研究建立在传统的供应链企业决策问题研究的基础之上，且供应链企业创新过程中的决策方法与双渠道供应链企业决策研究存在较多的相似性，因此，本书将从供应链企业渠道竞争、供应链企业渠道合作、供应链双渠道风险规避三个方面，开展对传统供应链企业双渠道决策问题的梳理工作，以期为供应链企业横向创新竞合研究奠定基础。

（1）供应链企业双渠道竞争问题

伴随电子商务的兴起，供应链线上线下竞争问题随之衍生。基于线上线下双渠道供应链分析框架，孙自来等分析了不同权力结构对供应链成员定价、市场需求和成员利润的影响[18]；Jia 和 Li 构建了一个包含电子零售商在线市场和自营商店的闭环供应链系统，并得到了供应链成员的决策区域和相应的最优决策[19]。由于在双渠道供应链运行过程中，线下零售商会通过品牌建设提升自身在供应链体系中的话语权和谈判筹码，如大型零售商沃尔玛、国美等可以通过自身强大的市场知名度压低供货商供货价格，为消费者提供廉价产品的同时获得盈利并提高市场占有率，因此，范小军和陈宏民构建了考虑零售商品牌建设的双渠道供应链决策模型，分析了零售商品牌建设对双渠道供应链决策的影响[20]。基于同样的道理，王晓锋等将服务敏感系数引入双渠道供应链的需求函数，求得了考虑服务敏感系数的双渠道供应链均衡解，并分析了服务敏感系数对供应链决策的影响[21]。有学者认为，制造商拓展线上销售渠道，有利于提升供应链整体的利润水平[22]；然而，亦有学者研究认为，虽然制造商拓展线上销售渠道有利于提升供应链整体的利润水平，但会导致线上线下渠道竞争问题[23]，甚至会使线下零售商利润遭受损失[24]。针对供应链渠道竞争决策问题，周建亨和赵瑞娟研究了双渠道供应链内的信号传递策略，发现制造商需要通过扭曲定价来传递信号[25]；钱萍萍等对不同决策模式下的双渠道供应链合作广告博弈问题进行了分析，发现战略联盟模式有利于提升广告投入水平，但是渠道竞争下的系统收益与广告比率负相关[26]；陈安平等研究了渠道模式对制造商创新的影响，发现市场竞争强度调节了双渠道供应链中的渠道势力同制造商创新激励水平间的关联关系[27]。

Liu 等认为，制造商增设线上直销渠道，不可避免地与线下零售渠道展开渠道竞争，因而引发了线下零售商的公平关切问题，并以此为基础，研究了考虑零售商公平关切的双渠道供应链定价策略[28]；与此相对应，Jian 等研究了双渠道供应链中制造商公平关切对系统定价和利润的影响，发现制造商公平关切加剧了市场竞争，降低了批发价格及零售定价，削弱了零售商的盈利能力[29]。关于公平偏好的相关研究：国外学者 Matthew 较早地指出，现实中供应链成员是有限理性的，在做决策时常常表现出公平关切的行为，不但关注自身利益最大化，也关注供应链成员的利润分配是否公平[30]。Cui 等将公平偏好引入供应链中，研究了公平偏好行为对供应链契约协调的影响[31]。Ho 等研究了由一个供应商和两个零售商组成的两级供应链，零售商存在双向公平关切行为时的契约协调问题[32]。Katok 等认为，在供应链成员具有私人的公平关切行为这一特殊情形下，无论信息如何不对称，当公平关切程度足够强时，制造商的批发价定价策略可以有效协调供应链[33]；与此同时，Qin 等发现，当供应链成员均为公平中立时，制造商的批发价策略不能够协调供应链[34]。Niu 等发现，供应链中利益相关主体的公平关切行为将引发竞争，并将最终损害整个供应链的利润[35]；而 Zheng 等在零售商具有公平关切的三级闭环供应链研究中认为，考虑零售商公平关切时的利润分配满足个人与集体的利润需求[36]。在国外早期研究的基础上，结合实际国情，并将问题科学化后，我国学者李波等指出，具有公平关切行为的零售商可能扭曲其订货信息而损害制造商的利润[37]；黄芳等以零售商代发货的双渠道供应链为背景，分析了零售商的公平偏好对批发价加代发货服务费契约下各决策主体行为的影响[38]。邹清明和叶广宇基于再制造流程，构建了双向双渠道闭环供应链决策模型，并研究了公平关切对双向双渠道供应链成员定价及利润的影响[39]。刘丁瑞等建立了两个竞争性制造商、一个零售商的供应链模型，引入渠道服务水平与公平关切理论，讨论了服务水平及公平关切对供应链各成员利润的影响[40]。廖治通对比分析了单渠道和双渠道供应链决策模型中，消费者公平关切对制造商渠道选择的影响，并对不同渠道模式下供应链决策及利润进行了求解[41]。

此外，由于线上电商的兴起导致供应链渠道模式的创新，因此，严磊等研究了消费者网购偏好对供应链双渠道定价策略的影响，认为线上渠道的开拓加剧了自身产品的竞争，甚至会减少制造商、零售商利润及渠道整体利润[42]；倪晓等研究了消费者品牌偏好与产品质量偏好对双渠道供应链决策的影响[43]，还有学者考虑到产品质量是影响消费者购买行为的关键驱动因素，研究了消费者效用视角下双渠道供应链的产品质量研发模式选择问题。Chiang 等基于消费者对渠道偏好的效用不同建立了需求函数，并给出定价博弈均衡解，并以此为出发点建立双渠道定价模型，分析了消费者偏好如何影响制造商和零售商的利润水平[44]；Huang 等、Khouja 等建立了考虑消费者偏好的双渠道供应链决策模型，研究了消费者偏好、生产成本等对双渠道供应链决策的影响[45][46]。Ma 等研究了在消费者渠道偏好和政府补贴共存时，双渠道闭环供应链如何确定最优的定价策略[47]；曹晓刚等从渠道竞争的视角出发，分析了不同的消费者偏好类型如何影响双渠道闭环供应链的定价决策，最后使用契约合同对供应链进行了优化[48]。

（2）供应链企业双渠道合作问题

在双渠道供应链运行过程中，销售渠道的利益主体间势必存在市场竞争关系，由上述文献梳理也可发现，学者在双渠道供应链相关问题研究过程中，着重研究了供应链双渠道协调问题，而根据现实情境亦可知，双渠道供应链竞争存在致使双渠道供应链中参与主体产生道德风险及过度竞争等问题的可能性，因此，合作或许是解决双渠道供应链竞争过程中参与主体道德风险问题及过度竞争等问题的有效路径。基于此，本书接下来将对具有竞争关系的供应链企业间的渠道合作问题研究进行梳理。

Yang 等研究了双渠道中制造商线上渠道与零售商线下渠道的合作问题，认为其合作方式需要通过订单的转移来实现，并设计了相应的协调契约[49]，以防范零售商竞争；Zhang 和 Wang 在双渠道供应链中考虑了服务水平和动态定价的合作策略，亦设计了一个两部制契约进行协调[50]；Modak 和 Kelle 研究了销售价格与交货期共同影响需求的线上线下系统，分别分析了集中式与分散式决策情形下的最优决策，并设计了协调契约[51]，规避合作过程中可能存在的囚徒困境问题；徐飞和王红蕾在消费者交货期差异下，建立了考虑交货期差异下双渠道合作时的利润优化模型，在此基础上，进一步优化设计了两部定价协调机制，并实现二者的双赢[52]。虽然信息技术的发展强化了渠道成员之间的信息共享能力，相关研究也表明信息共享在一定条件下可以提升渠道效率，但是还有很多企业因信息安全问题而不愿意进行信息共享[53][54]。石纯来和聂佳佳研究了双渠道供应链中制造商降低生产成本研发对零售商信息分享策略的影响[55]，为提升零售商信息共享意愿提供了依据；魏广明等在需求不确定环境下，研究了考虑消费者低碳意识的双渠道供应链的需求信息共享策略[56]；林志炳针对一个零售商主导的两级供应链，探讨了信息不对称下的制造商返利策略[57]；张晓和安世阳研究了由一个供应商和一个零售商组成的两级生鲜品供应链协调问题，构建了保鲜成本分担下的生鲜品双渠道供应链模型，在批发价契约的基础上提出了收益共享契约[58]。

（3）双渠道供应链风险规避研究

学者围绕双渠道供应链中的渠道竞争问题展开了大量研究，虽有学者研究了渠道合作问题，但发现渠道合作过程往往伴随竞争问题，亦伴随道德风险及过度竞争等问题，因此，竞争渠道合作过程中的风险规避问题成了学者无法忽略的问题。双渠道供应链中的渠道间竞争和消费者个性化的渠道选择行为，使市场需求的波动性加大，这将引起本具有竞争关系的供应链成员在决策过程中的风险规避行为[59]。曾丽华和王键构建了一个包含消费者渠道偏好、消费者风险规避度的效用函数[60]。李波等考虑了一个风险规避制造商和一个风险中性零售商组成的双渠道供应链，针对消费者对实体渠道和网络渠道偏好的不同，建立了 Stackelberg 博弈的定价策略模型[61]。王虹等探讨了在零售商的风险规避度分别为完全信息和私有信息两种情形下的供应链最优决策问题[62]。而 Li 等采用条件风险值方法，讨论了零售商具有风险规避行为的双渠道供应链定价策略问题[63]。进一步地，李芹芹和刘志迎、Xu 等也采用均值—方差模型，考虑了供应链成员风险规避行为下双渠道或单渠道下的定价与协调策略[64][65]。

通过对传统供应链企业竞争与合作问题的相关文献进行梳理，可以发现：供应链渠道竞争始终是供应链企业决策研究无法避免的问题，虽有部分学者研究了供应链渠道竞争过程中的合作问题，但主要集中于渠道的决策模式领域，即双渠道供应链通过联合决策实现了供应链渠道的合作，仅部分学者探究了信息共享形式下供应链渠道的合作问题。上述供应链渠道竞争与合作的相关研究，在一定程度上为本书供应链企业横向创新竞合的模式研究提供了思路。

1.3.2　供应链企业的创新竞争与合作问题

线上线下双渠道供应链的发展带来了供应链运营模式的创新，有力地助推了供应链企业的创新活动，供应链企业创新是提升供应链企业创新竞争力的有效途径，但是在日益激烈的市场竞争环境下，供应链企业创新活动存在巨大的不确定性风险。因此，为保障供应链企业创新活动的有效性，供应链企业创新活动就必须进行科学决策。供应链企业创新决策研究为供应链企业的创新决策提供了科学依据，在推动供应链企业创新和提升供应链创新竞争力的过程中，发挥着至关重要的作用。为研究供应链企业创新决策问题，本书将从供应链企业创新决策的影响因素研究、供应链企业创新竞争与合作决策的相关研究，展开对供应链企业创新竞争与合作决策问题的梳理工作，以期更加精准的定位本书的研究贡献。

（1）供应链企业创新决策的影响因素研究

由于供应链企业创新决策研究是建立在供应链企业创新决策影响因素研究的基础上，因此相对而言，供应链企业创新决策的影响因素研究略早，且相对全面。Petersen 等在研究供应链链内企业创新协同对供应链企业创新绩效的影响时发现，链内企业间的关系质量和知识共享质量对提升供应链链内创新绩效具有显著的正向影响[66]；Kehoe 等构建了供应链企业合作演化模型，认为信息传递和知识共享是推进供应链链内创新合作的重要基础[67]；石岿然等在对供应链企业创新合作问题进行研究时发现，供应链链内利益相关主体间的信任程度是影响供应链企业创新合作稳定性的重要因素[68]；李胜芬和孙文红对供应链企业创新合作过程中的关系影响因素进行了实证检验，发现信任、承诺、交流以及沟通均与供应链企业创新合作呈正相关关系[69]。Khan 等研究认为，供应链企业间的协调度是影响供应链企业合作关系的重要因素[70]；刁鸿珍和李随成在对中德印刷供应链合作进行研究后发现，前期准备、契约制定是供应链企业创新合作的重要基础[71]。徐晓燕和李四杰在两级供应链链内创新合作研究中发现，供应链企业合作意愿主要受到供应链企业产品零售价格以及期望收益的影响[72]；而 Marufuzzaman 和 Deif 在两级供应链企业创新合作研究中发现，供应链企业合作意愿主要受到供应链企业产品质量及产量的影响[73]。在利益相关主体非理性与供应链企业创新相关研究方面，杜玉申等研究了公平感知与效率感知对供应链企业创新合作的影响机理，发现公平及效率感知对供应链企业创新合作过程具有显著影响[74]。Michalsen 对不同集中度下供应链企业创新与政府补贴、财税优惠关系进行研究发现，当供应链链内企业上下游集中度较高时，政府补贴效果更好，而在其他情形下，政府财税优惠更能促进供应链企业内纵向创新合作[75]；Franco 和 Gussoni 针对欧洲七国的供应链企业创新问题进行了研究，发现政府补贴对供应链企业开展创新合作具有显著的积极作用[76]；王先甲和黄婧怡认为，消费者消费效用通过影响消费者消费意愿，进而影响供应链企业创新决策[77]；Xin 等构建了消费者渠道偏好下的碳减排供应链的创新决策模型[78]；金基瑶等认为，消费者消费偏好会影响政府对供应链的补贴结构，进而研究了考虑消费者偏好时政府补贴对供应链绩效的影响。上述关于供应链企业创新决策的影响因素[79]的研究，基本涵盖了当前供应链企业创新决策研究过程中需要讨论的影响因素，主要包括消费者、政府补贴、供应链成员关系、非理性决策、产品质量、定价、产量及创新投入等方面。

从价值创造的角度来讲，向供应链企业表达消费者消费偏好不仅符合消费者的消费需要，还可以为供应链企业了解消费者偏好需求提供契机，因此亦符合供应链企业创新竞争优势塑造的需要。就消费者而言，Urban 和 Von 认为，消费者向供应链表达消费偏好可以促进供应链企业产品的不断完善，进而满足消费者自身需要[80]；消费者作为独立的个体，在消费需求上存在一定的差异[81]，如果消费者参与供应链企业创新，抑或消费者向供应链表达异质消费偏好能够使供应链企业创新，那么消费者参与供应链企业创新的意愿将会进一步提升[82]。就供应链而言，供应链企业创新过程必须考虑消费者偏好问题[83]，了解消费者偏好可以降低供应链企业创新风险[84] 和创新成本[85]，使生产的创新产品更好地适应市场需要[86]，进而提升消费者对供应链企业创新产品的黏性和对供应链的忠诚度[87]。

（2）供应链企业创新竞争与合作决策相关研究

相较于传统供应链企业间的竞争，供应链企业间的创新竞争呈现决策的复杂化问题，即创新主体不仅要面对竞争对手的价格竞争，亦要通过创新竞争赢得市场。供应链企业间的创新竞争问题是在传统供应链企业间竞争的基础上，考虑供应链企业创新问题演化而来的，因此，本书不再对供应链企业创新竞争问题进行详述。

当前，供应链企业创新决策的相关研究主要集中在如何增加收入和提升供应链服务效率等领域。Lee 等认为，供应链中的各利益相关主体间的有效协作是供应链企业创新的重点，因此，需要开发一种可以改善组织过程的管理工具[88]；更进一步地，结合信息技术优势，Mandal 认为，供应链企业创新需要通过开发新的技术或程序，以使供应链具备较好的竞争能力[89][90]。毛照昉等基于电子商务技术，研究了具有竞争关系的线上线下双渠道定价决策问题，发现并证明了存在竞争关系的零售商亦可通过合作实现共赢，这一研究丰富了供应链渠道创新合作的成果[91]。通过对供应链企业创新成果进行梳理，Wong 和 Ngai 在 Bello 提出的供应链企业创新概念的基础上，给出了以物流为导向、以营销为导向及以技术创新为导向的三类供应链企业创新活动，其中，以物流为导向和以营销为导向的供应链企业创新活动是以提供优质服务为目标，而以技术创新为导向的供应链企业创新活动则是为消费者开发新的产品或服务[92]。相对而言，以物流为导向和以营销为导向的供应链企业创新研究较为成熟，而以技术创新为导向的供应链企业创新研究数量近年来才逐渐呈上升态势。对于我国而言，经济全球化使我国逐渐融入全球供应链体系，并且我国已经在全球供应链中获得了不菲的成绩，然而我国在全球供应链体系中的话语权，尤其是在带有高精尖技术配置的全球供应链中的话语权未得到有效提升，这是我国在全球供应链体系中的以技术创新为导向的供应链企业创新能力不足所导致的，因此，我国在提升以物流为导向和以营销为导向的供应链企业创新能力的同时，有必要加强对以技术创新为导向的供应链企业创新决策问题的研究，以推动供应链企业技术创新，防范高新技术制裁等"卡脖子"问题对国内相关产业发展造成严重打击。

现有的关于以技术创新为导向的供应链企业创新合作决策研究主要分为两条主线：一条是供应链企业同处于不同服务环节的供应链企业间，通过纵向产销合作实现创新合作企业间的纵向创新协作问题研究；另一条是提供可替代服务的供应链企业间的横向创新竞争与合作问题研究。此外，由于供应链企业创新的最终服务群体为消费者，而消费者的异质消费偏好是供应链企业创新的原动力，因此，多数学者在研究供应链企业创新问题时考虑了消费者的偏好问题。

1）供应链企业纵向创新协作问题研究①。在芯片创新领导企业台积电与光刻机巨头 ASML 的合作关系中，台积电持有 ASML 公司大量的股份，而 ASML 又将所研发的光刻机出售给台积电。因此，供应链企业可以通过同上下游企业建立纵向的创新联盟和设计创新成本分担契约，有利于降低创新企业创新成本和创新风险，进而提升供应链企业纵向创新协作系统的稳定性[93]。但是，供应链企业纵向创新合作联盟中的各利益相关主体均以追求自身利益最大化为目标，因此，供应链企业纵向创新合作联盟是否能够持续稳定地维系下去，还要取决于联盟中的利益分配是否能满足各利益相关主体的需要[94][95]。Wang 和 Shin 通过对比分析供应链企业纵向创新协作过程中的各类契约形式发现，收益共享契约可以很好地协调供应链企业间的纵向创新协作关系[96]。当前学者通常采用博弈论方法来研究供应链企业纵向创新联盟中的收益共享、分配问题。Yenipazarli、Song 和 Gao 均构建了由零售商和制造商构成的供应链企业纵向创新合作模型，研究了收益共享契约及收益分配问题[97][98]；邹燕等、吕璞和林莉通过构建 Stackelberg 博弈模型，研究了三级供应链中的利润分配及创新决策问题[99][100]；针对供应链联盟问题，Myerson 较早便提出，在供应链企业纵向合作过程中，必须直接或间接

---

① 由于本书主要是围绕以技术创新为导向的供应链创新问题展开研究，且中文文献中关于供应链创新的描述多是指代以技术创新为导向的供应链创新，因此，如不做特殊说明，下文中的供应链创新问题即指以技术创新为导向的供应链创新问题。

的具有连通关系的利益相关主体方才能形成联盟[101]；在此基础上，杨洁和赖礼邦考虑联盟形成过程中的约束结构，构建了具有限制联盟结构的供应链企业纵向创新合作模型[102]；单而芳等进一步考虑参与者位置值对供应链企业创新联盟的影响，构建了具有限制联盟结构的供应链企业创新收益分配模型[103]。此外，亦有学者构建了供应链企业纵向知识协同对供应链企业纵向创新合作的影响，Craighead 等认为，供应链企业企业间的纵向知识协同可以有效降低供应链企业创新成本，进而提升供应链企业的创新绩效[104]；Esper 等认为，供应链企业纵向创新协作是供应链企业间纵向知识协同与知识转化耦合的过程，有利于提升供应链的总体竞争优势[105]；在此基础上，李柏洲等研究了供应链企业纵向创新合作机制与系统的动态演变问题[106]。

上述供应链企业纵向创新协作的相关研究均是以单渠道供应链为研究对象，笔者接下来将对双渠道、多渠道供应链企业纵向创新协作研究成果进行梳理。传统意义上，多渠道供应链是指一条供应链中存在多种供货渠道或销售渠道。国内学者，如 Vinhas 和 Heide 外针对该方面的研究主要围绕产品定价、服务策略展开[107]，而对多渠道供应链中产品创新投入问题的研究尚不多见。单泪源等构建了由一个制造商和一个零售商组成的线上线下双渠道供应链企业纵向创新协作的动态博弈模型，并探讨了政府创新补贴对供应链中制造企业创新的影响，认为政府创新补贴能够有效提升制造企业的创新积极性[108]；石岿然等构建了由一个制造商和一个零售商组成的线上线下双渠道供应链企业纵向创新协作的动态博弈模型，研究了利他偏好对供应链企业纵向创新合作过程中利益相关主体策略的影响机理[109]。

2）供应链企业横向创新合作问题研究。相较于供应链企业纵向创新协作已有的研究成果，由于提供可替代服务的供应链企业作为异质创新主体，因此，它们之间往往具有竞争关系。与此同时，学者及社会各界较晚意识到具有竞争关系的创新主体间的合作重要性，因此，相较于供应链企业纵向创新合作研究，供应链企业横向创新合作研究的相关成果较少。陈静等在双渠道供应链管理中考虑了消费者低碳偏好，通过设计收益共享契约解决低碳环境下双渠道供应链的冲突问题，同时分析了双渠道供应链的最优决策[110]；Asgari 等指出，当供应链企业间的横向竞争过度时，其所构成的供应链企业横向创新合作关系便会终止[111]；竞争与合作一直以来被视为两种截然不同的企业间相互作用模式，但是 Hoffmann 等逐渐意识到竞争与合作完全可能同时存在于企业间的相互作用过程中[112]；

Brandenburger 和 Balebuff 提出供应链企业创新过程中的横向竞争与合作可以称之为一种供应链企业间的横向竞合关系[113]，Ring 和 Van de Ven 认为，横向竞合是指企业与竞争对手间产生的竞合行为[114]；Cristina 和 Carlos 研究发现，与直接竞争对手产生合作关系可以显著提升企业的创新能力，但合作过程充斥着道德风险问题[115]；Park 等指出，供应链企业横向竞合有助于利益相关主体从竞合过程中创造和获取价值，但当利益相关主体的机会主义行为增加、对各自利益关注提高时，利益相关主体间的横向竞合关系优势将逐渐降低[116]；陈伟等从供应链企业间的横向创新合作视角出发，设计了供应链企业间的横向创新合作契约及激励机制，以规避异质创新主体间的双边道德风险问题[117]；Bouncken 等通过对横向竞合与纵向竞合系统进行比较，认为相较于仅存在竞争关系的横向竞合，纵向竞合系统中利益相关主体的利益更趋一致，纵向竞合系统更容易产生合作需求，因此纵向竞合更趋稳定[118]；彭珍珍等对横向和纵向治理模型（关系治理、契约治理）进行比较，认为纵向竞合系统更适合采用关系治理模式，而横向竞合系统更适合采用契约治理模式[119]。

通过梳理供应链视角下供应链企业创新决策的相关文献可以发现：当前供应链企业创新决策的相关研究基本是以传统的供应链决策为基础，将创新纳入供应链决策过程；在供应链企业创新决策过程中，由于提供不同环节服务的供应链企业的自身利益与整体利益往往相对一致，因此，针对供应链企业间纵向创新协作决策的相关研究相对成熟；而针对提供可替代服务的供应链企业间的横向创新竞合决策问题，学者虽展开了广泛的研究，也已意识到供应链企业间的横向创新合作对推动供应链企业产品创新水平整体提升和供应链创新竞争力提升的重要性，但是现有文献尚未对供应链企业横向创新合作模式进行系统梳理，也鲜有文献对供应链企业横向创新竞合决策问题进行研究；供应链企业横向创新合作同供应链企业纵向创新合作并不完全相同，相较于供应链企业纵向创新合作问题，由于供应链企业横向创新合作往往与创新竞争并存，且供应链企业纵向创新合作过程中存在的问题于供应链企业横向创新合作过程中亦存在。因此，供应链企业横向创新合作问题更为复杂，但是供应链企业纵向创新合作问题的研究方法在一定程度上为供应链企业横向创新竞合问题研究提供了借鉴。

1.3.3 供应链企业的创新与政府规制问题

供应链管理及供应链创新管理就是通过协调内外部资源进行生产，通过满足消费者需求最终实现供应链系统的宏观和微观效用。通过上述文献梳理可以发现，当前关于供应链管理及创新管理的相关文献主要围绕供应链视角下的供应链决策研究展开，研究结论及策略启示以完全市场为基础，似乎忽略了政府规制在供应链创新管理中的作用，虽有研究讨论了政府补贴对供应链企业创新决策的影响，但鲜有研究从政府视角审视供应链决策演变，更鲜有研究从政府角度提出供应链创新管理的提升策略。下文将对国内外从政府视角研究供应链创新管理的文献进行梳理。

惩罚、激励是政府干预供应链创新的主要手段。早期，Palmer 等[120]、Rassier 和 Earnhart[121] 的研究认为，政府的环境规制行为降低了供应链创新绩效，将会损害供应链的市场竞争力；但随着时间的推移，Costantini 和 Mazzanti 研究认为，在市场消费观念转变的过程中，政府环境规制行为不仅提升了供应链创新的积极性，而且提升了供应链市场竞争力和供应链绩效[122]。Ding 等认为，政府的干预行为在受资金、市场等多重约束的供应链创新过程中起到至关重要的作用，并研究了政府激励对供应链创新利益相关主体创新合作决策的影响[123]；张艳丽等研究了政府不同补贴模式对创新的影响，讨论了如何提升创新绩效，但未对存在创新竞争的供应链企业的补贴措施进行讨论[124]；卢亚丽不仅研究了政府研发补贴对供应链企业利润的影响，同时研究了政府研发补贴对社会福利的影响，认为创新不仅服务于提升绩效，亦应推动社会发展[125]；孙晓华等研究了对供应链链内不同企业的研发补贴机制，但未具体讨论政府补贴额度问题[126]；徐磊等研究了如何在保证供应链绩效提升的基础上实现补贴成本最小化的问题[127]。

上述研究主要梳理了政府如何推动供应链企业创新的问题，却未对供应链企业创新模式这一前提问题进行分析，致使相应结论存在一定的片面性；也未对提供可替代服务的供应链创新竞争企业的补贴措施进行讨论，未能探究供应链创新过程中的技术垄断和企业联合垄断问题。然而，当前供应链创新过程中的技术垄断和联合垄断问题已是限制社会创新共享与技术升级的重要因素，政府应如何打破垄断，提升创新合作效率成为亟待解决的供应链创新管理问题。

1.3.4　文献述评

随着社会的发展，零和博弈已然不能完全适应供应链创新的需要，学者已然意识到供应链企业间的横向创新竞合的重要性，并提出了供应链企业竞合关系的概念。为探究供应链企业间的横向创新竞合模式与决策问题，对传统供应链企业的竞争与合作、供应链企业的创新竞争与合作、供应链企业的创新与政府规制等相关文献进行梳理，可以发现：

第一，提供可替代服务的供应链企业间的横向创新竞合模式尚未得到系统化梳理，需要建立供应链企业横向创新竞合系统分析框架，为供应链企业横向创新竞合决策与模式选择奠定基础。具体而言：关于供应链企业横向创新竞合关系的研究，有学者认为联合决策是实现供应链企业横向创新竞合关系的有效形式，但联合决策模式下供应链企业横向创新竞合关系不稳定，容易滋生机会主义行为；也有学者认为供应链企业横向创新竞合是通过供应链企业间的创新成果共享形式实现的，但创新成果共享模式会加剧供应链企业间的产品市场竞争；但尚未有学者系统地梳理供应链企业间的横向创新竞合模式，并对不同横向创新合作模式下供应链企业横向创新竞合关系及决策问题进行对比分析。

第二，鲜有学者对提供可替代服务的供应链企业间的横向创新竞合决策问题进行分析，需要构建不同横向创新合作模式下供应链企业间的横向创新竞合决策模型，为供应链企业的科学决策提供依据。具体而言：供应链企业纵向创新协作相关研究成果较为丰富，而供应链企业横向创新竞合相关研究成果较为匮乏，学者普遍认为，相较于供应链企业纵向创新协作关系，供应链企业横向创新竞合关系虽有利于提升供应链企业的创新水平，但供应链企业横向创新竞合关系不稳定，容易出现道德风险问题，必须通过契约关系加以维系；然而，尚未有学者根据供应链企业间的横向创新竞合关系，构建供应链企业间的横向创新竞合决策模型，探究供应链企业横向创新竞合系统的演化问题。

第三，政府规制改变了供应链企业横向创新竞合过程中的权力结构，为供应链企业选择横向创新合作模式提供了契机，然而鲜有学者对提供可替代服务的供应链企业间的横向创新合作模式选择问题和政府规制问题进行分析，因此，需要构建政府规制下考虑权力结构的供应链企业横向创新竞合决策模型，并在此基础上，探究供应链企业横向创新竞合模式选择和政府规制问题。

基于上述文献梳理过程中学习到的方法、知识和发现的不足，结合现实情境中供应链企业创新过程中存在的问题，本书希望通过梳理供应链企业横向创新竞合过程中利益相关主体间的利益相关关系，分析供应链企业横向创新竞合关系，构建基于利益相关者理论的不同横向创新合作模式下供应链企业横向创新竞合系统的分析框架，对供应链企业横向创新竞合决策过程中相关问题进行研究。对比不同横向创新合作模式下供应链企业横向创新竞合决策演变的异质性，进而从供应链视角和政府视角，探讨如何推动供应链企业横向创新竞合关系健康发展，为进一步推动供应链企业创新活动和提升供应链创新竞争力作出了贡献。

1.4　研究内容及方法

1.4.1　研究内容

基于研究背景所提出的供应链企业横向创新竞合系统中的利益相关者及不同横向创新合作模式下供应链企业横向创新竞合决策与管理等问题，本书将按照：供应链企业横向创新竞合过程中的利益相关者问题分析→供应链企业横向创新竞合过程中的竞争与合作问题分析→基于利益相关者理论的供应链企业横向创新竞合系统分析框架设计→不同创新合作模式下供应链企业横向创新竞合决策→政府规制下考虑权力结构的供应链企业横向创新竞合决策、模式选择的逻辑顺序，展开对供应链企业横向创新竞合决策、创新合作模式选择及如何推动供应链企业横向创新竞合关系健康发展等问题的研究。

（1）供应链企业横向创新竞合系统分析框架设计

在本书的第2章，基于利益相关者理论，笔者通过梳理不同创新合作形式下供应链企业横向创新竞合过程中的利益相关者问题，理清供应链企业横向创新竞合关系的形成过程，将传统的企业创新竞争与合作研究拓展到提供可替代服务的供应链企业间的横向创新竞合问题、供应链企业间横向创新竞合模式的模式选择问题以及如何推动供应链企业横向创新竞合关系健康发展问题的研究，设计了基于利益相关者理论的供应链企业横向创新竞合系统分析框架。由于消费需求是市场的驱动力，笔者将消费者异质需求偏好引入基于利益相关者理论的供应链企业横向创新竞合系统分析框架；考虑到创新成果共享将致使产品的异质性降低，必然导致提供可替代服务的供应链企业间的产品市场竞争加剧，进而导致就利益分配诉求产生的公平关切问题，笔者于第4章设计了创新成果共享模式下市场竞争、公平关切与供应链企业横向创新竞合决策问题；于第5章探讨了政府规制与权力结构对供应链企业横向创新竞合决策与模式选择的影响机理。

（2）联合决策模式下供应链企业横向创新竞合决策问题

该部分在基于利益相关者理论的供应链企业横向创新竞合系统分析框架的基础上，构建了联合决策模式下供应链企业横向创新竞合决策模型，模型中，引入消费者异质偏好结构，以此刻画提供可替代服务的供应链企业间的产品创新问题与产品价格竞争问题。在此基础上，分析了消费者异质消费偏好结构对联合决策模式下供应链企业横向创新竞合过程中的产品定价、创新决策以及市场需求的影响机理；对比分析了分散式决策和联合决策对供应链企业横向创新竞合决策问题及利益演化问题的影响，并探讨了联合决策模式下供应链企业横向创新合作过程中的 Cartel 问题及保障联合决策系统稳定性的契约协调问题。

（3）创新成果共享模式下供应链企业横向创新竞合决策问题

该部分在基于利益相关者理论的供应链企业横向创新竞合系统分析框架的基础上，首先，考虑到创新成果共享将致使提供可替代服务的供应链企业间的产品异质性降低，必然导致产品市场竞争加剧，在不考虑外界因素干扰的情况下，由于创新领导企业在供应链企业横向创新竞合关系中拥有绝对的话语权，因此，构建了创新成果共享模式下考虑产品市场竞争强度的供应链企业横向创新竞合动态决策模型，并引入动态创新成果定价机制，探讨了市场竞争强度对供应链企业产品定价、需求、创新水平、创新成果共享定价及利润的影响机理。其次，由于市场竞争必然会导致存在创新成果共享的供应链企业间关于利益分配的公平关切问题，因此，构建了创新领导企业与创新追随企业间的公平关切效用函数，在此基础上，构建了创新成果共享模式下考虑公平关切的供应链企业横向创新竞合动态决策模型，并引入动态创新成果定价机制，探讨了公平关切对供应链企业产品定价、需求、创新水平、创新成果共享定价、利润及效用的影响机理。

（4）政府规制下考虑权力结构的供应链企业横向创新竞合决策、模式选择问题

该部分在基于利益相关者理论的供应链企业横向创新竞合系统分析框架的基础上，考虑到政府规制赋予了供应链中创新追随企业一定程度的话语权，有可能会改变供应链企业间的权力结构，因此，尝试构建了政府规制下考虑权力结构（联合决策、Nash 分散式决策、创新领导企业主导及创新追随企业主导）的供应链企业横向创新竞合决策模型，分析了政府规制与权力结构对供应链企业横向创新竞合决策问题及系统稳定性问题，进而探讨了供应链企业的创新合作模式选择问题及如何推动供应链企业横向创新竞合关系健康发展的问题。

（5）供应链企业横向创新竞合系统运行机制优化与管理提升问题

首先，在构建的基于利益相关者理论的不同横向创新合作模式下供应链企业横向创新竞合决策模型分析的基础上，对横向创新竞合系统中设计的创新成果动态定价、联合决策模式下收益共享契约协调等机制进行探讨，验证机制设计的必要性，为系统运行优化提供借鉴。其次，对不同横向创新合作模式下供应链企业决策及利润演变的一致性与异质性进行探讨，并分别从供应链视角和政府视角探讨了供应链企业横向创新竞合系统的决策问题，并据此给出了相应的管理提升策略，以期为供应链企业横向创新竞合关系提供最优决策的同时，为政府规避供应链企业横向创新竞合过程中可能存在的过度竞争以及联合垄断等风险提供策略。最后，通过对供应链创新管理的国外经验进行梳理，为供应链企业横向创新竞合系统可持续运行提供政策保障和建议。

1.4.2　研究方法

本书以供应链创新与管理的迫切性及提供可替代服务的供应链企业创新过程中存在的竞争与合作问题为背景，从利益相关者理论出发，考虑供应链企业间的横向创新合作模式问题，设计了基于利益相关者理论的不同横向创新合作模式下供应链企业横向创新竞合系统的分析框架；通过构建联合决策模式下和创新成果共享模式下的供应链企业横向创新竞合决策模型，分析了不同横向创新合作模式下供应链企业的产品定价、供货、创新决策及模式选择问题；通过构建政府规制下考虑权力结构的供应链企业横向创新竞合决策模型，探讨了供应链企业横向创新竞合决策、模式选择及政府规制策略问题，为进一步推动供应链创新活动和提升供应链创新竞争力作出了贡献。

（1）动态规划

本书考虑到提供可替代服务的供应链内的创新领导企业与创新追随企业间存在横向动态创新竞合问题，且在横向动态创新竞合过程中，创新领导企业占据技术优势，往往具有较高的话语权，因此，构建了创新领导企业主导的供应链企业横向创新竞合动态决策模型。此外，本书尝试构建了创新追随企业主导的供应链企业横向创新竞合动态决策模型，并对现实情境中无外力干预下，创新追随企业主导的供应链企业横向创新竞合关系无法维系的问题进行了验证，但亦指出了创新追随企业主导的供应链企业横向创新竞合关系更加有利于供应链企业间的横向创新成果共享。

（2）博弈研究

在本书第 3 章和第 4 章中，采用博弈方法构建了不同横向创新合作模式下供应链企业横向创新竞合系统决策模型。其中，在第 3 章的联合决策模式下，构建了提供可替代服务的供应链企业间的分散式 Cournot 博弈模型和联合决策模型；在第 4 章的创新成果共享模式下，构建了考虑市场竞争强度和公平关切的创新领导企业和创新追随企业间的 Stackelberg 博弈模型，将动态规划中逆向归纳法的思想应用于企业的互动决策，便可解决 Stackelberg 博弈问题。于第 5 章，构建了政府规制下考虑权力结构（联合决策、Nash 分散式决策、创新领导企业主导及创新追随企业主导）的供应链企业横向创新竞合博弈模型。在上述博弈模型的求解过程中，通过海塞矩阵判定法，对所构建的不同横向创新合作模式下供应链企业横向创新竞合博弈模型是否存在极值解进行判断，以确定所构建模型的解的存在性。判定海塞矩阵是否负定，可通过其奇数阶行列式是否小于零，且偶数阶行列式是否大于零来判断。

（3）仿真模拟

通过仿真模拟，不仅可以将复杂的数理关系转化为更加直观的图形抑或数据关系，也可以通过赋值求得不存在解析解的复杂模型的数值解，从而有利于研究者挖掘复杂模型的更多价值。仿真模拟方法现在已经被广泛应用于多个领域，以辅助解决研究供应链企业横向创新竞合决策问题。本书于第 3 章通过结合模型实际背景，对模型部分参数进行控制，求解得出了模型的数值解；第 4 章和第 5 章通过仿真模拟，研究了政府规制、权力结构及供应链企业间市场竞争强度、公平关切对供应链企业横向创新竞合决策及系统利润变化的影响机理，探究了多参数同时变化如何作用于供应链企业横向创新竞合决策。

1.4.3　技术路线

本书遵循发现问题、提出问题、分析问题、解决问题四步走的研究思路。

第一步：发现问题。为了提升供应链创新竞争力，优化供应链企业横向创新竞争系统，本书 1.1 节通过对供应链创新发展现状进行梳理，从消费者层面、企业层面、政府层面，发现供应链创新与管理是当前国内外普遍关注的经济与社会问题，是企业参与市场竞争、国家获取竞争优势的重要途径，具有重要的研究价值。然而，在提供可替代服务的供应链企业间的横向创新竞争与合作过程中，供应链企业间的横向创新竞争抑制了创新合作关系的发展，严重限制了创新成本和创新风险的分担，阻碍了供应链创新竞争力的进一步提升。

第二步：提出问题。本书在 1.2 节，通过对供应链企业横向创新竞合过程进行分析，认为供应链企业横向创新竞合过程中存在复杂的利益相关者关系，然而当前研究尚未系统地分析提供可替代服务的供应链企业间的横向创新合作模式，并建立完善的基于利益相关者理论的供应链企业横向创新竞合系统分析框架；供应链企业横向创新竞合过程不仅存在竞争，同时伴随合作问题，而当前研究多集中于探讨供应链企业横向创新竞争问题，虽有学者探究了供应链企业横向创新合作演化问题，但忽视了对供应链企业横向创新合作决策问题的研究，更鲜有学者将提供可替代服务的供应链企业间的横向创新竞争与横向创新合作问题置于同一研究框架，因此提供可替代服务的供应链企业横向创新竞合决策问题尚待研究。

第三步：分析问题。基于第二步提出的问题，本书第 2 章通过梳理供应链企业横向创新竞合关系的形成过程，设计了基于利益相关者理论的不同横向创新合作模式下供应链企业横向创新竞合系统的分析框架，为第四步供应链企业横向创新竞合系统决策、模式选择与管理研究奠定理论基础。

第四步：解决问题。本书第 3、第 4、第 5 章在设计的基于利益相关者理论的不同横向创新合作模式下供应链企业横向创新竞合系统的分析框架基础上，构建了不同横向创新合作模式下供应链企业横向创新竞合决策模型，分析了待研究参量对系统决策及利润的影响机理，并分别从供应链视角和政府视角，探讨了供应链企业横向创新竞合决策问题，并据此给出了相应的管理提升策略，以期为供应链企业横向创新竞合过程提供最优决策的同时，为政府规避供应链企业横向创新竞合过程中可能存在的过度竞争以及联合垄断等风险提供策略；本书第 6 章从系统优化及供应链管理、政府治理等角度，给出了供应链企业横向创新竞合系统的提升办法，进而解决所提出的问题。

最后，对本书的结论和启示进行总结，并分析本书研究的局限性，进而指出未来的研究方向。本书的技术路线如图 1.1 所示。

供应链企业横向创新竞合模式与决策

研究思路	研究内容	研究方法

研究背景
↓
发现问题

供应链企业横向创新竞争与合作问题　　研究现状

发现基本问题

文献研究

提出问题
分析问题

基本问题结合相关理论基础

供应链企业横向创新竞合模式问题及利益相关者的决策问题

理论推演

设计问题
分析框架

主要研究内容1：供应链企业间横向创新竞合模式与影响竞合关系的影响因素研究

联合决策实现合作

供应链企业间横向创新竞合系统的分析框架

+竞争

竞合模式 & 决策机制

影响

政府规制改变权力结构

+竞争

创新成果共享实现合作

理论推演

演变分析
↓
解决问题

主要研究内容2：供应链企业间横向创新竞合决策问题

2.1：联合决策模式下供应链企业横向创新竞合决策分析

2.2.1：创新成果共享模式下市场竞争强度与供应链企业横向创新竞合决策分析

2.2.2：创新成果共享模式下公平关切与供应链企业横向创新竞合决策分析

2.3：政府规制下考虑权力结构的供应链企业横向创新竞合决策与模式选择分析

动态规划
+
Stackberg & Cournot博弈
+
仿真分析

对策建议

系统运行机制优化

异质视角（供应链、政府）

主要研究内容3：供应链横向创新竞合系统优化及管理提升策略

国外经验启示

理论推演

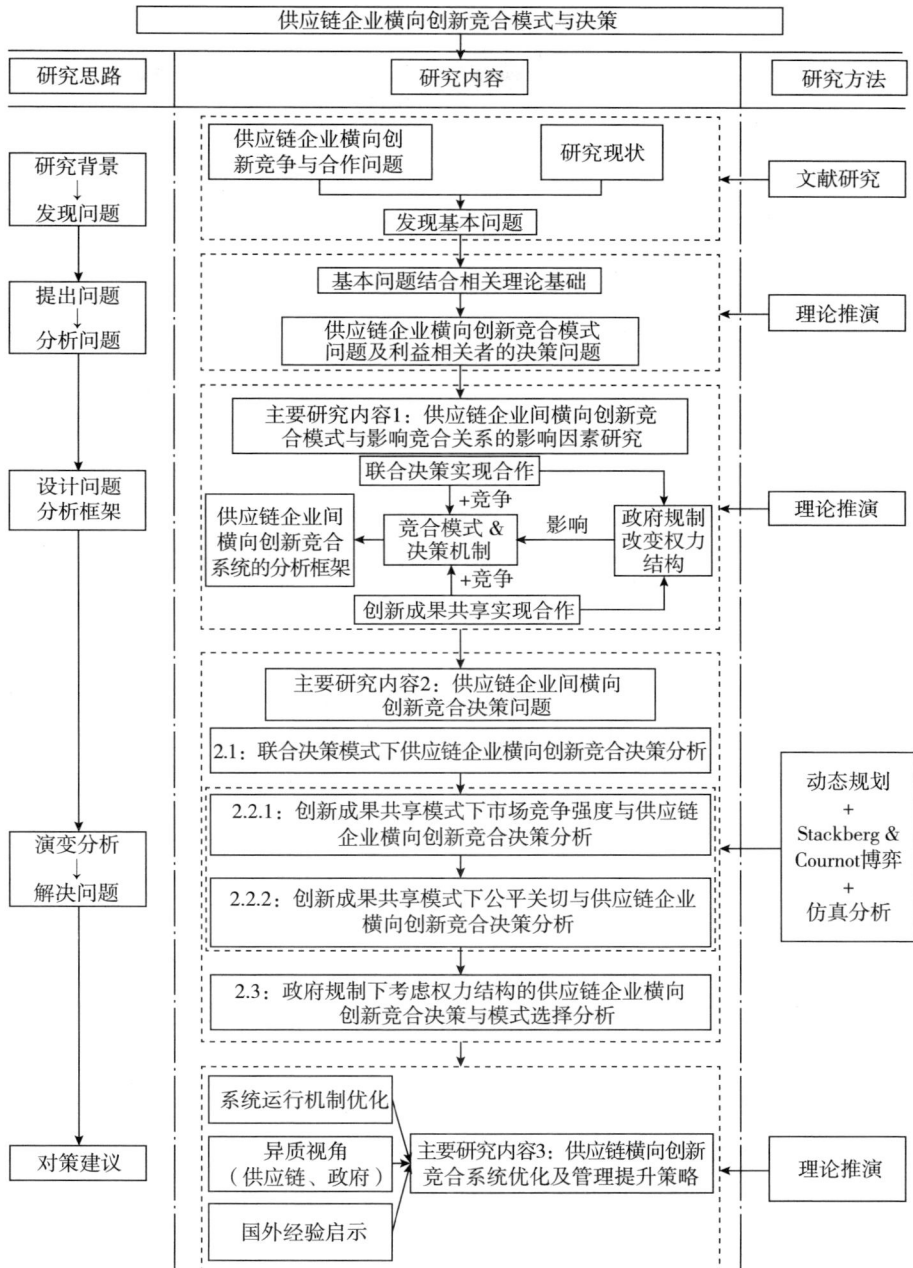

图 1.1　本书的技术路线

1.5 创新点

本书基于现实情境，并通过梳理前人研究成果，创新性地提出了提供可替代服务的供应链企业间的两种横向合作模式，在此基础上，尝试探讨了不同横向创新合作模式下供应链企业横向创新竞合决策问题，以及政府规制下考虑权力结构的供应链企业横向创新竞合决策与模式选择问题。研究结论为不同横向创新合作模式下供应链企业横向创新竞合决策研究和供应链企业横向创新竞合系统优化提供了切入点。本书的主要创新点如下：

（1）构建了联合决策模式下供应链企业横向创新竞合决策模型

该部分创新性地将消费者异质偏好结构引入模型设计，不仅刻画了提供可替代服务的供应链企业间的横向创新竞争及价格竞争问题，而且刻画了供应链企业同消费者间的互动过程，在此基础上，探究了消费者异质偏好、创新难度等因素对联合决策模式下供应链企业横向创新竞合决策模型的影响机理，并给出了联合决策模式下供应链企业收益分配策略。笔者创新性地发现，联合决策是把"双刃剑"，联合决策虽然实现了供应链内提供可替代服务的独立研发企业间的横向创新合作，提升了系统整体利润，但是联合决策却抑制了供应链企业创新研发，可能会引发供应链企业间的 Cartel 问题，该结论丰富了对一般 Cartel 问题的认识。

（2）构建了创新成果共享模式下供应链企业横向创新竞合决策模型

该部分创新性地将市场竞争强度和企业间公平关切效用函数引入创新成果共享模式下供应链企业横向创新竞合决策模型，更好地刻画了供应链企业间的横向创新竞争和创新合作问题。笔者创新性地发现，产品的市场配置影响了供应链企业间的横向创新竞合关系；应对创新成果共享导致的供应链企业间市场竞争强度提升问题，创新领导企业和创新追随企业的策略方法截然不同，创新追随企业必须通过降低产能和定价，而创新领导企业应通过拓展独立市场来提升市场竞争力；企业间公平关切对创新成果共享活动的影响亦截然不同，创新领导企业公平关切有利于实现创新成果共享，而创新追随企业的公平关切抑制了供应链企业间创新成果共享。

（3）构建了政府规制下考虑权力结构的供应链企业横向创新竞合决策模型

政府规制带来了供应链企业权力结构的改变，考虑政府对供应链企业间横向创新合作过程中权力结构的影响，创新性地探究了供应链企业横向创新竞合模式选择与政府规制策略。笔者创新性地发现，当创新追随企业在供应链企业横向创新竞合过程中没有话语权时，供应链企业间的横向创新成果共享活动难以维系，因此，创新追随企业在供应链企业横向创新竞合过程中话语权的提升，有利于推动创新领导企业主动开展同创新追随企业间的创新成果共享，这为我国"市场换技术"战略的执行提供了启示。

2　理论基础

本章的主要工作是设计不同横向创新合作模式下基于利益相关者理论的供应链企业横向创新竞合系统的分析框架，构建供应链企业横向创新竞合系统决策模型，首先对供应链企业横向创新竞合系统中的相关概念进行界定；其次通过供应链企业横向创新竞合系统的运行过程，以分析供应链企业横向创新竞合系统的决策内涵，设定利益相关主体边界及研究边界；最后设计不同横向创新合作模式下基于利益相关者理论的供应链企业横向创新竞合系统的分析框架，为第 3、第 4、第 5 章中不同横向创新合作模式下供应链企业横向创新竞合决策模型构建提供理论支撑。

2.1　利益相关者理论

以"股东至上"的企业理论认为企业应以股东利益最大化为目标，讨论了企业在按一定的价格投入生产要素来提供产品的过程中的行为，而忽视了企业运营过程中的利益相关者问题，致使企业面临的诸多问题得不到解决，如企业间公平关切引发的道德风险问题。针对传统企业理论弊端，以 Penrose[①]、Freeman[②]、Frederick[③] 等为代表的学者提出并完善了利益相关者理论，认为企业生存和发展

---

①　[英] 伊迪丝·彭罗斯. 企业成长理论 [M]. 赵晓译. 上海：上海人民出版社，2007.

②　R. Edward Freeman. Strategic Management：A Stakeholder Approach [J]. Journal of Management Studies，1984，29（2）：131-154.

③　Frederick W. C. Business and Society，Corporate Strategy，Public，Ethics（5th Ed.）[M]. New York：McGraw Hill，1988.

所需的资源并非单纯地依赖于股东，而是来自与之相关的全体利益相关者，这包括合作伙伴带来的技术、市场等，还包括消费者消费带来的资本，甚至还包括竞争对手带来的竞争环境。利益相关者理论摒弃了传统企业理论的"股东至上"思维，企业不再仅仅是股东利益实现的载体，更应服务于全体利益相关者。利益相关者的退出和进入将会直接影响企业决策，进而影响企业的生存和发展，比如消费者对产品的抵制将直接影响生产企业的供需和利润，竞争对手的进入将带来市场的重新划分等。可见，协调企业与之相关联的利益相关者间的利益诉求是一项重要的工作。

目前，虽然有学者对利益相关者进行了界定和分类，但利益相关者的界定仍过于宽泛，并没有形成一个公认的标准。Freeman 将利益相关者界定为能够影响一个组织目标的实现，或者受到一个组织实现其目标过程影响的所有个体和群体；Clarkson 将利益相关者界定为与企业有一定关系，并在企业中进行了一定的专用性投资的人[①]；国内学者综合了上述观点，认为利益相关者是指那些在企业的生产活动中进行一定的专用性投资，并承担了一定风险的个体和群体，其活动能够影响或者改变企业的目标，或者受到企业实现其目标过程的影响。根据上述关于利益相关者的界定可以发现，学者们基本认同利益相关者和企业间具有一定的互动关系的观点。利益相关者理论现已被广泛地应用于各个研究领域，在供应链管理领域，供应链运行过程中存在着横向和纵向的网络机构，供应链成员间存在着复杂的利益相关关系，包括竞争与合作，利益相关者理论可以很好地解释提供可替代服务的供应链企业间存在创新合作现象的合理性。现有研究借助利益相关者理论深入研究了利益相关者间的诉求和协同问题，却忽视了利益相关者间竞争对其利益相关关系的影响，因此通过探讨提供可替代服务的供应链企业横向创新竞合系统中的利益相关者问题，对于发展利益相关者理论具有重要意义，并可以为以后的相关研究提供理论依据。

---

① Max B. E. Clarkson, Michael C. Deck. Applying the Stakeholder Managewent Model to the Analysis and Evaluation of Corporate Codes [J]. Proceedings of the International Association for Business and Society, 1992, 3: 430-447.

2.2 供应链企业横向创新竞合系统中的相关概念界定

（1）消费者

英文名"Consumer"，国际标准化组织（ISO）将消费者定义为：以个人消费为目的而购买使用商品或服务的个体社会成员。该定义强调：消费者是产品或服务的最终使用者而非生产者或经营者。但是，对于大众产品或服务而言，随着社会物资的极大丰富和信息技术的快速进步，稳定的供需平衡正处于高频的被打破与重建的循环过程中，在消费者消费需要与企业迫切需要打破生产边界以整合创新资源的双重动力下，消费者已经潜移默化地参与了生产者和经营者的生产活动[128]，导致原有的以供需为桥梁的生产者、经营者与消费者间的界限变得逐渐模糊。万骁乐等在产品供应链价值共创研究中发现，消费者参与企业生产与创新是供应链价值共创的重要因素，认为供应链生产创新活动需要消费者参与[129]。因此，本书综合ISO对消费者的定义以及万骁乐的研究成果认为，新时代下的消费者是指以个人消费目的而购买商品或服务，且通过直接的或间接的信息传递、反馈影响生产者和经营者生产经营活动的个体社会成员。本书对消费者的定义依然认为，消费者是产品或服务的最终使用者而非生产者或经营者，但与ISO给出的定义的本质区别在于，消费者不仅是产品或服务的被动接受者，同时还会通过主动努力影响生产经营者的产品或服务的提供行为。综上所述，本书对消费者的新定义，为研究消费者行为对企业或供应链生产经营活动的影响奠定了理论基础。

（2）消费者异质偏好

陆雄文在管理学大辞典中提出，消费者偏好是反映了消费者对不同产品或服务的喜好程度的个性化偏好，对市场供需具有重要影响。基于这一概念，及市场中消费者对个性化产品需求旺盛的现实情境，企业产品的个性化定制将成为依托互联网技术的最具影响力的商业模式之一。个性化定制最为显著的特点就是消费者介入产品的生产设计过程中，然而对于大众产品或服务而言，并非所有的产品都适合采用个性化定制，这是由个性化定制过程中生产力、生产成本与消费者消费能力等多方面因素综合导致的。可以发现，当前产品或服务的提供依然是以差异化、呈阶梯特征的模式进行的，而非全面的产品个性化定制。如当前手机制造商发售的手机储存内存多以 64G、128G、256G 及 512G 为主，尚未发现有手机制造商发售的产品储存内存为 96G（64+32）、192G（64+128），消费者的手机消费行为亦多以上述在售手机配置为主。上述手机内存配置行为实际上就是手机制造商在产品单一化和全面个性化定制之间一种权衡行为，是消费者消费需要对手机制造商影响的结果。个性化定制虽未得到全面普及，但消费者偏好对企业生产决策的影响已然受到相关决策人员的重视。

消费者偏好分为多种类型，以手机制造商产品内存配置为例，内存容量越大的手机相对性能越好，但价格也相对较贵，此时，对于消费者而言，显然并非内存容量越大越好，而是内存够用、价格合适最好。因此，消费者对手机存在内存和价格存在两方面的偏好，且两方面的偏好不具有一致性，即购买内存容量大的手机就必须多支付费用，此时，就涉及消费者对价格和容量的异质偏好问题。当前，由于在不同领域、不同具体问题上，消费者异质偏好所指内容无法统一，因此学术界对消费者异质偏好尚无统一定义，结合本书的研究内容，给出狭义的消费者异质偏好定义：消费者异质偏好指消费者在消费过程中，对一组可替代产品或服务的喜好程度。不同于消费者偏好的定义，此处消费者异质偏好的定义中将"不同产品或服务"缩小范围至"一组可替代产品或服务"，避免将消费者异质偏好研究与个性化定制问题混淆，以简化问题的复杂程度。

（3）供应链企业横向创新竞合系统

20 世纪末，伴随着经济全球化的迅速发展，欧美企业战略开始了由"纯竞争"战略向"合作竞争"战略的演变，传统的成功建立在对手失败基础上的"商场如战场"理念已无法适应经济全球化与复杂环境下市场全方位协同的需要。以 Naleburr 为代表的学者提出的合作竞争理论（Cooperation-competition Theory）认为，当下企业经营活动是一种可以实现双赢的非零和博弈，提出在以博弈思想分析商业互动问题时，应着力研究如何在具有竞争关系的利益相关主体间建立合作关系。Maria 将商业活动中竞争与合作共存的现象称之为合作竞争，合作竞争理论的出现克服了 Porter 经典竞争战略管理理论中仅以竞争视角分析利益相关主体竞争问题的弊端。不同于源于 20 世纪 70 年代中后期的合作创新理论，Loebbecke 提出商业竞争与合作过程中存在知识转移的问题，认为知识转移与创新合作过程中亦存在竞争问题。由上可知，未来无论在传统的商业活动中还是创新活动中，竞争与合作将长期共存。由于企业竞争已逐渐演变为供应链竞争问题，而竞争与合作又是一对长期相互依存、不可分割的关系，因此，供应链企业间的竞合问题既是供应链管理的核心问题，也是建立完善的市场竞争合作体系不得不解决的问题。陆雄文教授在管理学大辞典中提到，供应链企业竞合是供应链中企业间同时存在竞争与合作的状态，其核心要义包括：竞争与合作在供应链内企业间同时存在的。供应链企业竞合在供应链竞争的基础上，研究了供应链竞争与合作问题，丰富了供应链管理研究成果；然而，创新才是维持供应链竞争力的根本动力，但是在提供可替代服务的供应链企业间，竞争往往带来的是供应链企业通过不断自身创新以维持自身竞争力，如加强创新投入、开展校企合作等，却掩盖了提供可替代服务的供应链企业间的创新合作潜力（本书下文中的"供应链企业"均默认为"提供可替代产品的供应链企业"）。因此，提供可替代服务的供应链企业在创新过程中的竞合问题更是摆在社会各界面前亟待的问题。综上所述，本书将对供应链企业间的横向创新竞合问题进行研究，并给出供应链企业横向创新竞合关系的定义：供应链企业同供应链内提供可替代服务（产品）的供应链企业，在创新产品市场需求不断提升的驱动下，通过共同承担研发成本和风险，建立的创新合作关系。区别于供应链企业间的纵向竞合关系，供应链企业间的纵向竞合关系指的是：供应链内提供不同环节服务的企业间的竞争与合作关系。不同环节具体指的是：供货商、制造商、零售商在供应链运作过程中各有分工，并为供应链运作奠定基础。供应链企业横向创新竞合系统，即存在横向创新竞合关系的供应链企业，相互作用、相互依赖，为实现自身的抑或整体的效益最大化，形成的有机整体。

（4）创新领导企业与创新追随企业

创新追随企业与创新领导企业是一对相对的概念，提供可替代服务的供应链内创新领导企业是指通过创新研发获得产品竞争优势的企业，而创新追随企业是指通过创新引发抑或通过引进创新领导企业技术以保证产品满足市场需求的企业。相对于创新领导企业提供的产品，创新追随企业所提供的产品存在一定的技术劣势。创新领导企业亦可称之为企业创新的领导者，是指在某行业或某领域中，通过创新研发具备了产品标准制定能力，且相较于其他企业掌握大量创新技术的企业。在本书中，提供可替代服务的供应链企业间存在着技术差异，是进行创新成果共享的前提；提供可替代服务的供应链企业间的技术差异的直接表现形式为：一方企业的技术实力全面优于另一方竞争企业。此外，本书将技术实力占优的企业称之为"创新领导企业"，将技术实力劣势的企业称之为"创新追随企业"。创新领导企业具体是指相较于创新追随企业，掌握某项创新追随企业所不掌握的可以提升产品创新度的创新技术的企业；而创新追随企业则指意图通过引入创新领导企业技术并转化吸收再创新的企业。需要说明的是，创新领导企业所掌握的创新技术水平与企业创新研发投入往往呈正相关关系，创新追随企业通过引入创新领导企业技术，并转化吸收再创新所生产的产品的创新度与创新追随企业从创新领导企业处获得的创新成果共享比例呈正相关关系。创新领导企业与创新追随企业通过创新成果共享，创新追随企业向创新领导企业支付费用，获得了创新领导企业的创新成果，使自身产品得以升级；创新追随企业则获得了创新追随企业支付的费用，使得创新成本和创新风险得以分担。

（5）供应链企业横向创新竞合模式

供应链企业横向创新竞合模式指的是，提供可替代产品或服务的供应链竞争企业间实现横向创新合作的模式。本书供应链企业横向创新竞合模式主要包括两类：通过联合决策形式实现创新合作的供应链企业横向创新竞合模式和通过创新成果共享实现创新合作的供应链企业横向创新竞合模式。在两类模式中：一是供应链企业同提供可替代服务的供应链企业间展开的直接横向竞争，为整体利益的最大化，提供可替代服务的供应链企业间通过联合决策形式实现创新合作；二是供应链内提供可替代服务的企业间通过创新成果共享，实现供应链企业间的横向知识转移，在供应链内创新领导企业创新成本和创新风险被分担的同时，提升了创新追随企业的产品创新水平。

2.3 供应链企业横向创新竞合模式与系统决策内涵分析

2.3.1 供应链企业横向创新竞合模式分析

当前，学者们从供应链发展过程的角度，将供应链企业间合作关系的发展历程归结为传统企业关系、传统供应链关系、集成供应链关系；赵树宽提出了与之相对应的供应链企业间的创新模式：独立研发模式、引进创新模式、联合研发模式，并对供应链企业间合作关系与创新模式间的关联关系进行分析[6]。独立研模式下，提供可替代服务的供应链企业间通过联合决策（亦有学者称之为"集中式决策"）可以实现资源的节约和收益的增加，规避双输局面的出现；引进创新模式和联合研发模式具有一定的同质性，均通过创新成果共享，分担创新成本和创新风险，提升创新效率。此外，李京文和姚蔚也曾提出了企业创新的两种基本模式，即自主创新和模仿学习创新[7]，基于此，为简化研究问题，本书将供应链企业横向创新竞合过程中的创新合作实现形式归结为联合决策和创新成果共享。

通过联合决策形式实现的供应链企业间横向创新竞合关系中，供应链内的创新领导企业同创新追随企业通过联合决策，在一定程度上避免了供应链企业间的横向过度竞争，使创新风险得以分散，实现了整体利益的最大化。由于供应链企业间的横向联合决策是建立在相互信任基础之上的，因此，在采取联合决策策略时，供应链企业的利润应总是优于采取分散式决策策略时的利润，才可以保证系统的稳定运行，规避利益分配不合理可能导致的利益损失主体的道德风险问题。因此，联合决策模式下供应链企业横向创新竞合决策及利益协调将是本书第 3 章的研究重点。

创新成果共享是提升企业创新效率，降低创新成本和创新风险的有效解决方案，联合决策虽然实现了系统利润的最优，却没有考虑创新成果共享的问题。通过创新成果共享形式实现的供应链企业间横向创新竞合关系中，创新追随企业的创新行为往往存在路径依赖现象，创新领导企业将创新成果与创新追随企业共享，可以有效降低创新领导企业的创新成本和创新风险，并提升创新追随企业的创新产品。然而，提供可替代服务的创新领导企业与创新追随企业间必然存在着市场竞争，竞争又必然会导致创新成果共享的创新领导企业与创新追随企业间公平关切问题。此外需要注意的是，在通过创新成果共享形式实现的供应链企业间横向创新竞合关系中，创新领导企业往往具有较高的话语权，这就导致了创新领导企业主导的横向创新竞合关系的形成。那么，竞争和公平关切将如何影响创新成果共享模式下创新领导企业主导的供应链企业横向创新竞合决策，以及在竞争和公平关切存在时，应如何推动创新领导企业与创新追随企业间的创新成果共享，提升创新领导企业创新水平，以提升供应链创新竞争力，将是本书第 4 章重点研究的内容。

政府规制赋予了创新追随企业一定程度的话语权，可能会改变创新领导企业同创新追随企业间的权力结构，将会对供应链企业横向创新竞合模式产生影响。

当创新成果共享同联合决策同时出现于供应链企业横向创新竞合过程中时，那么意味着联合决策和创新成果共享均将服务于提供可替代服务的供应链企业间横向创新合作。政府规制下权力结构是如何影响供应链企业间的横向创新竞合决策，以及供应链企业如何选择横向创新合作模式、政府应当如何进行规制将是本书第 5 章重点研究的内容。

2.3.2　供应链企业横向创新竞合模式选择

联合决策以及创新成果共享，均是实现提供可替代服务的供应链企业间横向创新合作的表现形式，作为两类存在着本质区别的创新合作模式，各有利弊。供应链企业作为客观存在的市场主体，利益才是供应链企业行为决策的真正驱动力，简而言之，利益将驱动供应链企业对创新合作模式进行选择。供应链企业的市场行为无可厚非，但是为了推动供应链企业创新效率和整体创新水平，进而提升供应链创新竞争力，就必须考虑如何从内外部提升供应链企业间的横向创新成果共享意愿。对于供应链企业而言，创新成果共享显然并非实现利益最大化的最为直接有效的方式，创新成果共享甚至会加剧提供可替代服务的供应链企业间的市场竞争，因此，如何通过内部的系统运营优化、外部的政府规制及引导消费市场，以提供可替代服务的供应链企业间横向创新成果共享，在让利于民或者效益提升的基础上，推动供应链企业创新效率和整体创新水平，将是本书第 5 章重点研究的内容。

2.3.3　供应链企业横向创新竞合决策

在联合决策模式下和创新成果共享模式下供应链企业横向创新竞合关系中，供应链企业间的利益相关关系决定了供应链企业间的互动机制。消费者的异质偏好将影响供应链企业横向创新竞合系统的运行，当消费者表现、传递出消费偏好行为时，将对产品供应链的产品定价、供货以及创新策略产生影响；而当产品供应链的产品定价、供货以及创新策略发生改变时，异质偏好的消费者的消费行为亦将发生改变。因此，消费者行为与产品供应链决策将在不断的调整过程中实现稳态。消费者异质偏好带来了提供可替代产品服务的供应链企业间的横向产品竞争（市场竞争）问题，是影响供应链企业横向创新竞合决策的重要因素，基于此，本书于第 3、第 4 章中分别探讨了消费者异质偏好结构对联合决策模式下和创新成果共享模式下供应链企业横向创新竞合决策的影响机理。市场竞争强度是探讨竞争问题的重要指标，尤其是在创新成果共享过程中，市场竞争强度必然会对供应链企业横向创新合作关系造成影响，基于此，本书于第4章探讨了市场竞争强度对供应链企业横向创新竞合决策的影响机理。在供应链企业横向创新竞合过程中，利益分配的合理性是能否保证供应链企业横向创新竞合关系健康稳定的关键，对于供应链企业而言，对利益分配的合理性评估即为供应链企业对利益分配的公平感知，供应链企业的公平关切将促使供应链企业调整决策结果，可以得到最为理想的预期结果，基于此，本书探究了创新成果共享模式下供应链企业间的公平关切对供应链企业横向创新竞合决策的影响机理。供应链企业横向创新竞合模式选择，实际上亦是供应链企业决策的结果，供应链企业作为市场主体，势必寻找最优的横向创新竞合模式，基于此，本书于第5章通过构建政府规制下考虑权力结构的供应链企业横向创新竞合决策模型，分析了供应链企业的竞合模式选择问题，并探讨了如何推动供应链企业间横向创新成果共享，以实现供应链企业创新效率和整体创新水平提升的问题。

2.3.4 供应链企业横向创新竞合关系中利益相关主体及决策边界

（1）供应链企业横向创新竞合关系中利益相关主体界定

本书的供应链企业横向创新竞合关系中主要包括：①产品的市场需求者，即消费者；②供应链内同一环节，可替代服务的提供者，即创新领导企业和创新追随企业；③供应链企业横向创新竞合关系的推动者，也是市场的监督者，即政府。为了简化分析，本书对供应链横向创新竞合系统运行过程中的产品渠道销售问题暂时不予考虑。

（2）供应链企业横向创新竞合决策边界

同一环节提供可替代服务的供应链企业间的横向创新竞合关系，确定了供应链企业横向创新竞合过程中的两种横向创新竞合模式，即以联合决策和创新成果共享形式实现的横向创新竞合关系。由供应链企业横向创新竞合关系中利益相关主体界定及供应链企业横向创新竞合模式，引申出了供应链企业横向创新竞合过程中的消费者偏好、市场竞争、公平关切和模式选择问题，上述问题决定了本书中供应链企业横向创新竞合决策的研究边界。学者们根据自身所研究内容的不同，将供应链竞合决策研究边界界定为供应链链内纵向上下游企业间的竞合决策、存在横向竞争的供应链企业竞合决策、政府补贴下各类供应链竞合决策等。不同背景和决策边界的供应链竞合系统研究具有不同的理论意义和实践价值。本书在传统企业竞合决策研究的基础上，研究了同一环节提供可替代服务的供应链企业间的横向创新竞合决策问题，本书中的供应链企业横向创新竞合决策研究边界拓宽了传统的供应链竞合决策研究边界。

2.4 基于利益相关者理论的供应链企业横向创新竞合系统分析框架设计

前文通过梳理供应链创新的相关研究成果，分析了供应链企业横向创新竞争与合作过程中存在的问题，可为本部分基于利益相关者理论的供应链企业横向创新竞合决策的分析框架设计提供理论依据和现实依据。本书围绕供应链企业横向创新竞合过程中的竞合模式、影响因素与决策演变展开研究，结合本章中所确定的供应链企业横向创新竞合模式、系统概念、利益相关主体界定及系统决策边界，给出本部分所要设计的基于利益相关者理论的供应链企业横向创新竞合系统的分析框架如图2.1所示。

由于供应链企业在横向创新竞合过程中主要存在如下问题：①提供可替代服务的供应链企业间存在着直接的产品市场竞争；②供应链企业间存在着通过横向创新合作进而规避过度竞争、分担创新成本、降低创新风险的潜力；③联合决策与创新成果共享均可实现供应链企业间的横向创新合作；④供应链企业提供的服务将最终服务于消费者，消费者亦会反馈信息于供应链企业；⑤供应链企业横向创新竞合系统运行过程中供应链企业将根据自身利益选择横向创新竞合模式；⑥政府参与供应链企业横向创新竞合系统运行将会改变供应链企业横向创新竞合系统中的权力结构，并影响供应链企业横向创新竞合系统的运行和发展。因此，基于利益相关者理论的供应链企业横向创新竞合系统分析框架中包含以下核心要素：①供应链企业与消费者间存在着互动过程；②供应链企业横向创新竞合过程中创新竞争与创新合作并存；③供应链企业横向创新竞合系统存在联合决策与创新成果共享两种实现模式；④政府参与供应链企业横向创新竞合过程将改变供应链企业间的权力结构，进而影响供应链企业模式选择；⑤政府和供应链企业作为不同主体对供应链企业横向创新竞合系统的发展视角不同。

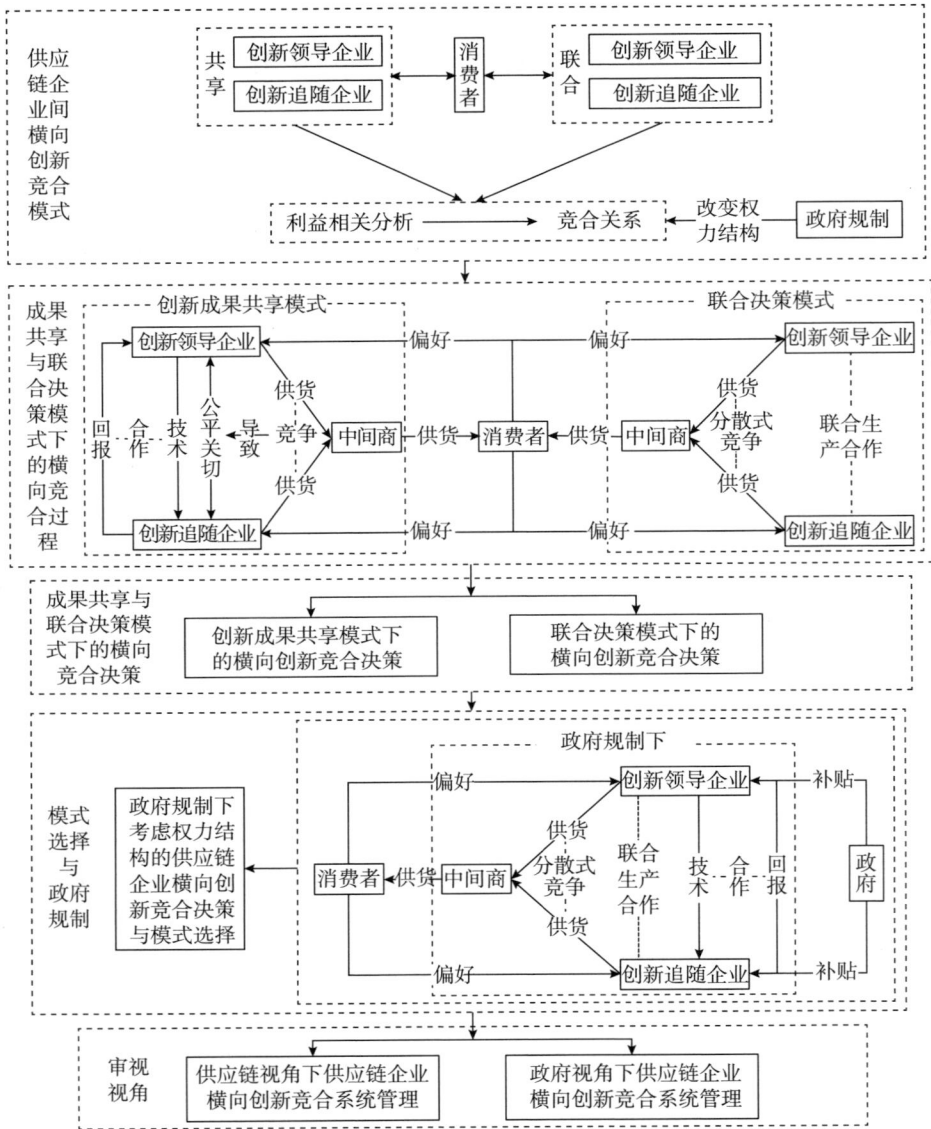

图 2.1　供应链企业横向创新竞合系统分析框架

对于这一分析框架设计，有下面几点需要特别说明：

一是模型间的逻辑关系。联合决策与创新成果共享均是提供可替代服务的供应链企业间横向创新合作的基本实现形式。其中，联合决策模式是指供应链内的独立研发企业通过联合决策规避市场竞争，进而展开横向创新合作；创新成果共享模式是指供应链内的企业通过共享创新成果来分担创新成本、分散创新风险，进而展开横向创新合作。就形式而言，联合决策模式和创新成果共享模式是实现供应链内企业横向创新竞合的两种独立且并列的基本形式；但从创新合作的演进史来看，从供应链内提供可替代服务的企业独立研发到企业创新成果共享进而实现横向创新合作则是历史发展规律的必然结果，因此供应链内提供可替代服务的独立研发企业间的联合决策模型分析与提供可替代服务的企业间创新成果共享决策模型分析间又存在着递进关系。由于联合决策与创新成果共享均是提供可替代服务的供应链企业间横向创新合作的基本实现形式，因此提供可替代服务的供应链企业可以选择横向创新合作模式。相较于联合决策模式下提供可替代服务的供应链企业间可能存在的联合垄断问题，创新成果共享模式既维持了提供可替代服务的供应链企业间的市场竞争关系，又可以提升行业整体创新水平，更加符合社会需要。然而，供应链企业作为市场主体，势必会以自身利益为考量，选择对自身最为有利的横向创新竞合模式，因此为了推动供应链内提供可替代服务的企业间的横向创新成果共享，规避自由市场情境下供应链企业主体的机会主义行为，政府规制则成为引导和推动供应链内提供可替代服务的企业间横向创新成果的必然选择。综上可知，本书第3、第4章模型虽然从形式上是并列的，但从创新合作的演进史来看，研究的是创新合作两个不同发展阶段的问题，因此是递进的；由于供应链企业作为市场主体有权选择横向创新竞合模式，因此本书第5章模型研究了提供可替代服务的供应链企业间的横向创新竞合模式选择问题，并考虑政府规制及供应链企业间权力结构的影响。

二是以联合决策和创新成果共享形式实现的供应链企业横向创新竞合关系间存在着本质的区别。在以联合决策形式实现的横向创新竞合关系中，供应链内的创新领导企业和创新追随企业独立研发，通过联合决策的形式共同制定生产策略和产品价格，规避过度竞争可能出现的双输局面；通过契约协调，实现在采取联合决策策略时，供应链企业的利润应总是优于采取分散式决策策略时的利润，以保证系统的稳定运行，规避利益分配不合理可能导致的利益损失主体的道德风险问题。在创新领导企业与创新追随企业的联合决策过程中，企业独立研发，不存在创新成果共享的过程，这在一定程度上限制了供应链整体创新水平的提升。在以创新成果共享形式实现的横向创新竞合关系中，供应链内的创新领导企业和创新追随企业间通过创新成果共享，实现创新成本、创新风险的分担和供应链整体创新水平的提升，但创新成果共享势必会导致创新领导企业和创新追随企业产品异质性的降低，加剧产品的市场竞争强度和创新领导企业与创新追随企业间的公平关切问题。

三是政府规制赋予了创新追随企业一定程度的话语权，将会改变创新领导企业同创新追随企业间的权力结构，也会对供应链企业横向创新竞合模式产生影响。当创新成果共享与联合决策同时出现于供应链企业横向创新竞合过程中时，那么意味着联合决策和创新成果共享均将服务于提供可替代服务的供应链企业间横向创新合作。在创新成果共享和联合决策并存的供应链企业间创新合作关系中，创新成果共享和联合决策均是供应链企业实现自身利益的手段，供应链企业作为市场主体，势必会以自身利益为考量，选择对自己最为有利的横向创新竞合模式，因此，本书第5章构建了政府规制下考虑权力结构的供应链企业横向创新竞合决策模型，不仅尝试分析了政府规制下考虑权力结构的供应链企业产品定价、供货、产品创新策略等问题，亦对供应链企业的横向创新竞合模式选择与政府规制策略进行了探讨。

四是创新成果共享模式下供应链企业横向创新竞合过程中，所要研究的创新成果共享问题与产品市场竞争存在着必然的因果关系，这是由于创新成果共享将致使创新领导企业与创新追随企业所提供的服务的异质性降低，因此，在消费市场规模一定的前提条件下，创新成果共享将必然导致创新领导企业与创新追随企业所提供的服务之间的市场竞争加剧；在供应链企业横向创新竞争过程中，供应链企业可以直接通过市场竞争谋求自身所需要的利益，然而在供应链企业横向创新竞合过程中，创新领导企业与创新追随企业间存在着创新成果共享行为，创新成果共享在加剧产品服务的市场竞争的同时，将进一步导致决策主体关于利益分配的公平关切问题。赵树宽在创新成果共享模式下供应链企业创新合作实证研究过程中发现，当前制约供应链企业创新合作关系和创新合作效率的最重要因素便是供应链企业间利益分配的公平性问题，他还指出，若要提升供应链企业创新合作能力，就必须妥善解决供应链企业间的利益分配问题[6]。但是，该学者研究过程中尚未提出实现供应链企业间利益公平分配的有效措施。因此，本书于第4章研究了创新成果共享模式下供应链企业横向创新竞合过程中的产品市场竞争和供应链企业间公平关切问题，所要研究的市场竞争与供应链企业横向创新竞合决策、公平关切与供应链企业横向创新竞合决策在逻辑上属递进关系。

五是分析框架中看似仅研究了消费者异质偏好结构对供应链企业横向创新竞合决策的影响，实际上，分析框架中的模型设计亦考虑了供应链企业横向创新竞合决策对消费者消费行为的影响过程。因为，当消费者的异质消费偏好行为反馈于供应链企业横向创新竞合过程中的决策主体后，横向创新竞合系统中的决策主体将通过调整产品定价、出货量和产品创新度，以实现自身利润的最大化，而在系统中的决策主体调整产品定价、出货量和产品创新度后，消费者的异质偏好结构参数虽不会发生变化，但是消费者的消费行为会随之发生改变（举例：消费者异质偏好参数一定，系统提供的异质可替代产品的创新度一定，而如果异质可替代产品中的某一产品定价提高，消费者购买该产品的意愿将下降）。综上可知，在消费者异质偏好结构一定的情况下，消费者的消费行为和创新竞合系统中决策主体的决策结果将在博弈过程中最终实现稳态。

六是分析框架中的供应链视角和政府视角下的供应链企业横向创新竞合关系管理是指，在对供应链企业横向创新竞合系统中利益相关主体的决策演变规律进行分析后，分别从政府视角和供应链视角审视提供可替代服务的供应链企业横向创新竞合系统的演变规律，进而提出综合考虑了供应链视角和政府视角的供应链企业横向创新竞合系统管理策略。

2.5　本章小结

本章首先阐述了利益相关者理论。其次界定了消费者、消费者异质偏好、供应链企业横向创新竞合系统、供应链企业横向创新竞合模式等相关概念。再次对供应链企业横向创新竞合模式以及系统决策内涵进行分析，梳理出以联合决策形式和创新成果共享形式实现的两种横向创新竞合关系，将其分别定义为联合决策模式下供应链企业横向创新竞合系统和创新成果共享模式下供应链企业横向创新竞合系统，在此基础上提出不同横向创新合作模式下供应链企业横向创新竞合决策问题及模式选择问题，并给出供应链企业横向创新竞合系统中的利益相关主体及决策边界界定。最后通过分析供应链企业横向创新竞合系统中的利益相关主体间的利益相关关系，研究相关利益相关主体间的相互作用与互动机制，以给出供应链企业横向创新竞合系统决策的分析框架，为下文不同横向创新合作模式下供应链企业横向创新竞合决策及异质视角下供应链企业横向创新竞合系统管理提升研究做铺垫。

3 联合决策模式下供应链企业横向
创新竞合决策分析

本书第 2 章分析框架设计部分提到：赵树宽等研究发现，当供应链企业间的合作关系处于传统企业关系时，供应链企业独立研发，通过合同交易（联合决策）实现创新合作[6]。因此，在赵树宽等[6]、李京文和姚蔚[7] 研究成果的基础上，本章将对联合决策模式下供应链内采取独立研发的企业间的横向创新竞合决策问题进行探讨。联合决策模式下供应链企业横向创新竞合系统的创新合作形式，由提供可替代产品的供应链独立研发企业间的联合决策形式实现。本章基于消费者对产品创新属性和价格属性的异质偏好结构，针对供应链企业间的竞争与合作关系，构建了供应链企业间的联合决策模型，以探讨联合决策模式下供应链企业间的横向创新竞合决策问题。由于联合决策模式下供应链企业间的横向创新合作建立在相互信任基础之上，若无法建立供应链企业间的相互信任，供应链企业间的联合决策将无法维系，基于此，本章同时构建了供应链企业间的 Nash 分散式决策模型（参考了 Cournot 模型的建模思想），在供应链企业间的 Nash 分散式决策模型基础上，提出了联合决策模式下供应链企业横向创新竞合系统的利益分配方法，以保证在采取联合决策策略时，供应链企业的利润总是优于采取分散式决策策略时的利润，规避联合决策下供应链企业横向创新竞合过程中的道德风险问题。最后，本章分别从供应链视角和政府视角探讨了供应链企业横向创新竞合系统的管理问题。

3.1   联合决策模式下供应链企业横向创新竞合背景

随着社会经济的快速发展和社会物质的极大丰富，我国社会已经基本脱离了以填饱肚子为目标的发展阶段，逐渐向着物质、精神文明需求多元化方向发展。在食品安全领域，人们开始关注产品无公害问题；在电子信息产业，人们越来越关注设备的运行速度和信息的安全问题；在汽车工业产业，人们业已意识到燃油废气排放对大气的污染问题，转而追求电动、混合动力等新能源汽车。而这些转变，无一不需要企业进行创新研发。根据新华社信息，2018 年，中国全社会创新投入占 GDP 比重达 2.15%，约为 1.965 万亿元，已居世界第一位①；人民网信息显示，我国企业研发投入占全社会研发投入比重超过 70%②。我国政府创新投入极大地促进了企业创新活动，推动了社会科学技术的发展。但是，当前我国技术对外依存度仍远高于一些发达国家，这显示出我国在创新研发方面的能力依然薄弱。导致该问题的原因并非仅是企业以及其所在的供应链创新意愿不足，还包括：一是具有创新意愿的供应链企业在创新过程中，与提供可替代产品的供应链其他企业为争夺市场份额一定程度上形成了产品市场竞争，致使供应链企业横向创新竞合过程中的定价、供货、创新策略等不确定性因素增加。二是供应链创新领导企业虽然明了消费市场存在异质消费需求，但创新过程往往是简单通过市场调研，却未将消费者消费偏好考虑进入与提供可替代产品的供应链企业间的竞合博弈过程。实际上，供应链企业通过创新行为突破固有的生产模式，是社会发展演化的必然结果，然而众多的供应链创新领导企业即使拥有优质的创新规划，但仍会在市场竞争环节中失败。因此，对供应链创新领导企业与原有的提供可替代产品的供应链创新追随企业间的竞合博弈过程进行研究，成为亟待解决的问题。

对于供应链内创新领导企业和创新追随企业生产的异质可替代产品，价格往往是消费者消费过程中首先要考虑的因素，但是随着新鲜事物的衍生，价格不再

---

① 2018 年我国研发经费支出近 2 万亿元：主要科技创新指标稳步提升 ［EB/OL］. http：//www. gov. cn/shuju/2019-03/05/content_5370819. htm.

② 我国企业研发投入占全社会比重超七成多措并举强化企业创新主体地位 ［EB/OL］. http：//hi. people. com. cn/big5/n2/2019/0525/c231187-32977095. html.

是消费者消费选择的唯一判定依据，新鲜概念的出现也在逐渐主导消费者的消费观念，由此出现了消费者的消费异质偏好问题[130]。从已有文献来看，部分学者关注了消费者偏好的识别问题[131]，部分学者关注了企业异质生产性的定价决策问题[132]，也有学者将两者结合，探究了消费者异质偏好下的企业定价问题[133]，但鲜有文献能够在考虑消费者异质偏好结构的基础上，研究创新领导企业和创新追随企业竞合博弈过程中的二元定价、供货机制以及创新策略。Desarbo 等最早注意到了消费者异质偏好对企业营销决策的影响，并对消费者异质偏好进行了定义，但并未考虑市场竞争因素对企业营销决策的影响[134]。林雅琴等研究了消费者异质偏好对酒店与在线旅游代理商的合作模式影响[135]；王春苹等、刘征驰等均研究了消费者异质偏好结构对企业产品零售定价策略的影响[136][137]。现有文献鲜有研究消费者异质偏好结构对产品市场需求的影响，更鲜有文献研究消费者异质偏好对供应链内存在竞争与合作关系的企业产品创新策略的影响。

除供应链内的核心垄断企业外，提供可替代产品的供应链企业间必然存在着竞合关系[138]。供应链企业间的竞争[139][140] 是以自身利益最大化为目标；而供应链企业间的合作既可以通过彼此的技术交流[141]、信息共享[142] 等形式实现，又可以联合生产[143]、联合决策[144] 的形式加以实现。已有研究中，学者们通常采用分散式决策建模[145]，通过动态博弈分析方法，对博弈主体间的完全动态竞争问题进行分析；而对于博弈主体间的合作博弈问题，学者们通常以联合决策建模的方式进行分析[146]，Qi 等较早地研究了系统联合决策问题[147]；也有学者在联合决策建模过程中，设计了博弈主体间的收益共享契约[148]；更进一步地，学者们针对博弈主体间的竞合博弈问题，构建了博弈主体间的分散式决策模型以及联合决策模型，并发现联合决策的系统结果优于分散式决策的系统结果[149][150]。然而，学者们在探究供应链企业间的分散式决策模型与联合决策模型时，往往都是以供应链视角，从供应链或者系统整体利益最优出发，鲜有从政府视角研究供应链企业间的分散式决策模型与联合决策模型的利弊，似乎忽视了供应链的存在价值最终应当反映在社会福利增值上的问题。

综上所述，学者们对消费者异质偏好、竞合博弈、企业及供应链营销决策的相关研究为消费者异质偏好结构下供应链企业间横向创新竞合系统定价、供货机制与创新策略研究提供了良好的借鉴。基于此，本书构建了供应链企业间横向创新竞合系统的联合决策模型和 Nash 分散式决策模型，并通过对比分析：研究了消费者对产品价格属性和创新属性的异质偏好结构，以及创新领导企业的创新因素对系统决策过程中的二元产品零售定价、生产供货机制，以及创新领导企业创新策略（创新度的选择）的影响机理；并给出了基于 Nash 分散式决策模型的联合决策模式下供应链企业间的利润分配方法；最后，分别从供应链视角和政府视角探讨了供应链内创新追随企业和创新领导企业间的竞合博弈问题。

3.2 问题描述和基本假设

3.2.1 问题描述

本书考虑由供应链内一个独立研发的创新领导企业和一个独立研发的创新追随企业组成的，以联合决策形式实现创新合作的供应链企业间横向创新竞合系统（以下简称为"联合决策模式下供应链企业横向创新竞合系统"），创新领导企业和创新追随企业生产的产品为可替代产品，存在价格和创新度的差异；此外，考虑消费者对产品价格属性和创新属性的异质偏好结构对联合决策模式下供应链企业横向创新竞合决策的影响。

虽然创新领导企业和创新追随企业间存在技术差异，但由于创新追随企业和创新领导企业间不存在创新成果共享过程，因此，创新领导企业同创新追随企业在系统中的权力不存在差异，即创新领导企业和创新追随企业均无法主导企业间的横向竞合关系。模型中，创新追随企业（企业 A）和创新领导企业（企业 B）的决策过程可以采取联合决策，亦可以采取分散式决策。不同决策形式下，系统的运行过程如图 3.1 所示。

3.2.2 模型假设

为便于分析，不失一般性地，有如下模型假设：

假设 1：理性人假设和经济人假设。供应链内的创新追随企业和创新领导企业完全理性，分散式决策时，以各自利润最大化为目标；联合决策时，以供应链企业横向创新竞合系统的整体利润最大化为目标。

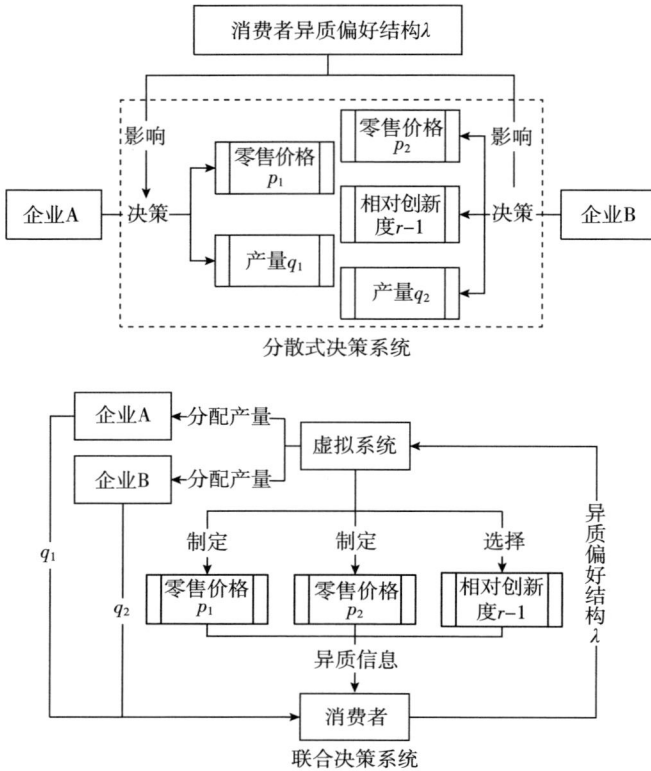

图3.1 采取分散式决策和采取联合决策的供应链企业横向创新竞合系统运行示意图

假设2：由于创新追随企业和创新领导企业间不存在创新成果共享过程，因此创新领导企业和创新追随企业间不存在严格的先后策略制定问题。两企业向市场中消费者提供的产品 M（产品 M1 和产品 M2）对于消费者而言一定程度上是可替代的，但两产品的价格和创新度存在异质性，该假设刻画了供应链企业间的横向创新竞争问题。

假设3：创新追随企业和创新领导企业对各自所售产品均有自主定价权，所售产品 M1 和产品 M2 的定价分别记为 P_1 和 P_2。

假设4：消费者对产品 M 的价格属性和创新属性存在异质偏好，相对而言，若两可替代产品的创新度相同，则消费者更倾向于购买价格相对便宜的商品；若两可替代产品的价格相同，则消费者更倾向于购买创新度相对较高的产品。因此，记产品 M2 相对于产品 M1 的相对创新度为 $r-1$，$r=1$ 代表创新追随企业和创新领导企业产品无创新度差异，即同质；消费者异质偏好结构中，相对于价格属性，消费者对创新属性的偏好为 ρ，该参数亦可以理解为，相对于产品的价格属性，消费者对产品的创新属性偏好的弹性系数。所以，消费市场中将有 $\rho(r-1)/[P_2/P_1+\rho(r-1)]$ 比例的消费者购买创新领导企业的创新水平较高的创新产品，$P_2/[P_2+\rho(r-1)P_1]$ 比例的消费者购买创新追随企业创新水平较低的创新产品（为下文对比方便，将创新领导企业生产的产品简称为"优质创新产品"，将创新追随企业生产的产品简称为"普通创新产品"）。其中，随着 P_2/P_1 的增大，消费者更倾向于购买普通创新产品，反之，消费者更倾向于购买优质创新产品；同理，随着 ρ 和 r 的增大，消费者更倾向于购买优质创新产品。

假设 5：创新追随企业和创新领导企业所售产品的产品需求由市场决定。在考虑消费者异质偏好结构的基础上，借鉴李友东等中可替代产品需求函数设置方法[151]，考虑产品创新水平问题，构建产品 M1 和产品 M2 的市场需求函数分别为 $Q_1=[P_2/(P_2+\rho(r-1)P_1)]a-b_1P_1+b_2P_2$、$q_2=[\lambda(r-1)p_1/(p_2+\lambda(r-1)p_1)]a-b_1p_2+b_2p_1$。该函数中，产品的市场需求受到产品零售定价、创新度、消费者异质偏好以及需求交叉弹性系数的共同影响。其中，a 为产品 M 的市场初始容量，亦可以称之为潜在的市场需求；b_1 和 b_2 为需求交叉弹性系数，满足 $b_1>b_2$，以刻画产品的市场需求受到自身定价变动的影响程度大于受到异质可替代产品零售定价变动的影响程度。

假设 6：创新追随企业每生产一单位产品 M1，需支付 c_1 单位成本；创新领导企业每生产一单位产品 M2，需支付 $h(r-1)c_1/r$ 单位成本。其中，当创新领导企业的创新行为有利于降低单位生产成本的行为时，$h\in(0,1)$；当创新领导企业的创新行为是有利于提升产品价值的行为时，通常情况下 $h>1$。此外，创新领导企业采取创新策略需支付沉没成本 $\frac{1}{2}b(r-1)(s^{r-1})^2P_2$，以进行创新研发；由于创新领导企业的产品创新水平是相较于创新追随企业的产品创新水平相较而言的，因此，创新追随企业创新的创新研发投入忽略不计。其中，s^{r-1} 为随产品创新度变化的供应链创新难度指标，当 $s\in(0,1)$ 时，代表随着产品创新度的增加，产品创新难度逐渐递减，这种现象存在于某些依靠技术迭代升级的产品研发过程中；当 $s=1$ 时，产品创新难度恒定不变；当 $s\in(1,+\infty)$ 时，随着产品创新度的增加，产品创新难度呈现出爆炸式增长的态势，这种现象存在于绝大多数的高新技术研发过程中，如通信技术的研发。b 为突破技术困难需要支付的成本系数；该模型同时考虑了普通创新产品的价格，以避免创新成本函数孤立于现有产品之外，无法真实反映创新成本与现有产品间的关联关系的问题。本章中关于供应链企业间创新竞合博弈模型的参数符号及含义如表 3.1 所示：

表 3.1　参数符号及含义

参数	含义	参数	含义
b_1 & b_2	需求交叉弹性系数	P_1	创新领导企业产品定价
a	市场初始容量	P_2	创新追随企业产品定价
ρ	消费者对产品创新属性消费偏好	r	产品相对创新度系数
c_1	创新追随企业单位沉没成本	s	产品创新难度系数
h	创新领导企业单位生产成本系数	b	创新领导企业产品创新成本系数
Q_1	创新领导企业产品市场需求	Q_2	创新追随企业产品市场需求

根据假设条件，并考虑创新追随企业和创新领导企业的产品零售定价一定大于产品成本，且出货量一定是现实存在的，构建创新追随企业和创新领导企业的带约束利润函数。

（1）创新追随企业的带约束利润函数

$$\pi_1 = Q_1(P_1 - c_1) = \left[\frac{P_2}{P_2 + \rho(r-1)P_1} a - b_1 P_1 + b_2 P_2 \right](P_1 - c_1)$$

$$\text{s. t.} \begin{cases} \pi_1 > 0\,(\text{集中式决策除外}) \\ \dfrac{P_2}{P_2 + \rho(r-1)P_1} a - b_1 P_1 + b_2 P_2 \geq 1 \\ P_1 > c_1 \end{cases}$$

（2）创新领导企业的带约束利润函数

$$\pi_2 = Q_2 \left[P_2 - h\frac{(r-1)}{r} c_1 \right] - \frac{1}{2} b(r-1)(s^{r-1})^2 P_2$$

$$= \left[\frac{\rho(r-1)P_1}{P_2 + \rho(r-1)P_1} a - b_1 P_2 + b_2 P_1 \right] \left[P_2 - h\frac{(r-1)}{r} c_1 \right] - \frac{1}{2} b(r-1)(s^{r-1})^2 P_2$$

$$\text{s. t.} \begin{cases} \pi_2 > 0\,(\text{集中式决策除外}) \\ \dfrac{\rho(r-1)P_1}{P_2 + \rho(r-1)P_1} a - b_1 P_2 + b_2 P_1 \geq 1 \\ P_2 > hc_1(r-1)/r \end{cases}$$

3.3　模型构建

在创新追随企业和创新领导企业的博弈过程中，存在联合决策和分散式决策两种系统决策形式。其中，联合决策可以很好地解释多主体参与、系统统筹类问题，该决策形式下，多主体统一集中决策，以整体效益最大化为目标；分散式决策时，系统中的多元主体各自以自身利益最大化为目标。本书下文构建的异质偏好结构下的供应链企业间横向创新竞合系统分散式决策模型与联合决策模型的不同点之一，分散式决策模型中创新追随企业和创新领导企业分别以各自效益最大化为目标，而非以二者效益之和最大化为目标；不同点之二，分散式决策模型以创新追随企业和创新领导企业二者效益的帕累托最优为目标，实现了二者效益的增加并非以牺牲对方效益为途径。

3.3.1　异质偏好结构下的分散式决策模型（D）

异质偏好结构下的分散式决策模型指，生产可替代产品的创新追随企业和创新领导企业，通过评估消费者对产品的异质属性的偏好结构，分别以自身利益最大化为目标，设置相应的售卖价格与供货量。此外，为实现创新追随企业和创新领导企业二者效益的帕累托最优，联立二者的决策方程。

分散式决策时，本书主要考虑了创新追随企业和创新领导企业的定价、供货策略，以及创新领导企业生产的产品创新度问题。由于，对于不同的事物而言，产品的创新度有时是可供选择的，简单如电器企业可以选择生产的产品节能效率；但是，产品的创新度有时是无法选择的，因为标准有时是相对固定的，譬如通信巨头华为在研究 5G 技术时，并不能因为研发难度过高，而选择减配研发。故此，研究供应链企业产品的创新度（供应链创新难度）对供应链决策的影响是有重要意义的，不仅有助于供应链企业间横向创新竞合系统决策，亦有助于政府针对性扶持策略的制定。

根据假设，分别对创新追随企业和创新领导企业的效益函数求解一阶导，联立得式（3.1）：

$$\begin{cases} \dfrac{\partial \pi_1}{\partial P_1} = \left[\dfrac{P_2 a}{P_2 + \rho(r-1)P_1} - b_1 P_1 + b_2 P_2 \right] - \left[\dfrac{\rho(r-1)P_2 a}{[P_2 + \rho(r-1)P_1]^2} + b_1 \right](P_1 - c_1) \\[4mm] \dfrac{\partial \pi_2}{\partial P_2} = -\left[\dfrac{\rho(r-1)P_1 a}{[P_2 + \rho(r-1)P_1]^2} + b_1 \right]\left[P_2 - h\dfrac{r-1}{r}c_1 \right] + \left[\dfrac{\rho(r-1)P_1 a}{P_2 + \rho(r-1)P_1} - b_1 P_2 + b_2 P_1 \right] - \\[4mm] \qquad\qquad \dfrac{1}{2}b(r-1)(s^{r-1})^2 \end{cases}$$

$$\text{(3.1)}$$

命题 3.1： 创新追随企业效益函数 π_1 和创新领导企业效益函数 π_2 分别是关于创新追随企业零售定价 P_1 和创新领导企业零售定价 P_2 的严格凹函数，均存在唯一的极大值解。证明过程如下：

证明：对创新追随企业效益函数 π_1 对 P_1 求解二阶导数，得：

$$\begin{aligned} \frac{\partial^2 \pi_1}{\partial P_1^2} &= \left[\frac{2\rho^2(r-1)^2 P_2 a}{[P_2 + \rho(r-1)P_1]^3} \right](P_1 - c_1) - 2\left[\frac{\rho(r-1)P_2 a}{[P_2 + \rho(r-1)P_1]^2} + b_1 \right] \\ &= \left[\frac{2\rho^2(r-1)^2 P_2 a}{[P_2 + \rho(r-1)P_1]^3} \right](P_1 - c_1) - 2\left[\frac{\rho(r-1)P_2 a[P_2 + \rho(r-1)P_1]}{[P_2 + \rho(r-1)P_1]^3} + b_1 \right] \\ &= -2\frac{\rho^2(r-1)^2 P_2 a c_1}{[P_2 + \rho(r-1)P_1]^3} - 2\left[\frac{\rho(r-1)P_2^2 a}{[P_2 + \rho(r-1)P_1]^3} + b_1 \right] < 0 \ \text{恒成立,} \end{aligned}$$

所以，$\left[\dfrac{P_2 a}{P_2 + \rho(r-1)P_1} - b_1 P_1 + b_2 P_2 \right] = \left[\dfrac{\rho(r-1)P_2 a}{[P_2 + \rho(r-1)P_1]^2} + b_1 \right](P_1 - c_1)$ 的解 P_{1D}^*，为创新追随企业的最优零售定价策略。

同理，对创新领导企业效益函数 π_2 对 P_2 求解二阶导数，得：

$$\begin{aligned} \frac{\partial^2 \pi_2}{\partial P_2^2} &= -\left[\frac{-2\rho(r-1)P_1 a}{[P_2 + \rho(r-1)P_1]^3}\left[P_2 - h\frac{(r-1)}{r}c_1 \right] + \left[\frac{2\rho(r-1)P_1}{[P_2 + \rho(r-1)P_1]^2}a + 2b_1 \right] \right] \\ &= -\left[\frac{-2\rho(r-1)P_1 a}{[P_2 + \rho(r-1)P_1]^3}\left[P_2 - h\frac{(r-1)}{r}c_1 \right] + \left[\frac{2\rho(r-1)P_1[P_2 + \rho(r-1)P_1]}{[P_2 + \rho(r-1)P_1]^3}a + 2b_1 \right] \right] \\ &= -2\left[\frac{\rho(r-1)^2 P_1 a h c_1}{[P_2 + \rho(r-1)P_1]^3 r} + \frac{[\rho(r-1)P_1]^2 a}{[P_2 + \rho(r-1)P_1]^3} + b_1 \right] < 0 \ \text{恒成立,} \end{aligned}$$

所以，$\left[\dfrac{\rho(r-1)P_1 a}{[P_2 + \rho(r-1)P_1]^2} + b_1 \right]\left[P_2 - \dfrac{h(r-1)c_1}{r} \right] = \left[\dfrac{\rho(r-1)P_1 a}{P_2 + \rho(r-1)P_1} - b_1 P_2 + b_2 P_1 \right] -$

$\dfrac{1}{2}b(r-1)(s^{r-1})^2$ 的解 P_{2D}^* 为创新领导企业的最优零售定价策略。证毕。

因此，P_{1D}^* 和 P_{2D}^* 分别为采取分散式决策策略时创新追随企业和创新领导企业的最优零售定价策略，将之代入市场需求函数，即可得到采取分散式决策策略时创新追随企业和创新领导企业的最优生产和供货策略：$\dfrac{P_{2D}^*}{P_{2D}^*+\rho(r-1)P_{1D}^*}a-$

$b_1 P_{1D}^*+b_2 P_{2D}^*$ 和 $\dfrac{\rho(r-1)P_{1D}^*}{P_{2D}^*+\rho(r-1)P_{1D}^*}a-b_1 P_{2D}^*+b_2 P_{1D}^*$。

3.3.2　异质偏好结构下的联合决策模型（C）

异质偏好结构下的联合决策模型，指生产可替代产品的创新追随企业和创新领导企业，通过评估消费者对产品的异质属性的偏好结构，集中统一以整体利益最大化为目标，分别设置相应的售卖价格 P_{1C}、P_{2C} 与供货量 Q_{1C}、Q_{2C} 和创新领导企业的产品相对创新度 r。联合决策以整体利益最优为目标。

构建创新追随企业和创新领导企业的联合决策模型（C），得式（3.2）：

$$\pi=\pi_1+\pi_2=\left[\frac{P_2}{P_2+\rho(r-1)P_1}a-b_1P_1+b_2P_2\right]\left[P_1-c_1\right]+$$

$$\left[\frac{\rho(r-1)P_1}{P_2+\rho(r-1)P_1}a-b_1P_2+b_2P_1\right]\left[P_2-h\frac{(r-1)}{r}c_1\right]-\frac{1}{2}b(r-1)P_2(s^{r-1})^2$$

$$(3.2)$$

命题 3.2：函数 π 是关于创新追随企业产品零售定价 P_1 和创新领导企业产品零售定价 P_2 的严格凹函数，存在最优零售定价策略 P_{1C}^* 和 P_{2C}^*，使供应链企业间横向创新竞合系统整体效益最优。证明过程如下：

证明：构建供应链企业间横向创新竞合系统利润函数 π 的海塞矩阵 $H(\pi)$：

$$H(\pi)=\begin{vmatrix}\dfrac{\partial^2\pi}{\partial P_1^2} & \dfrac{\partial^2\pi}{\partial P_2\partial P_1}\\[3mm]\dfrac{\partial^2\pi}{\partial P_1\partial P_2} & \dfrac{\partial^2\pi}{\partial P_2^2}\end{vmatrix}$$

其中，

$$\frac{\partial^2\pi}{\partial P_1^2}=-\frac{2\rho(r-1)P_2a}{\left[P_2+\rho(r-1)P_1\right]^3}\left\{\rho(r-1)\left[c_1+1+\left(P_2-h\frac{r-1}{r}c_1\right)\right]+P_2\right\}-2b_1<0$$

$$\frac{\partial^2\pi}{\partial P_2^2}=-2\left[\frac{\rho(r-1)^2P_1ahc_1}{\left[P_2+\rho(r-1)P_1\right]^3r}+\frac{\left[\rho(r-1)P_1\right]^2a+\rho(r-1)P_1a}{\left[P_2+\rho(r-1)P_1\right]^3}+b_1\right]<0$$

根据极值存在性定理，可知，当创新追随企业和创新领导企业存在最优的定价与供货策略时，必有 $\frac{\partial \pi}{\partial P_1}=0$、$\frac{\partial \pi}{\partial P_2}=0$ 同时存在，否则创新追随企业和创新领导企业不存在最优的定价与供货策略，问题失去研究意义。

又因为 $\frac{\partial^2 \pi}{\partial P_1^2}<0$ 和 $\frac{\partial^2 \pi}{\partial P_2^2}<0$ 同时成立，因此，供应链企业间横向创新竞合系统利润函数 π 在 P_1 方向和 P_2 方向均存在极大值，因此，供应链企业间横向创新竞合系统利润函数 π 的海塞矩阵一定是负定的。得证。

由于：

$$\frac{\partial \pi}{\partial P_1}=\left[\frac{P_2 a}{P_2+\rho(r-1)P_1}-b_1 P_1+b_2 P_2\right]-\left[\frac{\rho(r-1)P_2 a}{[P_2+\rho(r-1)P_1]^2}+b_1\right](P_1-c_1)+$$

$$\left[\frac{\rho(r-1)P_2 a}{[P_2+\rho(r-1)P_1]^2}+b_2\right]\left(P_2-h\frac{r-1}{r}c_1\right)$$

$$\frac{\partial \pi}{\partial P_2}=-\left[\frac{\rho(r-1)P_1}{[P_2+\rho(r-1)P_1]^2}a+b_1\right]\left[P_2-h\frac{(r-1)}{r}c_1\right]+$$

$$\left[\frac{\rho(r-1)P_1}{P_2+\rho(r-1)P_1}a-b_1 P_2+b_2 P_1\right]-\frac{1}{2}b(r-1)(s^{r-1})^2+$$

$$\left[\frac{\rho(r-1)P_1}{[P_2+\rho(r-1)P_1]^2}a+b_2\right][P_1-c_1]$$

所以，$\frac{\partial \pi}{\partial P_{1C}^*}=0$、$\frac{\partial \pi}{\partial P_{2C}^*}=0$ 的联合解 P_{1C}^* 和 P_{2C}^* 分别为创新追随企业和创新领导企业的最优零售定价。将之分别代入市场需求函数，即可得供应链企业间横向创新竞合系统中创新追随企业和创新领导企业的最优生产供货策略 $\frac{P_{2C}^*}{P_{2C}^*+\rho(r-1)P_{1C}^*}a-b_1 P_{1C}^*+b_2 P_{2C}^*$ 和 $\frac{\rho(r-1)P_{1C}^*}{P_{2C}^*+\rho(r-1)P_{1C}^*}a-b_1 P_{2C}^*+b_2 P_{1C}^*$。

3.4 算例分析

根据供应链企业间横向创新竞合系统决策模型分析可以发现，模型解析解难以获取，因此，为了更加直观地探究联合决策、分散式决策、消费者异质偏好结构、供应链企业产品创新度、供应链企业产品创新难度指标等因素对存在横向创新竞合关系的供应链企业的产品零售定价、供货策略、供应链利润、供应链企业间横向创新竞合系统利润，以及创新领导企业的创新策略的影响机理，本书将运用 MATLAB 软件求解模型数值解，通过算例仿真的方式进行分析。

在模型假设的基础上，对模型参数进行赋值。①对决策模型中固定的初始参数进行赋值：$c_1 = 1$，创新追随企业每生产一单位的产品，需要支付一单位的成本；相较于竞争对手产品价格变动，企业产品市场需求对自身产品价格变动更为敏感，令 $b_1 = 10$、$b_2 = 6$，以刻画创新追随企业与创新领导企业生产的产品市场需求受到其自身定价变动的影响程度大于受到可替代产品零售定价变动的影响程度；由于市场初始容量的变化对系统决策影响并不会产生质的区别（作者已验证，限于篇幅，因此未全部展示），因此，不妨设 $a = 500$，作为产品 M 的市场初始总需求，在此基础上，产品 M1 和产品 M2 价格及产品 M2 的相对创新度的变动将影响市场的最终需求；由于创新度较高的产品不仅创新研发成本较高，且产品单位生产成本亦相对较高，因此，不妨记 $h = 1.5$，以刻画创新领导企业每生产一单位的产品 M2 所需要支付的成本是创新追随企业每生产一单位的产品 M1 所需要支付的成本的 1.5 倍；由于创新水平的提升往往需要投入大量的创新研发成本，可知企业创新成本系数较高，因此，不妨设 $b = 0.1$，以刻画创新领导企业采取产品创新行为时，创新领导企业的创新成本系数（$b = 0.1$，看似系数较低，实则在综合考虑本书的其他参数设置后，这是一个相当高的系数，且随着参数 b 的继续增大，模型将不存在解，笔者已验证，限于篇幅，因此未全部展示）。②对决策模型中待验证的可变的初始参数进行赋值，验证过程中采用变量控制的方法进行验证：$r \in (1:0.5:9]$，在满足决策模型假设条件及约束条件的前提下，验证创新领导企业的产品相对创新度对决策模型的影响机理；$\rho \in [0.1:0.1:2]$，亦是在满足决策模型假设条件，以及约束条件的前提下，验证消费者对产品相对创新度属性以及相对价格属性的异质偏好结构对决策模型的影响机理；$s \in (1:1.3:1.5:1.7)$，衡量随着创新领导企业的产品相对创新度的变化，供应链创新难度系数的变化规律。

3.4.1 相对创新度、创新难度与系统演变

控制消费者异质偏好结构参数 ρ，探究创新领导企业的产品相对创新度以及创新难度对创新追随企业和创新领导企业的产品零售定价、生产供货策略、最终利润以及供应链企业间横向创新竞合系统利润的影响机理。通过 MATLAB 数值计算，可以得到如表 3.2 所示的分散式与联合决策模型结果。本书关于创新领导企业的产品相对创新度参数以及创新难度指标参数同时变化对创新追随企业和创新领导企业的产品零售定价策略、生产供货策略、最终利润以及供应链企业间横向创新竞合系统利润的影响数据，如表 3.3 所示。当消费者异质偏好结构 $\rho = 1$、产品创新难度指标参数 $s = 1.3$ 时，由表 3.4 可知：分散式决策系统中的产品零售定价均小于联合决策系统中的产品零售定价，分散式决策系统中的产品市场需求均大于联合决策系统中的产品市场需求。结合图 3.3 和图 3.4，当产品创新难度分别为 $s = 1$、1.3、1.5、1.7 时，对比分析分散式决策和联合决策对创新追随企业和创新领导企业的最优产品零售定价的影响可以发现，联合决策时，创新追随企业和创新领导企业的最优产品零售定价亦均大于分散式决策时的最优产品零售定价。由此可知：相较于联合决策系统，分散式决策系统降低了供应链的产品零售定价，提升了供应链企业产品的市场需求。上述现象验证了 Cartel 问题风险的存在性，因为，Cartel 问题即为生产或销售某一同类产品的供应链，通过自发联合，提高产品零售定价并控制产量，进而谋求高额利润。进一步分析可以发现，在分散式决策系统中，创新领导企业的产品创新策略为 $r = 8$；而在联合决策系统中，创新领导企业的产品创新策略为 $r = 6.5$，这表明，相较于联合决策系统，分散式决策系统中的供应链存在一定的市场竞争，创新领导企业需要提升产品创新水平，进而提升消费者的优质创新产品购买意愿，扩大优质创新产品市场占有率，以实现利润的提升，因此，分散式决策更有利于供应链创新领导企业的产品创新研发，一般性数据将在表 3.4 及分析中展现。与以往研究不同的是，本书不仅讨论了传统的产品零售定价和生产策略问题，并在此基础上讨论了供应链的创新决策问题，发现了联合决策存在降低市场中供应链创新水平的问题，相较于传统制造业，带有高技术壁垒的制造行业更容易形成 Cartel 问题，该结论丰富了对 Cartel 问题的认识。

表 3.2 不同相对创新度与创新难度下的系统演变

	r	s=1							s=1.5							s=1.7						
		P_1	P_2	Q_1	Q_2	π_1	π_2	π	P_1	P_2	Q_1	Q_2	π_1	π_2	π	P_1	P_2	Q_1	Q_2	π_1	π_2	π
分散式决策系统	1.5	12.12	8.54	223	195	2475	1599	4074	12.12	8.54	223	195	2475	1566	4042	12.12	8.54	223	195	2475	1566	4042
	2	11.68	9.86	171	243	1828	2271	4099	10.36	10.25	207	211	1934	2004	3937	10.36	10.25	207	211	1934	2004	3937
	2.5	9.55	11.49	196	220	1676	2393	4069	9.54	11.48	196	220	1675	2324	3999	9.54	11.48	196	220	1674	2324	3998
	3	9.05	12.45	188	226	1513	2663	4176	9.05	12.45	188	226	1513	2583	4096	9.05	12.44	188	226	1512	2581	4093
	3.5	8.74	13.29	181	230	1404	2895	4300	8.72	13.25	181	231	1400	2799	4199	8.71	13.22	181	231	1396	2795	4191
	4	8.51	13.99	176	234	1321	3097	4418	8.48	13.92	176	235	1314	2981	4295	8.45	13.84	175	236	1304	2973	4277
	4.5	8.34	14.62	171	237	1256	3277	4533	8.29	14.49	171	238	1243	3132	4375	8.22	14.30	170	240	1224	3113	4338
	5	8.21	15.17	167	239	1204	3439	4643	8.13	14.95	166	242	1182	3248	4430	7.98	14.54	164	246	1144	3208	4353
	5.5	8.11	15.68	163	242	1161	3587	4747	7.97	15.29	161	246	1125	3321	4446	**7.69**	**14.46**	**157**	**254**	**1052**	**3238**	**4289**
	6	8.01	16.07	159	244	1118	3718	4835	**7.81**	**15.48**	**157**	**250**	**1067**	**3336**	**4403**	7.25	13.83	149	267	928	3160	4088
	6.5	7.97	16.56	157	245	1093	3848	4941	7.61	15.46	152	256	1002	3267	4268	6.53	12.26	136	289	749	2888	3637
	7	7.93	16.96	154	247	1066	3964	5030	7.33	15.14	146	265	921	3076	3997	5.32	9.18	114	328	491	2236	2726
	7.5	7.89	17.32	151	248	1042	4073	5115	6.93	14.36	138	277	816	2711	3527	3.40	4.23	72	398	172	898	1070
	8	7.86	17.66	149	249	1021	4175	5196	6.33	12.89	127	296	675	2114	2789	不符合假设条件						
	8.5	7.84	17.98	147	250	1003	4270	5273	5.42	10.43	110	326	488	1257	1745							
	9	**7.82**	**18.29**	**145**	**251**	**986**	**4360**	**5346**	4.09	6.69	84	373	260	239	499							

续表

r	s=1							s=1.5							s=1.7						
	P_1	P_2	Q_1	Q_2	π_1	π_2	π	P_1	P_2	Q_1	Q_2	π_1	π_2	π	P_1	P_2	Q_1	Q_2	π_1	π_2	π
1.5	33.75	29.88	161	84	5281	2488	7769	33.75	29.88	161	84	5281	2474	7755	33.75	29.88	161	84	5281	2474	7755
2	31.93	31.75	121	125	3727	3897	7625	31.92	31.75	121	125	3727	3865	7592	31.92	31.74	121	125	3727	3865	7592
2.5	30.94	32.94	96	149	2870	4804	7674	30.93	32.93	96	149	2869	4755	7624	30.92	32.92	96	149	2868	4755	7624
3	30.27	33.80	79	164	2319	5447	7766	30.25	33.77	79	165	2318	5380	7697	30.23	33.75	79	165	2316	5381	7697
3.5	29.76	34.46	67	176	1939	5925	7864	29.72	34.40	67	176	1936	5837	7773	29.69	34.33	67	177	1929	5844	7773
4	29.38	34.98	58	184	1650	6307	7957	29.30	34.87	58	185	1646	6188	7834	29.21	34.72	58	186	1641	6194	7834
4.5	**29.06**	**35.41**	**51**	**191**	**1433**	**6611**	**8044**	**28.89**	**35.20**	**51**	**192**	**1434**	**6437**	**7871**	**28.69**	**34.88**	**51**	**194**	**1422**	**6449**	**7871**
5	28.78	35.77	45	196	1260	6862	8123	28.53	35.40	45	199	1250	6620	7870	28.09	34.72	45	203	1231	6637	7868
5.5	28.52	36.08	41	201	1129	7065	8194	28.09	35.43	41	205	1114	6698	7812	27.22	34.05	41	214	1072	6731	7803
6	28.33	36.34	37	205	1006	7252	8258	27.62	35.25	37	212	983	6686	7669	25.83	32.48	37	230	922	6704	7626
6.5	28.14	36.57	34	208	910	7407	8317	26.95	34.76	34	219	882	6513	7395	23.45	29.34	34	255	767	6451	7218
7	27.97	36.77	31	210	829	7541	8370	26.06	33.79	31	230	776	6149	6925	19.25	23.37	32	298	582	5663	6245
7.5	27.82	36.94	28	213	759	7660	8419	24.71	32.08	29	244	680	5487	6167	11.53	12.50	31	373	328	3383	3711
8	27.68	37.10	26	215	698	7765	8463	22.65	29.24	27	266	580	4431	5011							
8.5	27.52	37.24	25	216	654	7850	8504	19.44	24.60	25	298	468	2908	3376							
9	**27.43**	**37.37**	**23**	**218**	**599**	**7943**	**8542**	**14.38**	**17.20**	**24**	**349**	**327**	**1023**	**1349**							

联合决策系统

（s=1.7，r=8、8.5、9：不符合假设条件）

表3.3 不同相对创新度下的系统演变 （ρ=1，s=1.3）

r	分散式决策系统							联合决策系统						
	P_1	P_2	Q_1	Q_2	π_1	π_2	π	P_1	P_2	Q_1	Q_2	π_1	π_2	π
1.5	12.12	8.54	222.58	194.76	2475.29	1598.93	4074.22	33.75	29.88	161.24	84.24	5281.13	2487.78	7768.91
2	10.36	10.25	206.56	210.97	1934.03	2056.82	3990.85	31.93	31.75	120.52	124.78	3727.26	3896.51	7623.77
2.5	9.55	11.49	196.02	219.85	1675.20	2391.55	4066.75	30.93	32.93	95.87	148.67	2869.49	4801.66	7671.16
3	9.06	12.46	187.98	225.95	1514.64	2661.57	4176.20	30.26	33.79	79.23	164.58	2318.48	5441.06	7759.54
3.5	8.73	13.27	181.42	230.57	1402.43	2889.56	4292.00	29.75	34.44	67.38	175.88	1937.12	5915.04	7852.16
4	8.50	13.97	175.85	234.29	1318.25	3086.82	4405.07	29.35	34.94	58.16	184.67	1648.88	6288.72	7937.60
4.5	8.32	14.57	171.00	237.42	1251.89	3259.60	4511.49	28.99	35.35	51.32	191.32	1436.69	6574.86	8011.55
5	8.18	15.11	166.68	240.15	1197.52	3411.42	4608.94	28.71	35.66	45.38	197.14	1257.33	6814.60	8071.93
5.5	8.07	15.58	162.76	242.63	1151.45	3544.04	4695.49	28.41	35.92	41.08	201.63	1125.85	6990.93	8116.78
6	7.98	15.99	159.14	244.97	1111.12	3657.82	4768.95	28.17	36.09	36.84	206.11	1000.93	7142.86	8143.78
6.5	**7.90**	**16.34**	**155.74**	**247.28**	**1074.59**	**3751.88**	**4826.47**	**27.91**	**36.21**	**33.56**	**209.96**	**903.18**	**7246.19**	**8149.37**
7	7.82	16.64	152.48	249.67	1040.24	3823.99	4864.23	27.64	36.25	30.76	213.67	819.58	7309.01	8128.59
7.5	7.74	16.87	149.29	252.27	1006.58	3870.43	4877.01	27.29	36.21	29.09	216.88	764.85	7309.51	8074.35
8	**7.66**	**17.02**	**146.07**	**255.24**	**972.09**	**3885.68**	**4857.77**	**27.02**	**36.06**	**26.25**	**221.43**	**682.99**	**7294.37**	**7977.35**
8.5	7.55	17.07	142.72	258.78	935.14	3862.06	4797.21	26.59	35.79	24.88	225.60	636.65	7187.86	7824.52
9	7.42	17.01	139.12	263.13	893.85	3789.35	4683.20	26.15	35.34	22.80	231.26	573.43	7025.87	7599.30

（1）不同创新度、创新难度下供应链企业产品零售定价与供货策略演变

1）由图 3.2 可知，随着创新领导企业的产品相对创新度和产品创新难度的增加，分散式决策系统与联合决策系统中的创新追随企业的最优产品零售定价一致下降，因此，创新追随企业的最优产品零售定价与创新领导企业的产品相对创新度和产品创新难度均呈负相关关系。这表明，分散式决策时，随着创新领导企业的产品相对创新度和产品创新难度的提升，创新领导企业的产品创新属性增加，一定程度上提升了消费者的购买意愿，因此，创新追随企业需要通过降价的方式防止可能出现的客户流失问题；联合决策时，供应链企业间横向创新竞合系统将通过降低普通创新产品定价的方式，降低优质创新产品的市场需求，进而降低供应链企业间横向创新竞合系统的创新投入成本。具体而言，当产品创新难度指标 $s=1$、1.3 时，产品创新难度较小，创新领导企业的产品创新度的提升，对创新成本的影响较小，因此对两供应链企业产品零售定价的影响差异也较小，而当产品创新难度指标 $s=1.5$、1.7 时，创新领导企业的产品创新度的提升，对创新成本的影响较大，因此对两个供应链企业产品零售定价的影响差异迅速变大。

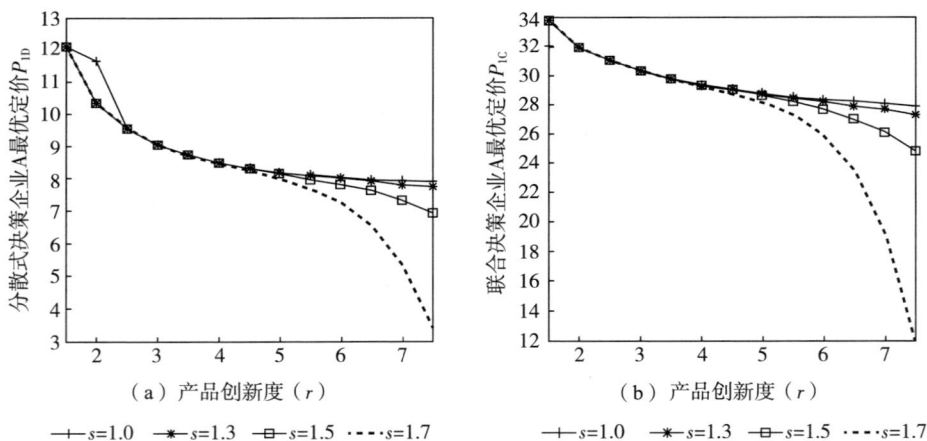

（a）产品创新度（r）   （b）产品创新度（r）

——+—— $s=1.0$ ——*—— $s=1.3$ ——□—— $s=1.5$ ······ $s=1.7$ ——+—— $s=1.0$ ——*—— $s=1.3$ ——□—— $s=1.5$ ······ $s=1.7$

图 3.2　产品创新度、创新难度与创新追随企业的最优零售定价策略

2）由图 3.3 可知，随着产品创新难度的增加，创新领导企业的最优产品零售定价降低；因此，创新领导企业最优产品零售定价与产品创新难度呈负相关关系。不同产品创新难度下，创新领导企业的最优产品零售定价与产品相对创新度

间的关系出现分化,具体而言,当产品创新难度指标 $s<1.3$ 时,创新领导企业的最优产品零售定价与产品相对创新度间呈正相关关系;当产品创新难度指标 $s>1.5$ 时,创新领导企业的最优产品零售定价与产品相对创新度间不再存在一致的单调关系,而是创新领导企业的最优产品零售定价随着产品相对创新度的增加先上升后下降。这表明,当产品创新难度指标较小时,创新领导企业的产品创新度的提高对生产成本的影响差异较小,不会对供应链企业产品零售定价产生较大的影响;但是,随着产品创新难度的提升,创新领导企业产品创新度的提高将对生产成本产生较大影响,并直接影响到可替代产品的最优零售定价。这意味着,当创新领导企业的产品创新难度较高,且产品创新度水平对市场需求的增长没有明显刺激时,创新领导企业将处于较为不利的市场地位,因此,这种比较被动的市场环境,导致了创新领导企业在产品明明具有创新属性优势的情形下,依然需要通过降价来争取市场份额。这种现象在一些积极创新,但品牌知名度较低的供应链营销活动中较为常见。

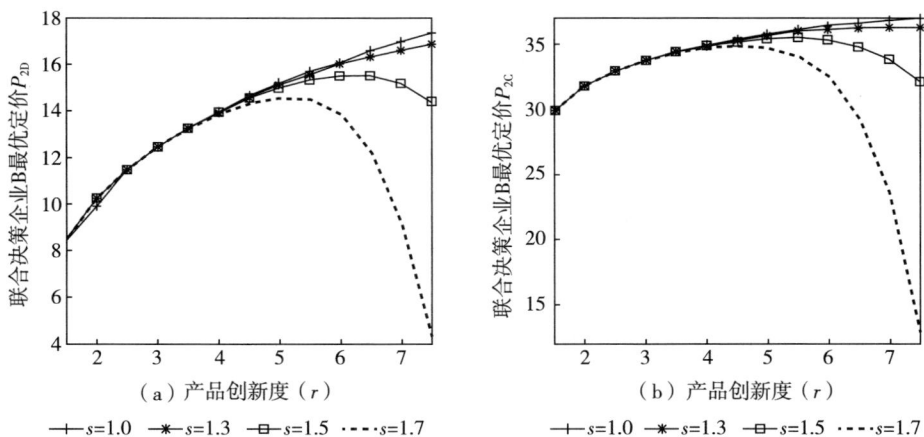

图3.3 产品创新度、创新难度与创新领导企业的最优零售定价策略

3)由1)中结论可知,创新领导企业的产品创新度和创新难度的增加,一定程度上有利于提升优质创新产品的市场份额,尤其是当分散式决策时,若创新领导企业的产品创新度较高且创新难度较大,那么创新领导企业在产品零售定价上处于弱势地位,创新追随企业作为理性主体能够意识到创新领导企业存在降价竞争的可能,因此,此时创新追随企业将通过快速降价手段与创新领导企业进行市场份额的争夺，这也将迫使创新领导企业在产品创新度较高，且创新成本较高的情形下，通过降价的方式与创新追随企业进行竞争；而联合决策时，优质创新产品零售定价的降低则是供应链企业间横向创新竞合系统权衡产品零售定价与市场需求的最终结果。因为，类似于 Cartel 问题，供应链企业可以通过限制产量和控制价格进行联合决策，以实现整体利益的最大化，导致采取联合决策策略的供应链企业的产品零售定价高于采取分散式决策策略的产品零售定价。

4）由图 3.4 和图 3.5 可知：

第一，供应链企业可以通过限制产量和控制价格进行联合决策，以实现整体利益的最大化，这与 Cartel 问题相类似，因此，相较于分散式决策，联合决策在提高了产品零售定价的同时，降低了创新追随企业和创新领导企业的最优产品供货量。结合图 3.2 和图 3.3 结论，可以发现，相较于联合决策，分散式决策下，创新追随企业和创新领导企业作为独立的决策主体，将通过产品降价和争夺市场份额，实现各自利益的增加。

第二，产品创新难度和产品相对创新度的增加，提升了消费者对优质创新产品的购买意愿，因此，创新领导企业的产品相对创新度的提高，降低创新追随企业的产品市场需求，提高了创新领导企业的最优产品供货量。可以得到：产品创新难度与创新追随企业的产品市场需求负相关，与创新领导企业的产品市场需求正相关。这表明，在其他条件一定时，创新领导企业产品创新度的增加，将提升消费者购买意愿，进而抑制了创新追随企业的产品需求，因此，在生产成本一定的条件下，创新领导企业应尽可能提升产品创新度，或努力降低产品的单位创新成本。

第三，采取分散式决策策略时，产品创新难度的快速增加，迫使创新领导企业通过快速降价（见图 3.3）的方式争夺市场份额，并导致创新追随企业的产品市场需求下降；而联合决策时，供应链企业间横向创新竞合系统通过降低普通创新产品市场供应，以保证消费者对优质创新产品的市场需求，进而牟取利润。产品创新难度的增加，降低了创新追随企业的最优产品供货量，提高了创新领导企业的最优产品供货量。因此，产品创新难度与创新追随企业的产品市场需求呈负相关关系，同创新领导企业的产品市场需求呈正相关关系。这表明，供应链企业联合决策时，产品创新难度的增加使得创新成本增加，联合决策系统为了保证供应链企业间横向创新竞合系统的利润，将通过迅速降低普通创新产品的市场供应，为供应链企业间横向创新竞合系统中的产品创新买单。

（a）产品创新度（r）　　　　　　　　　　（b）产品创新度（r）

—+— s=1.0　—*— s=1.3　—□— s=1.5　······ s=1.7

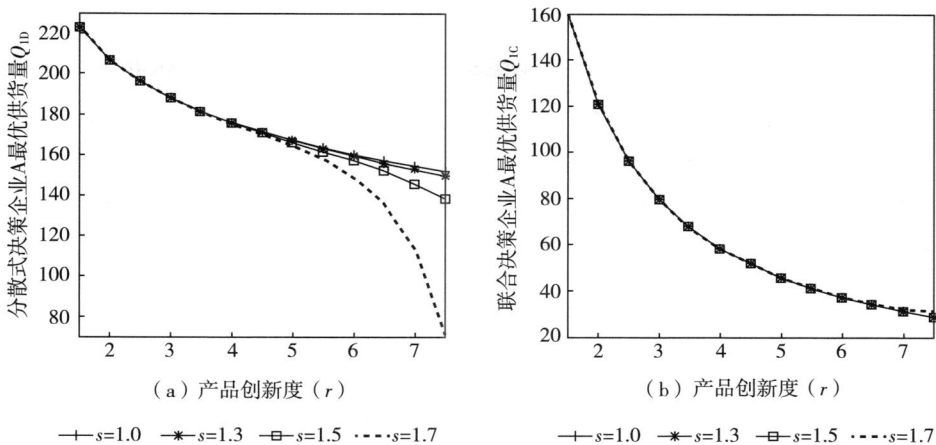

图 3.4　产品创新度、创新难度与创新追随企业的最优供货策略

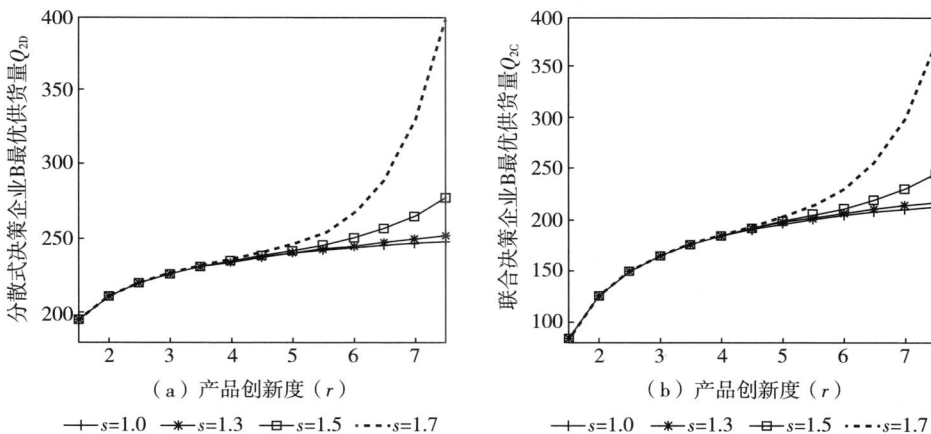

（a）产品创新度（r）　　　　　　　　　　（b）产品创新度（r）

—+— s=1.0　—*— s=1.3　—□— s=1.5　······ s=1.7

图 3.5　产品创新度、创新难度与创新领导企业的最优供货策略

（2）不同创新度、创新难度下供应链企业利润与系统利润演变

图 3.6 分别为不同决策模式下系统及供应链企业的利润。由图可知：

1）供应链企业可以通过限制产量和控制价格进行联合决策，以实现整体利益的最大化，因此，相较于分散式决策，联合决策提升了供应链企业间横向创新竞合系统的整体盈利水平；此外还发现，相较于分散式决策，联合决策提高了创新领导企业的最终利润；但是对于创新追随企业而言，在产品创新度处于中低水平的条件下，联合决策亦提高了创新追随企业的最终利润，而随着产品创新度的提高，联合决策将降低创新追随企业的最终利润。这表明，联合决策具有一定的不稳定性，因为：一方面，由图3.2和图3.3可知，联合决策维持了供应链企业产品的较高价格水平，这势必会吸引供应链链外企业的进入，通过降价和扩大市场份额，迅速瓦解创新追随企业和创新领导企业间的高价联合策略，当然，具有较高技术壁垒的行业除外，但这却可以为政府打破垄断，提供思路；另一方面，产品创新度较高时，创新追随企业由于利益受损，将造成创新追随企业和创新领导企业间的"囚徒困境"问题，致使供应链企业间产生欺骗动机，以挽回损失，当然，联合决策时，供应链企业间可以通过建立基于 Nash 决策利润结果的收益分配策略，以保证在采取联合决策策略时，供应链企业利润应总是优于采取分散式决策策略时的利润，规避联合决策模式下供应链企业横向创新竞合过程中的道德风险问题，实现创新领导企业和创新追随企业最终利润的共同提高，防范"囚徒困境"问题。

2）产品创新难度的增加，提高了创新领导企业的创新成本，因此，在产品创新度和市场需求不变的情况下，供应链企业间横向创新竞合系统盈利水平下降，因此，产品创新难度与供应链企业间横向创新竞合系统利润呈绝对的负相关关系。同时，产品创新难度调节了产品创新度与两种决策模式下供应链企业间横向创新竞合系统、创新追随企业、创新领导企业的利润间的关联关系。这表明，产品供应链创新难度不仅是供应链创新成败的决定性因素，同时，产品创新难度直接影响了产品的创新成本和创新属性，使可替代产品的市场价格和需求发生变化，并最终直接反映在供应链和供应链企业间横向创新竞合系统的利润水平上。

3）相较于分散式决策，联合决策过程中供应链联合控制市场需求和产品零售定价，有利于卖方市场的形成，而供应链创新需要投入巨额沉没成本，因此，联合决策抑制了创新领导企业的产品创新活动，不利于市场中的供应链创新研发，与表3.3所述结论一致。具体而言，当产品创新难度指标 $s=1$ 时，联合决策系统的最优创新选择策略为 $r=9$、分散式决策系统中创新领导企业的最优创新选择策略为 $r=9$；而当产品创新难度指标 $s=1.3$、$s=1.5$、$s=1.7$ 时，联合决策系统的最优创新选择策略分别为 $r=6.5$、$r=4.5$、$r=4.5$，分散式决策系统中创新领导企业的最优创新选择策略则为 $r=8$、$r=6$、$r=5.5$。因此，联合决策抑制了创新领导企业的创新研发活动。其管理学启示同表3.3启示所述一致，此处不再赘述。

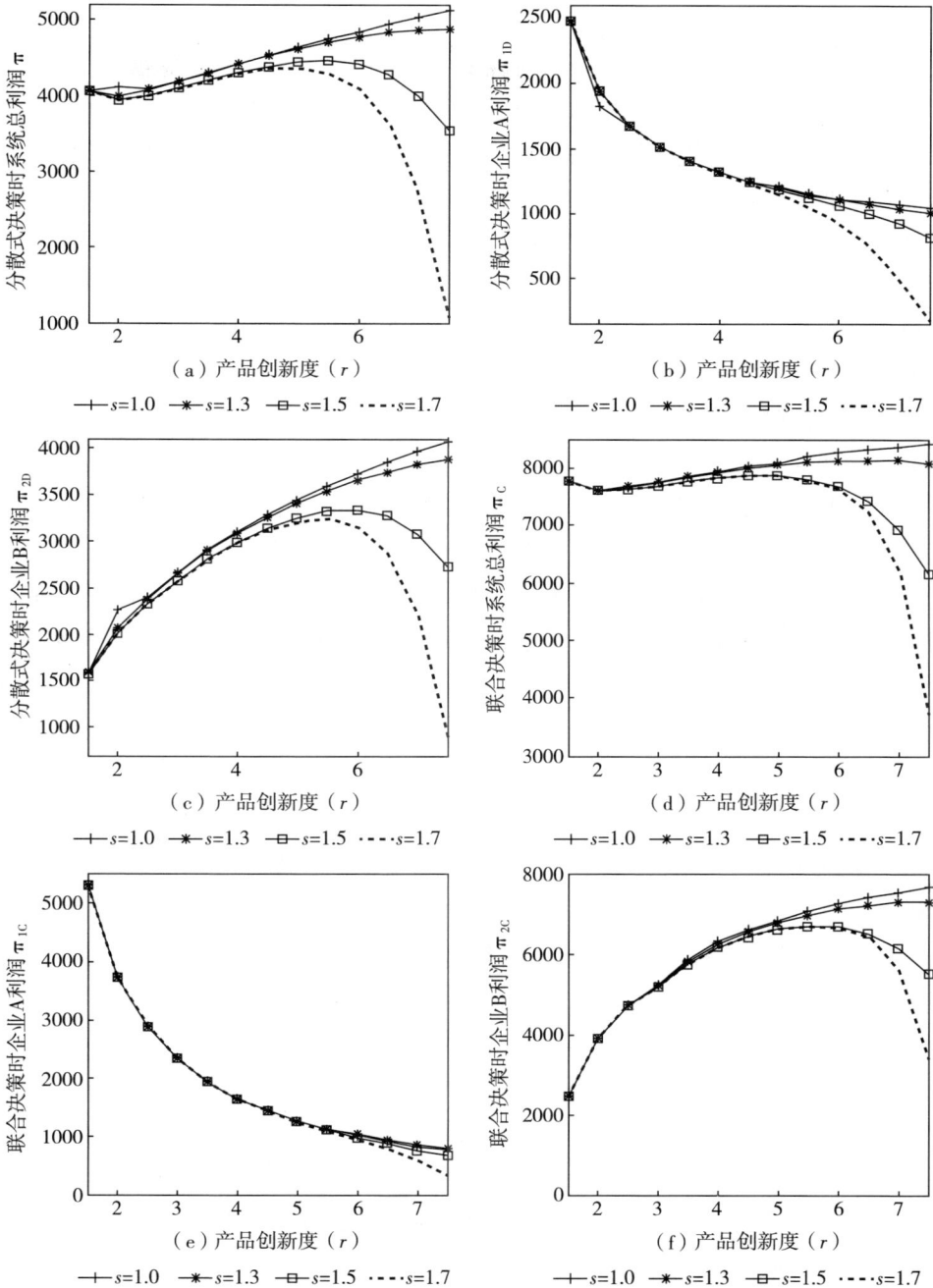

（a）产品创新度（r）

－＋－ s=1.0 －＊－ s=1.3 －□－ s=1.5 ····· s=1.7

（b）产品创新度（r）

－＋－ s=1.0 －＊－ s=1.3 －□－ s=1.5 ····· s=1.7

（c）产品创新度（r）

－＋－ s=1.0 －＊－ s=1.3 －□－ s=1.5 ····· s=1.7

（d）产品创新度（r）

－＋－ s=1.0 －＊－ s=1.3 －□－ s=1.5 ····· s=1.7

（e）产品创新度（r）

－＋－ s=1.0 －＊－ s=1.3 －□－ s=1.5 ····· s=1.7

（f）产品创新度（r）

－＋－ s=1.0 －＊－ s=1.3 －□－ s=1.5 ····· s=1.7

图 3.6 产品创新度、创新难度与创新追随企业、创新领导企业以及总系统利润演变

3.4.2　消费者异质偏好结构与系统演变

控制创新领导企业的产品相对创新度参数以及创新难度指标参数固定，以探究消费者对产品相对创新度属性以及对产品相对价格属性的异质偏好结构，对创新追随企业和创新领导企业的产品最优零售定价策略、生产供货策略、最终利润以及联合决策模式下供应链企业间横向创新竞合系统总利润的影响机理。通过MATLAB 数值计算，可以得到如表 3.3 所示的分散式决策系统与联合决策系统的数值仿真结果。由表 3.3 数据可以直观发现：当前参数设置下，若供应链企业间横向创新竞合系统采用分散式决策策略，则消费者异质偏好参数为 $\rho=0.3$ 时，供应链企业间横向创新竞合系统利润最小，若供应链企业间横向创新竞合系统采用联合决策策略，当消费者异质偏好参数为 $\rho=0.4$ 时，供应链企业间横向创新竞合系统利润最小；对分散式决策系统和联合决策系统中消费者异质偏好结构对供应链企业间横向创新竞合系统利润的影响差异进行分析可以发现，相较于联合决策，供应链企业采取分散式决策策略时，供应链企业横向创新竞合系统利润对消费者异质偏好结构更加敏感。下文将结合表 3.4 及图 3.7~图 3.9 的结果，探究当产品创新度指标参数 $r=5$、产品创新难度指标参数 $s=1.5$ 时，消费者异质偏好结构与联合决策模式下供应链企业间横向创新竞合系统演变间的关联关系。

（1）不同偏好结构下供应链企业产品零售定价与供货策略演变

图 3.7 和图 3.8 为消费者不同偏好结构下，分散式决策模型和联合决策模型中创新追随企业与创新领导企业的最优产品零售定价策略，以及最优生产供货策略的演变情形。

1）由图 3.7 可知，无论是采取分散式决策还是联合决策，创新追随企业的最优产品零售定价随着消费者优质创新产品偏好的增加而降低，创新领导企业的最优产品零售定价随着消费者优质创新产品偏好的增加而增加，因此，创新追随企业的最优产品零售定价与消费者优质创新产品偏好程度呈负相关关系；创新领导企业的最优产品零售定价与消费者优质创新产品偏好程度呈正相关关系。这表明，消费者对优质创新产品偏好的增加，直接提升了优质创新产品的市场需求和份额，由供需决定价格理论可知，创新领导企业产品零售定价主动性增加，使优质创新产品价格提高；与之相对应地，普通创新产品的市场需求被抑制，创新追随企业需降低产品零售定价以避免客户过度流失造成的损失。

表3.4　不同偏好结构下的系统演变 （$r=5$，$s=1.5$）

ρ	分散式决策系统							联合决策系统						
	P_1	P_2	Q_1	Q_2	π_1	π_2	π	P_1	P_2	Q_1	Q_2	π_1	π_2	π
0.1	13.22	8.70	230.89	181.44	2821.68	**444.63**	3266.31	34.08	29.23	175.58	71.16	5808.42	1503.45	7311.87
0.2	11.05	9.95	213.84	202.15	2150.03	747.11	2897.14	32.18	30.86	135.96	111.85	4239.69	2622.85	6862.54
0.3	10.05	10.92	202.75	213.36	1834.30	994.57	**2828.87**	31.01	31.96	112.61	135.51	3379.68	3353.71	6733.38
0.4	9.44	11.73	194.44	220.86	1642.00	1205.46	2847.46	30.30	32.74	94.93	152.90	2781.75	3920.59	**6702.34**
0.5	9.04	12.42	187.75	226.39	1509.66	1390.38	2900.04	29.78	33.35	81.83	165.64	2354.91	4359.99	6714.89
0.6	8.75	13.03	182.15	230.72	1411.77	1555.69	2967.46	29.37	33.86	71.72	175.38	2034.45	4712.16	6746.62
0.7	8.53	13.58	177.32	234.23	1335.82	1705.52	3041.34	29.03	34.28	63.68	183.09	1785.03	5001.59	6786.62
0.8	8.37	14.07	173.08	237.16	1274.83	1842.72	3117.56	28.74	34.63	57.15	189.34	1585.51	5244.12	6829.63
1	8.13	14.95	165.88	241.82	1182.38	2086.97	3269.34	28.28	35.21	47.17	198.87	1286.81	5628.65	6915.46
1.1	8.04	15.34	162.78	243.71	1146.32	2196.76	3343.08	28.09	35.45	43.28	202.59	1172.35	5783.91	6956.26
1.2	7.97	15.70	159.93	245.38	1115.11	2299.69	3414.80	27.78	35.68	41.74	204.42	1118.04	5883.43	7001.47
1.3	7.92	16.04	157.30	246.88	1087.80	2396.52	3484.32	27.75	35.84	37.01	208.60	990.17	6041.76	7031.93
1.4	7.87	16.36	154.86	248.22	1063.68	2487.90	3551.58	27.61	36.01	34.45	211.06	916.63	6150.08	7066.71
1.5	7.83	16.66	152.59	249.43	1042.19	2574.36	3616.55	27.48	36.17	32.18	213.24	852.05	6247.47	7099.52
1.6	7.80	16.95	150.47	250.54	1022.92	2656.35	3679.26	27.35	36.31	30.16	215.20	794.93	6335.52	7130.46
1.7	7.77	17.22	148.48	251.55	1005.53	2734.25	3739.78	27.08	36.45	30.56	215.32	796.88	6370.14	7167.02
1.8	7.75	17.48	146.60	252.48	989.74	2808.42	3798.16	26.98	36.57	28.82	217.00	748.69	6445.46	7194.15
1.9	7.73	17.72	144.83	253.33	975.34	2879.14	3854.48	26.83	36.68	28.00	217.97	723.19	6498.93	7222.12
2	7.72	17.96	143.16	254.13	962.15	2946.66	3908.81	26.94	36.76	23.92	221.28	620.62	6617.09	7237.72

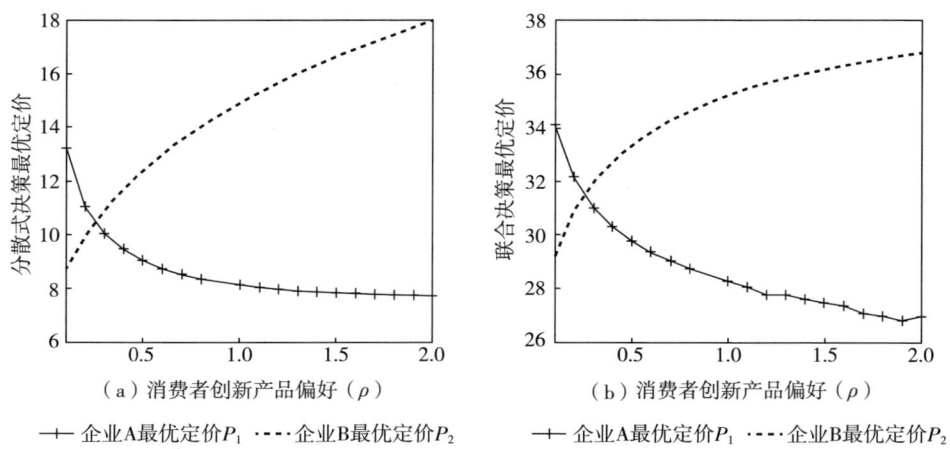

（a）消费者创新产品偏好（ρ）　　（b）消费者创新产品偏好（ρ）

—＋— 企业A最优定价P_1　---- 企业B最优定价P_2　　—＋— 企业A最优定价P_1　---- 企业B最优定价P_2

图 3.7　消费者不同偏好结构下创新追随企业与创新领导企业系统的最优零售定价策略

2）由图 3.8 可以发现，无论是采取分散式决策还是联合决策，创新追随企业的最优供货量与消费者优质创新产品偏好程度呈负相关关系；创新领导企业的最优供货量与消费者优质创新产品偏好程度呈正相关关系。这表明，随着消费者对优质创新产品偏好的增加和对产品价格因素的重视程度降低，优质创新产品更加受到市场的欢迎，因此，当消费者优质创新产品偏好提高时，创新追随企业需要降低产品产量，而创新领导企业需要增加产品市场供应。

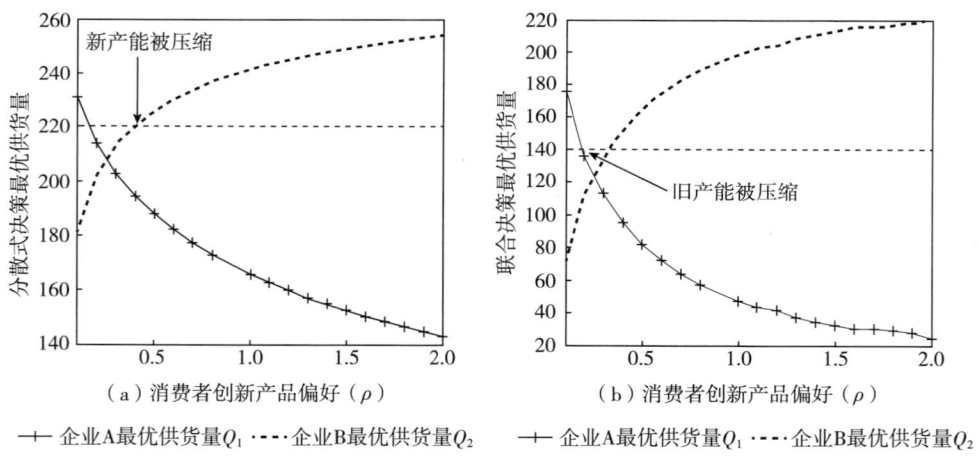

（a）消费者创新产品偏好（ρ）　　（b）消费者创新产品偏好（ρ）

—＋— 企业A最优供货量Q_1　---- 企业B最优供货量Q_2　　—＋— 企业A最优供货量Q_1　---- 企业B最优供货量Q_2

图 3.8　消费者不同偏好结构下创新追随企业与创新领导企业系统的最优供货策略

3）此外，对比两种决策模式下的两个供应链企业最优供货量还可以发现，相较于分散式决策，联合决策在提升创新产能、抑制落后产能方面是把"双刃剑"。供应链企业采取联合生产和定价策略，导致了创新领导企业和创新追随企业均通过控制产量，形成了实际上的卖方市场，进而提高了产品售价，实现了联合决策模式下供应链企业间横向创新竞合系统利润的最大化，因此，联合决策一方面抑制了落后产能的增加，降低了落后产能的出货量，但另一方面却也抑制了创新产能的增加，降低了创新产能，进而导致社会总福利的降低。具体表现为：一方面，联合决策将分散式决策时的普通创新产能最低 143 单位，压缩至联合决策时的普通创新产能最低 24 单位；另一方面，联合决策也将分散式决策时的创新产能最高 254 单位，压缩至联合决策时的创新产能最高 221 单位。

（2）不同偏好结构下供应链企业利润与系统利润的演变

图 3.9 为消费者不同偏好结构下，分散式决策模型和联合决策模型中创新追随企业、创新领导企业以及供应链企业间横向创新竞合系统利润演变情形。

1）由图 3.9（a）可知，采取联合决策的供应链企业横向创新竞合系统利润大于采取分散式决策的供应链企业横向创新竞合系统利润，且随着消费者对优质创新产品偏好的增加，联合决策模式下供应链企业间横向创新竞合系统利润均呈现出先下降后上升的形态。这是由于，当市场中的消费者群体集中偏好购买优质创新产品或者普通创新产品时，无论是分散式决策系统还是联合决策系统，创新追随企业和创新领导企业的产品需求实质上就是 0 和 1 的区别，因此，此时的创新追随企业和创新领导企业之间并不存在竞争问题，联合决策亦可以较好地集中生产，无需在消费者不喜欢的产品上投入生产成本；而当消费者异质偏好结构介乎于上述两种条件之间时，创新追随企业和创新领导企业就必须各自投入一定的生产成本，因此，导致了随着消费者对优质创新产品偏好的增加，联合决策模式下供应链企业间横向创新竞合系统利润均呈现出先下降后上升的形态。

2）由图 3.9（b）和图 3.9（c）可知，随着消费者对优质创新产品偏好的增加，创新追随企业利润下降，创新领导企业利润上升。因此，创新追随企业的利润同消费者优质创新产品偏好负相关；创新领导企业的利润同消费者优质创新产品偏好正相关。这是由于，当消费者对优质创新产品偏好增加时，无论是分散式决策系统还是联合决策系统，一定会刺激优质创新产品需求的增加和价格的上涨，进而导致创新领导企业利润的上升；同理，当消费者对优质创新产品偏好增加时，普通创新产品的市场需求和价格将会下降。

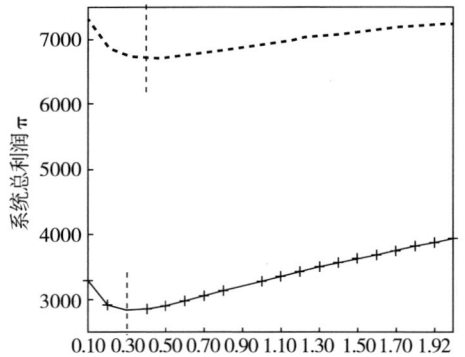

（a）消费者创新产品偏好（ρ）

—+— 分散式决策　····· 集中式决策

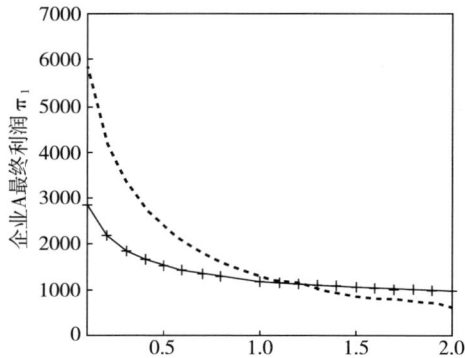

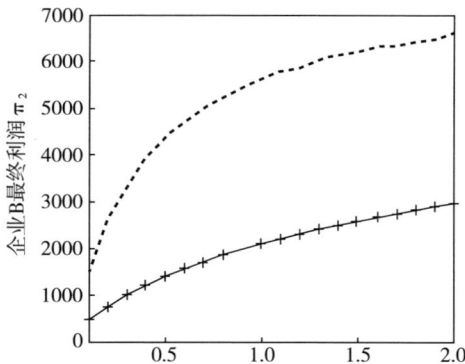

（b）消费者创新产品偏好（ρ）

—+— 分散式决策　····· 集中式决策

（c）消费者创新产品偏好（ρ）

—+— 分散式决策　····· 集中式决策

图 3.9　消费者不同偏好结构下创新追随企业与创新领导企业以及总系统利润演变

3）对比分析可以发现，分散式决策的上升拐点的出现，早于联合决策模式的上升拐点的出现，且随着消费者对优质创新产品偏好的增加，采取分散式决策模式的供应链企业横向创新竞合系统利润对消费者异质偏好结构更加敏感。这表明，相较于联合决策，采取分散式决策的独立研发企业之间存在着直接的竞争关系，因此独立研发的供应链企业更加需要密切关注消费者消费偏好的变化，能够更好地适应市场变化，更快地根据消费者的异质偏好结构，调整策略，提高利润；与分散式决策不同的是，联合决策模式下供应链企业间横向创新竞合系统可通过调节两种产品的产量供应和价格，实现对消费者消费偏好的引导和对冲。

4）对比分析可以发现，联合决策模式下供应链企业间横向创新竞合系统利润的提升，是以牺牲创新追随企业利益为代价的。对于落后产能而言，这种牺牲是有价值的，但是对于仅是概念不同、性能却是大同小异的产品而言，这种集中决策模式可能最终导致一些非落后产能的没落和流失，如一些非物质文化遗产中的一些传统手艺，便是在这种过度联合决策（形似垄断）的过程中逐渐流失的，因此，对于过度集中决策的行业，政府必须加强监管和重视。

3.5 本章小结

本章基于消费者对产品创新属性和价格属性的异质偏好结构，针对联合决策模式下供应链独立研发企业间的横向创新竞合关系，构建了创新领导企业和创新追随企业间的联合决策模型，为规避联合决策过程中的供应链企业的道德风险问题，对比了联合决策与分散式决策过程中的供应链企业决策与利润演化，在分散式决策模型基础上，提出了联合决策模式下供应链企业横向创新竞合系统的利润再分配策略。研究发现：

其一，相较于分散式决策系统，联合决策系统是把"双刃剑"。联合决策虽然提升了创新领导企业和创新追随企业的产品零售定价、供应链企业间横向创新竞合系统整体利润，抑制了创新追随企业发展，压缩了落后产能；但是，联合决策亦抑制了创新领导企业的产品创新活动，降低了创新领导企业的产品产能，不利于市场中的供应链创新研发，甚至会导致更加复杂的 Cartel 问题风险。

其二，随着消费者对产品创新属性偏好的增加，创新领导企业可以通过提升产品零售定价和供货量，实现利润的增长；而创新追随企业需要通过降低产品零售定价，避免客户的过度流失和利润的快速下滑；此外还发现，随着消费者对产品创新属性偏好的增加，供应链企业间横向创新竞合系统利润先下降后上升。

其三，产品创新度对决策模型中两个博弈主体的定价策略的影响均受到产品创新难度的影响。产品创新难度和产品相对创新度的增加，降低了创新追随企业的产品供货量，提高了创新领导企业的产品供货量。对采取创新策略的主体而言，创新难度的提高，最终将导致创新主体的最优零售定价随着产品相对创新度的增加而降低。

根据上述研究结论，本书分别从供应链视域和政府视域得到如下结论启示：

其一，从供应链视域，供应链应当采用联合生产，共同定价、供货机制，以谋求供应链企业间横向创新竞合系统利益的最大化。但是，根据结论可知，联合决策过程中，创新领导企业的利润快速上升是以创新追随企业的利润快速下滑为代价的，因此，创新领导企业和创新追随企业之间必须建立恰当的收益共享契约，否则联合决策将无法得到执行。此外，无论联合决策还是分散式决策，供应链必须充分考虑消费者的异质偏好结构，充分调研消费者消费偏好和消费能力，以保证供应链的零售定价、供货策略以及创新策略与市场相匹配。

其二，从政府视域，联合决策一定程度上可以提升供应链企业横向创新竞合系统利润，通过恰当的收益共享契约，可以避免联合决策过程中的"囚徒困境"问题。但是，集中决策存在 Cartel 问题风险：一是导致供应链供货量降低，物价不合理上涨，进而降低了消费者可以获得的产品价值，同时也降低了社会总体福利；二是阻滞了供应链创新活动，降低了供应链创新标准，导致更加复杂的 Cartel 问题。因此，政府应对采取联合生产、兼并购企业的生产活动加强监管，适当地引进新的研发企业进行竞争，以规避垄断风险，并对高技术壁垒行业的供应链企业创新研发活动进行补贴，降低供应链企业的创新研发成本。

本书对市场中具有竞合关系的供应链零售定价、供货以及创新策略的制定具有一定指导意义，可以在一定程度上为政府防范市场中供应链的垄断问题提供理论依据；并丰富了对一般 Cartel 问题的认识。

4 创新成果共享模式下供应链企业横向创新竞合决策分析

本书第 2 章分析框架设计部分提到：赵树宽研究发现，当供应链企业间的合作关系处于传统供应链关系和集成供应链关系时，供应链企业不再采取成本和风险较高的独立研发模式，转而通过创新成果共享实现供应链企业间的创新合作。因此，在赵树宽[6]、李京文[7] 研究成果的基础上，本章将对创新成果共享模式下供应链企业间的横向创新竞合决策问题进行探讨。考虑到提供可替代产品的供应链企业在创新成果共享后，供应链企业间的产品异质性降低，市场竞争强度提高，因此，将首先探究供应链企业创新成果共享后的产品市场竞争强度对创新成果共享模式下供应链企业横向创新竞合系统的影响机理；在此基础上，由于供应链企业间的创新成果共享导致了产品市场竞争强度的提高，也必然会引发供应链企业间关于收益分配的关切问题，因此，本节将探讨公平关切对供应链企业横向创新竞合决策的影响机理。本章存在一个基本的假设前提：提供可替代服务的供应链企业间存在着创新成果共享活动。

本章构建的创新成果共享模式下供应链企业横向创新竞合关系如图 4.1 所示。

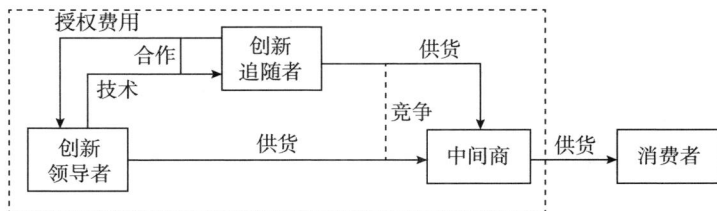

图 4.1 创新成果共享模式下供应链企业横向创新竞合关系

4.1　创新成果共享模式下供应链企业横向创新竞合背景

伴随着市场竞争的日益激烈，价格战已经不能完全适应复杂的市场竞争环境，而创新逐渐演化为企业应对竞争的手段。根据世界知识产权组织报告的数据[152]，2019 年我国全社会研发投入超过 2 万亿元，为赋能我国产业升级提供了坚实基础，而其中 77% 的研发投入来自企业，为我国企业在全球新一轮科技革命中确立了一定程度的竞争优势。市场竞争一直是供应链管理的重要内容，而在创新市场竞争中，往往也伴随着创新共享与合作的过程，这不仅是市场发展的趋势，同时也与国家推动社会创新，淘汰落后产能的初衷不谋而合。但是，正所谓"打江山容易，守江山难"，因此，在企业创新、创新成果共享和转让过程中，创新领导企业往往会就市场利润分配问题，同创新追随企业产生纠纷，进而阻碍创新成果的普及，甚至会导致创新领导企业同创新追随企业通过价格战的形式进行恶性竞争。因此，对创新领导企业和创新追随企业间的创新成果共享问题进行研究，有利于规避过度竞争，提升创新成果的普及。

斯塔克尔伯格模型是一种产量领导模型，将寡头企业的角色定位为"领导者"和"追随者"的分析范式[153]；在不考虑库存问题时，产量可以近似理解为市场需求，在传统价格竞争模型中，产品的市场需求依赖于产品的市场价格[154]；基于日益激烈的价格竞争环境，在产量领导模型和市场需求的价格依赖理论基础上，张维迎论述了价格的市场功能[155]，Anderson 和 Bao、Wu 等及马捷等构建了价格竞争模型和产品竞争博弈定价模型[156][157][158]。Hagezalkotob 等将产品的价格竞争问题拓展到了绿色供应链中的价格竞争问题[159]；Zhu 和 He 认为产品的绿色度将影响决策者利润水平，并构建了依赖于产品价格和产品绿色度的产品需求模型[160]；丁锋和霍佳震等研究了价格竞争和服务竞争同时作用下供应链的协调策略[161]，桂云苗等构建了双边努力影响下的产品市场需求函数[162]。可以发现，产品价格不再是影响产品市场需求和企业市场竞争的唯一因素。"创新"现已成为社会热词，逐渐融入了人们的日常生活，比如，购车讲究节能和质量，而质量的提升和节能的进步均来源于企业的产品创新。企业创新竞争现已被提升到了关乎企业发展命运的高度，但是单纯地讲究创新竞争而脱离价格竞争、成本竞争也是不切实际的，因此，有必要构建考虑成本约束，需求依赖于价格和创新水平的企业竞争模型。

根据熊彼特假说，垄断势必损害社会总福利，同样，创新领导企业和创新追随企业间的创新竞争极有可能演变为创新垄断[163]，最终阻碍社会创新与进步。因此，世界各国在鼓励企业创新，做大做强的同时，也在评估企业创新和经营过程中创造的社会福利，并鼓励创新领导企业创新成果共享[164]，带动创新追随企业技术进步，最终实现产业升级和社会福利的最大化。吴洁等认为创新知识的共享可以很好地促进系统绩效增长，并通过演化博弈方法，探究了成员风险偏好对创新成果共享的影响[165]；菅利荣和王大澳研究了政府规制对企业创新成果共享行为演化的影响，认为政府可以通过加大对创新成果共享企业奖励，降低共享成本以促使企业创新成果共享[166]。可以发现，学者们研究的助推企业创新共享的相关研究往往是以企业平等为前提条件的，而现实生活中的创新成果共享，往往存在于创新领导企业与创新追随企业这种不平等关系，创新领导企业在产品创新方面具有绝对的竞争优势。

在创新领导企业和创新追随企业间实现创新共享就意味着创新领导企业需要向创新追随企业进行创新成果转移，必然导致创新领导企业和创新追随企业间的市场竞争[167]。理性人假设下，市场竞争主体均以经济利益最大化为目标[168]，然而经济心理学研究表明，对于决策者而言，经济利益仅是决策的一个指标，市场利益分配的公平性也是决策者关注的重要内容，尤其是对于具有紧密关系的市场主体[169]。Cui 等认为，当市场主体具有公平关切时，纵使利润受损，亦将通过价格竞争提升其自身公平效用[170]。Niu 等发现，参与主体的公平关切行为使市场竞争加剧，导致系统总利润下降[35]。刘丁瑞等研究发现，当强势参与主体表现出公平关切时，市场竞争加剧，就利润而言没有赢家，强势参与主体和弱势参与主体利润水平均降低[40]。此外，创新领导企业在市场竞争过程中往往具有品牌优势[171][172]，而市场中消费者在消费过程中对于品牌的偏好亦是毋庸置疑的。柳键等通过微分博弈发现，企业品牌将直接影响企业产品定价、质量的动态演化轨迹[173]。

综上所述，现有文献对产品的市场需求、企业创新竞争、企业创新合作、公平关切等问题已经开展了较为深入的研究工作，为本书中的考虑公平关切的创新竞合系统动态决策问题分析提供了有益借鉴，但是仍存在以下问题：一是学者们在企业间的市场竞争博弈研究中，往往会通过固定决策变量的方法，探究另一决策变量与相关参数间的关联关系，或者在博弈模型中仅设计单一主体的多决策问题[174][175]，未能更加深入地挖掘已知条件所隐含的深层次信息，尚未发现有学者构建类似于产品创新、共享过程中，创新领导企业和创新追随企业同时需要多单元决策的数学博弈模型；二是当产品的市场需求依赖于产品价格演变为产品的市场需求同时依赖于产品价格和产品创新水平，且博弈主体需要同时对产品的定价和创新水平进行决策时，传统的以价格为决策变量的博弈决策模型的结论是否还适用于以价格和创新水平同时为决策变量的博弈问题有待商榷；三是学者们广泛研究了消费者偏好对企业竞争决策的影响机理，然而却鲜有学者讨论与市场需求直接相关的市场竞争强度对企业竞合决策的影响机理；四是学者们广泛研究了公平关切对供应链定价策略的影响，但忽视了企业公平关切对创新策略的影响，更鲜有学者研究供应链中多主体公平对企业创新策略的影响。基于此，本书将在构建存在创新成果共享的供应链企业间横向创新竞合博弈模型的基础上，于下文4.2部分，首先引入产品市场竞争强度概念，考虑市场竞争对产品定价与市场份额的影响，探究产品市场竞争强度对创新成果共享模式下供应链企业横向创新竞合决策的影响机理；其次考虑供应链企业间的创新成果共享导致了产品市场竞争强度的提高，也必然会引发供应链企业间关于收益分配的关切问题，因此，本书将于4.3部分，构建供应链企业的公平关切效用函数，继续探讨公平关切对供应链企业横向创新竞合决策的影响机理，并从企业视域和政府视域对研究结论进行探讨，以期为企业决策和政府规制提供理论依据。

4.2　市场竞争与创新成果共享模式下供应链企业横向创新竞合决策

4.2.1　问题描述

考虑到创新成果共享模式下供应链企业横向创新竞合过程中必然存在着市场竞争问题，本章将供应链企业间产品市场配置（即针对的消费群体），划分为三类市场重合情形。一是完全重合情形，此时，供应链企业的产品市场完全重合；

二是不存在交集，由于此种情形下供应链企业间不存在着产品的市场竞争问题，因此不是本书的关注点；三是产品市场既存在重合，又存在差异，即存在独立市场。三类情形如图 4.2 所示。

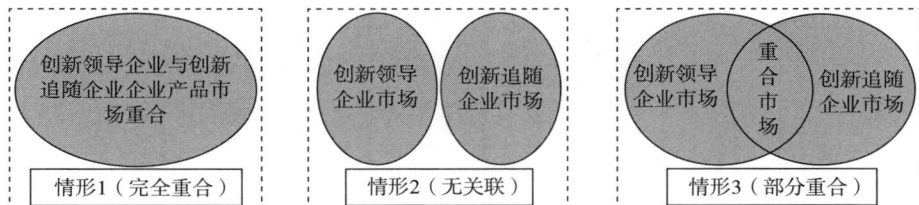

图 4.2 供应链企业横向创新竞合系统的产品市场配置情形

　　供应链企业横向创新竞合系统中成员主要包括创新领导企业和创新追随企业。其中，创新领导企业掌握着先进的生产制造技术，如三星芯片制造技术、通用汽车制造技术，而创新追随企业需要通过向创新领导企业支付费用以获得创新技术。在供应链企业横向创新竞合系统供应链企业横向创新竞合系统运行过程中：一是创新领导企业通过不断的生产制造技术创新以保持创新竞争力，创新追随企业需要向创新领导企业支付费用以取得创新技术，进而实现自身产品的升级换代，二者各取所需，最终实现创新领导企业同创新追随企业间的创新合作[176]；二是除情形 2 外，创新领导企业与创新追随企业间必然存在着市场竞争问题，二者通过产品定价、创新成果共享定价调整以及创新水平设计等，在动态竞争与合作中实现策略均衡；三是不同于传统企业中制造商和零售商均存在掌握主导权的可能性，在供应链企业横向创新竞合过程中，由于创新领导企业拥有先进的生产线制造技术和强势的品牌优势，因此创新领导企业在动态创新竞合系统中往往具有竞合主导权，但是创新领导企业的策略制定亦会考虑创新追随企业的策略反应；四是创新领导企业与创新追随企业的产品在重合市场展开市场竞争；五是情形 3 又可以细分为创新追随企业产品市场真包含于创新领导企业产品市场、创新领导企业产品市场真包含于创新追随企业产品市场、创新追随企业产品市场和创新领导企业产品市场均拥有独立市场情境，因此，本书中的供应链企业横向创新竞合系统中产品市场配置最终划归为四种情境。供应链企业横向创新竞合系统运行示意图如图 4.3 所示，其中相关参数的释义详见模型假设部分。

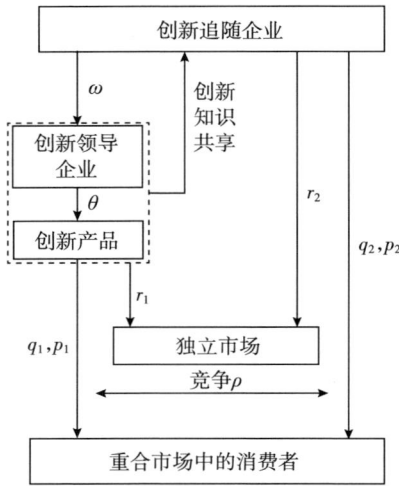

图 4.3 供应链企业横向创新竞合系统运行

4.2.2 模型假设与模型构建

为便于分析，不失一般性，有如下模型假设：

假设 1：理性人假设和经济人假设。供应链企业横向创新竞合系统中的创新领导企业与创新追随企业完全理性，均以各自利益最大化为目标。创新领导企业和创新追随企业均自有品牌，对产品进行贴牌销售。在现实生活中，该情形较为常见，如同质的产品在不同的品牌经销商手中却可以以不同的价格销售，甚至会出现价高需求也高的情形，这就是品牌的魅力[177]。

假设 2：创新领导企业与创新追随企业实力显著不对称，创新领导企业在系统运行过程中拥有主导权，优先制定策略，记创新领导企业的产品在重合市场的需求为 q_1、产品创新水平为 θ、动态创新成果共享定价的单价为 ω；记创新追随企业的产品在重合市场的需求为 q_2，假设创新领导企业产能足够大，不考虑库存，则创新追随企业在重合市场及独立市场的产品市场需求即为创新追随企业向创新领导企业所下订单数。

假设 3：参考刘新民等和杨宏林等市场价格需求函数的设计方法，并考虑产品创新水平对产品价值的影响[178][179]，记创新领导企业和创新追随企业将分别以价格 $p_1 = a - q_1 - \rho q_2 + \lambda\theta$、$p_2 = a - q_2 - \rho q_1 + \lambda\theta$ 将产品出售给消费者。其中，参数 a 为两企业重合市场的初始容量；ρ 为两企业产品在重合市场中产品的市场竞争强度，ρ 越大代表两企业竞争越激烈，当 $\rho > 1$ 时，意味着企业产品定价对竞争对手产品市场投放量更加敏感；λ 为产品线每提升一单位创新度，可以为产品带来的附加值（以下简称单位创新附加值），并最终反映在产品价格上。

假设 4：创新领导企业拥有独立市场情境下，创新领导企业拥有除重合部分的额外的市场需求 r_1，若 $r_1 = 0$，则创新领导企业不存在独立市场情境；创新追随企业拥有独立市场情境下，创新追随企业拥有除重合部分的额外的市场需求 r_2，若 $r_2 = 0$，则创新追随企业不存在独立市场情境；创新追随企业和创新领导企业同时拥有独立市场情境下，r_1 和 r_2 同时存在。

假设 5：创新领导企业创新投入成本为 $\frac{1}{2}b\theta^2$，其中，θ 为产品创新水平，b 为产品创新成本系数，当 $b > 0$ 时；记创新领导企业每生产一份成品需要支付 c_1 单位的沉没成本。

表 4.1 为上述假设中的参数符号及其含义。

表 4.1 参数符号及含义

符号	含义	符号	含义
λ	单位创新附加值	c_1	新领导企业单位产品生产成本
b	产品创新成本系数	ρ	重合市场中的产品市场竞争强度
a	重合市场的初始容量	r_1	创新领导企业产品的独立市场需求
p_1	创新领导企业产品定价	r_2	创新追随企业产品的独立市场需求
p_2	创新追随企业产品定价	q_1	创新领导企业产品在重合市场的需求
ω	创新成果转让共享价格	q_2	创新追随企业产品在重合市场的需求

根据假设条件，构建异质市场重合情境下考虑市场竞争强度的供应链企业横向创新竞合系统约束基础决策模型（模型中，随着 r_1 和 r_2 的变化，可模拟出问题描述部分所展示的四种产品市场配置情境）如式（4.1）所示：

$$\max \boldsymbol{\pi}_1(q_1, \theta, \omega) = (p_1 - c_1)(q_1 + r_1) + \omega(q_2 + r_2) - \frac{1}{2}b\theta^2 \tag{4.1}$$

$$\text{s. t.} \begin{cases} \max \boldsymbol{\pi}_2(q_2) = (p_2 - \omega)(q_2 + r_2) \\ a - q_1 - \rho q_2 + \lambda \theta > 0 \\ a - q_2 - \rho q_1 + \lambda \theta > 0 \\ q_1, q_2, \theta, \omega > 0 \end{cases}$$

4.2.3 模型分析

4.2.3.1 模型求解

由构建的考虑市场竞争强度的供应链企业横向创新竞合系统决策模型，首先根据逆向推理方法，求解创新追随企业反应函数。

第一步：由于 $\dfrac{\partial \pi_2}{\partial q_2} = a - \rho q_1 + \lambda \theta - \omega - r_2 - 2q_2$ 且 $\dfrac{\partial^2 \pi_2}{\partial q_2^2} = -2 < 0$，因此，创新追随企业利润函数存在关于其产品市场需求的最优解；进而令 $\dfrac{\partial \pi_2}{\partial q_2} = 0$，因此创新追随企业反应函数为：

$$q_2 = \frac{1}{2}\left[a - \rho q_1 + \lambda \theta - \omega - r_2 \right]$$

第二步：将创新追随企业反应函数代入创新领导企业利润函数，可得：

$$\pi_1 = \left[\left(1 - \frac{\rho}{2} \right)(a + \lambda \theta) + \left(\frac{\rho^2}{2} - 1 \right) q_1 + \frac{\rho}{2}(\omega + r_2) - c_1 \right](q_1 + r_1) +$$

$$\frac{\omega}{2}(a - \rho q_1 + \lambda \theta - \omega + r_2) - \frac{1}{2}b\theta^2 \tag{4.2}$$

命题 4.1：在创新领导企业主导的供应链企业横向创新竞合系统中，若创新领导企业存在关于产品创新水平、动态创新成果共享定价以及重合市场需求的联合最优解，则存在 $4b > \lambda^2$、$\rho < \sqrt{2}$、$(2 - \rho)^2 \lambda^2 < (4b - \lambda^2)(2 - \rho^2)$ 等条件。

证明：首先构建创新领导企业利润函数关于产品创新水平、创新成果共享定价以及重合市场需求的解的存在性判定矩阵（即雅可比判定矩阵），如式（4.3）所示：

$$J_{cc} = \begin{pmatrix} \dfrac{\partial^2 \pi_1}{\partial \omega^2} & \dfrac{\partial^2 \pi_1}{\partial \omega \partial \theta} & \dfrac{\partial^2 \pi_1}{\partial \omega \partial q_1} \\[3mm] \dfrac{\partial^2 \pi_1}{\partial \theta \partial \omega} & \dfrac{\partial^2 \pi_1}{\partial \theta^2} & \dfrac{\partial^2 \pi_1}{\partial \theta \partial q_1} \\[3mm] \dfrac{\partial^2 \pi_1}{\partial q_1 \partial \omega} & \dfrac{\partial^2 \pi_1}{\partial q_1 \partial \theta} & \dfrac{\partial^2 \pi_1}{\partial q_1^2} \end{pmatrix} \tag{4.3}$$

由解的存在性定理可知，当矩阵式（4.3）的一阶行列式和三阶行列式均小于零、二阶行列式大于零时，解是存在的。首先分别对创新领导企业利润函数求解关于产品创新水平、动态创新成果共享定价以及重合市场需求的一阶导数，可得式（4.4）~式（4.6）：

$$\frac{\partial \pi_1}{\partial q_1} = (\rho^2 - 2) q_1 + \left(\frac{\rho^2}{2} - 1\right) r_1 + \left(1 - \frac{\rho}{2}\right)(a + \lambda \theta) + \frac{r_2}{2}\rho - c_1 \tag{4.4}$$

$$\frac{\partial \pi_1}{\partial \theta} = (q_1 + r_1)\left(1 - \frac{\rho}{2}\right)\lambda + \frac{\omega}{2}\lambda - b\theta \tag{4.5}$$

$$\frac{\partial \pi_1}{\partial \omega} = \frac{r_1}{2}\rho + \frac{a + \lambda \theta + r_2}{2} - \omega \tag{4.6}$$

其次分别对创新领导企业利润函数求解关于产品创新水平、创新成果共享定价以及重合市场需求的二阶导数，可得：

$$\frac{\partial^2 \pi_1}{\partial q_1^2} = \rho^2 - 2, \quad \frac{\partial^2 \pi_1}{\partial \theta^2} = -b, \quad \frac{\partial \pi_1}{\partial \omega^2} = -1, \quad \frac{\partial^2 \pi_1}{\partial q_1 \partial \theta} = \frac{\partial^2 \pi_1}{\partial \theta \partial q_1} = \left(1 - \frac{\rho}{2}\right)\lambda_1,$$

$$\frac{\partial^2 \pi_1}{\partial \theta \partial \omega} = \frac{\partial^2 \pi_1}{\partial \omega \partial \theta} = \frac{\lambda}{2}, \quad \frac{\partial^2 \pi_1}{\partial \theta \partial q_1} = \frac{\partial^2 \pi_1}{\partial q_1 \partial \theta} = 0$$

可知，矩阵式（4.3）的一阶行列式一定小于零，则需要 $\rho^2 < 2$；为满足解的存在性定理，需二阶行列式中 $4b > \lambda^2$；三阶行列式中 $\left(b - \dfrac{\lambda^2}{4}\right)(\rho^2 - 2) + \left(1 - \dfrac{\rho}{2}\right)^2 \lambda^2 < 0$，变形可得 $(2-\rho)^2 \lambda^2 < (4b - \lambda^2)(2 - \rho^2)$，命题4.1得证。

通过一阶导数求解，并令其为零可得：

$$\omega = \frac{1}{2}(r_1 \rho + a + \lambda \theta + r_2) \tag{4.7}$$

$$\theta = \frac{\lambda}{2b}\left[(q_1 + r_1)(2 - \rho) + \omega\right] \tag{4.8}$$

$$q_1 = \frac{1}{4-2\rho^2}\left[(\rho^2-2)r_1+(2-\rho)(a+\lambda\theta)+r_2\rho-2c_1\right] \tag{4.9}$$

联立可得：

$$q_1^* = \frac{(\rho^2-2)r_1+\rho r_2-2c_1+(2-\rho)\left[a+\dfrac{8r_1-3\rho r_1+a+r_2}{8b-\lambda^2}\right]}{\left[1-\dfrac{2\lambda^2(2-\rho)^2}{(2-\rho^2)(8b-\lambda^2)}\right]\dfrac{1}{4-2\rho^2}} \tag{4.10}$$

式（4.10）即为考虑市场竞争强度的供应链企业横向创新竞合系统决策模型中仅含自变量的创新领导企业重合市场产品需求解析解，将式（4.10）代入式（4.7）~式（4.9）即可得到创新领导企业的产品创新水平及创新成果共享定价解析解，将结果代入创新追随企业反应函数即可得到创新追随企业重合市场产品市场需求解析解。

4.2.3.2 数理分析

（1）产品单位沉没成本与系统演变

对创新领导企业产品重合市场需求、创新成果共享定价、产品创新水平，求解关于产品单位沉没成本的一阶导数可得：

$$\frac{\partial q_1^*}{\partial c_1}<0,\ \frac{\partial \omega}{\partial c_1}<0,\ \frac{\partial \theta}{\partial c_1}<0$$

命题4.2：创新领导企业产品重合市场需求、创新成果共享定价、产品创新水平均与产品单位沉没成本负相关。随着产品单位沉没成本的提升，创新领导企业产品重合市场需求、创新成果共享定价、产品创新水平一致下降。因此，创新领导企业除需要提升产品创新水平以提升产品附加值外，还应当通过产品创新降低沉没成本。

证明：由式（4.10）可知 $\dfrac{\partial q_1^*}{\partial c_1}=\dfrac{-2}{\left[1-\dfrac{2\lambda^2(2-\rho)^2}{(2-\rho^2)(8b-\lambda^2)}\right]\dfrac{1}{4-2\rho^2}}$，因此创新领导企业

产品重合市场需求与产品单位沉没成本负相关的前提条件为 $\left[1-\dfrac{2\lambda^2(2-\rho)^2}{(2-\rho^2)(8b-\lambda^2)}\right]$

$\dfrac{1}{4-2\rho^2}>0$。由 $\rho^2<2$ 可知，前提条件转变为 $1>\dfrac{2\lambda^2(2-\rho)^2}{(2-\rho^2)(8b-\lambda^2)}$，由于 $4b>\lambda^2$，即

$2\lambda^2(2-\rho)^2<(2-\rho^2)(8b-\lambda^2)$，又由于 $(2-\rho)^2\lambda^2<(4b-\lambda^2)(2-\rho^2)$，且 $8b-\lambda^2>8b-$

$2\lambda^2$，因此，一定存在$\dfrac{\partial q_1^*}{\partial c_1}<0$。

联立式（4.7）和式（4.8）可得：

$$4(8b-\lambda^2)\theta=4\lambda[4(2-\rho)(q_1+r_1)+(a+r_2+\rho r_1)]$$

因此可知产品创新水平为创新领导企业产品重合市场需求的增函数。又由于$\dfrac{\partial q_1^*}{\partial c_1}<0$，因此，一定存在$\dfrac{\partial\theta}{\partial c_1}<0$。根据式（4.7）可知，创新成果共享定价为产品创新水平的增函数，因此，一定存在$\dfrac{\partial\omega}{\partial c_1}<0$。命题4.2得证。

（2）产品创新附加值与系统演变

对创新领导企业产品重合市场需求，求解关于产品单位创新附加值的一阶导数，可得：

$$\frac{\partial q_1^*}{\partial\lambda}>0,\ \frac{\partial\theta}{\partial\lambda}>0,\ \frac{\partial\omega}{\partial\lambda}>0$$

命题4.3：创新领导企业产品重合市场需求、创新成果共享定价、产品创新水平均与产品单位创新附加值正相关。因此，随着产品单位创新附加值的提高，创新领导企业产品重合市场需求增加，创新领导企业需要同步提升创新成果共享定价及产品创新水平。

证明：由式4.10分母可知，$\dfrac{2\lambda^2(2-\rho)^2}{(2-\rho^2)(8b-\lambda^2)}$为产品单位创新附加值的增函数，又因为$\rho^2<2$，且$(2-\rho)^2\lambda^2<(4b-\lambda^2)(2-\rho^2)$，因此式（4.10）中分母为产品单位创新附加值的减函数，且分母大于零；由式（4.10）分子可知$\dfrac{8r_1-3\rho r_1+a+r_2}{8b-\lambda^2}$为产品单位创新附加值的增函数，且$\rho<2$；综上可知，创新领导企业产品重合市场需求为产品单位创新附加值的增函数。

由$4(8b-\lambda^2)\theta=4\lambda[4(2-\rho)(q_1+r_1)+(a+r_2+\rho r_1)]$可知，$8b-\lambda^2$为产品单位创新附加值的减函数，而$4\lambda[4(2-\rho)(q_1+r_1)+(a+r_2+\rho r_1)]$为产品单位创新附加值的增函数，由此可知，产品创新水平一定为产品单位创新附加值的增函数。

同理，显然创新成果共享定价为产品单位创新附加值的增函数。命题4.3得证。

（3）产品独立市场规模与系统演变

对创新领导企业产品重合市场需求、创新成果共享定价、产品创新水平，求解关于产品独立市场规模的一阶导数可得：

对于创新追随企业独立市场规模而言：

$$\frac{\partial q_1^*}{\partial r_2}>0,\ \frac{\partial \theta}{\partial r_2}>0,\ \frac{\partial \omega}{\partial r_2}>0$$

对于创新领导企业独立市场规模而言：

当 $(2-\rho)(8-3\rho)>(2-\rho^2)(8b-\lambda^2)$ 时，

$$\frac{\partial q_1^*}{\partial r_1}>0,\ \frac{\partial \theta}{\partial r_1}>0,\ \frac{\partial \omega}{\partial r_1}>0$$

而当 $(2-\rho)(8-3\rho)<(2-\rho^2)(8b-\lambda^2)$ 时，创新领导企业产品重合市场需求、创新成果共享定价、产品创新水平同创新领导企业独立市场规模间并不存在一致单调关系。

命题 4.4：创新领导企业产品重合市场需求、创新成果共享定价、产品创新水平均与创新追随企业独立市场规模正相关，与创新领导企业独立市场规模不存在一致相关关系。创新追随企业独立市场规模的扩张，刺激了创新领导企业产品重合市场需求，提升了创新领导企业的产品创新水平，提高了创新成果共享定价。

由于命题4.4中相关结论的证明过程与命题4.2和命题4.3同理，且证明过程相对简单且鲜见，因此命题4.4证明过程略。由于创新领导企业产品重合市场需求、创新成果共享定价、产品创新水平同市场竞争强度间的数理关系过于复杂，因此，该部分研究内容置于第四部分仿真分析部分进行讨论。

（4）单位创新成本与系统演变

对创新领导企业产品重合市场需求，求解关于产品创新成本系数的一阶导数可得：

$$\frac{\partial q_1^*}{\partial b}<0,\ \frac{\partial \theta}{\partial b}<0,\ \frac{\partial \omega}{\partial b}<0$$

命题 4.5：创新领导企业产品重合市场需求、创新成果共享定价、产品创新水平均与产品创新成本系数负相关。因此，创新领导企业产品重合市场需求、创新成果共享定价、产品创新水平随着产品创新成本系数的提高，一致单调递减。因此，创新领导企业必须在提升产品创新水平的同时，通过整合创新资源，致力于降低单位创新成本。

证明：由式（4.10）可知，在分子部分，$(2-\rho)\left[a+\dfrac{8r_1-3\rho r_1+a+r_2}{8b-\lambda^2}\right]$ 是关于产品创新成本系数的减函数显然成立；而在分母部分，由于 $\rho<2$，因此 $1-\dfrac{2\lambda^2(2-\rho)^2}{(2-\rho^2)(8b-\lambda^2)}$ 一定是关于产品创新成本系数的增函数；综上可知，式（4.10）一定关于产品创新成本系数的减函数。

由 $4(8b-\lambda^2)\theta=4\lambda\left[4(2-\rho)(q_1+r_1)+(a+r_2+\rho r_1)\right]$ 可知，$4(8b-\lambda^2)$ 显然是关于产品创新成本系数的减函数，因此，产品创新水平一定是关于产品创新成本系数的减函数。同理，创新成果共享定价也一定是关于产品创新成本系数的减函数。

4.2.4 算例分析

4.2.4.1 参数设置

由考虑市场竞争强度的供应链企业横向创新竞合系统定价与创新决策模型的解析解可知，系统决策显然受到创新成本、生产成本、市场竞争强度以及独立市场规模等因素的影响，并通过数理分析得到了部分结论，但独立市场规模以及市场竞争强度与系统决策并不完全存在一致单调关系，因此，该部分将通过数值仿真的方法，直观地分析独立市场规模以及市场竞争强度对系统决策演变的影响。

在模型假设基础上，对参数进行赋值。①对模型中的固定初始参数进行赋值：由式（4.10）模型解析解可知，c_1 和 a 的变动仅是线性地改变了解析解的大小，并不会对解产生其他影响，故，设 $c_1=20$，代表创新领导企业每生产一单位的产品需要支付的沉没成本，本书对创新领导企业和创新追随企业各自的贴牌打标成本忽略不计；设 $a=50$，代表创新领导企业和创新追随企业产品的市场重合部分的初始容量。根据本章的命题4.5可知，创新领导企业创新成本系数同模型解析解间的正负相关性是一定的，意味着创新领导企业产品创新研发成本系数的设定变化并不会对供应链企业决策产生质（方向）的影响，因此，设创新领导企业产品创新研发 $b=0.2$，产品创新成本系数；同理，由命题4.3中结论，设产品创新附加值 $\lambda=0.5$，代表生产线每提升一单位的创新水平，所生产的产品可以提升0.5单位的价值。②对模型中的待研究参数进行赋值：为满足假设条件及解的存在性条件，设 $\rho\in(0,1.2)$，ρ 越大，创新领导企业与创新追随企业在重合市场的市场竞争越激烈；r_1，$r_2 \in (0，30，60)$，代表创新追随企业和创新领导企业的独立市场规模，当 r_1，$r_2 = 0$ 时，两企业市场完全重合，在 $a = 50$ 的前提条件下，该参数赋值基本能刻画现实情境。

4.2.4.2　数值模拟

为探究市场竞争强度和独立市场规模对供应链的影响，采用控制变量的方法进行分析。其中，当研究创新领导企业独立市场规模对相应待研究决策变量影响时，控制创新追随企业独立市场规模为 $r_2 = 30$ 一定；当研究创新追随企业独立市场规模对相应待研究决策变量影响时，控制创新领导企业独立市场规模为 $r_1 = 30$ 一定。

（1）市场竞争强度与产品市场需求

图 4.4 反映的是市场竞争强度对供应链企业横向创新竞合系统中创新领导企业和创新追随企业产品需求的影响，并考虑了创新领导企业和创新追随企业独立市场规模的调节作用（对应式（4.10））。可以发现：①随着市场竞争强度的增加，创新追随企业的产品市场需求一致单调递减，而创新领导企业的产品市场需求总体上呈现先减后增的形态。这是由于，在创新领导企业主导的供应链企业横向创新竞合系统中，随着市场竞争强度的不断增加，创新领导企业与创新追随企业间的市场份额竞争将最终以价格竞争的形式实现（见图 4.5），而随着价格的不断降低，创新追随企业由于还要承担一定的创新成果共享成本，导致了创新追随企业利润将遭受一定程度的损失（见图 4.9），因此，创新追随企业最终将不得不削减订单以减少损失；而对于创新领导企业而言，在市场竞争强度较低时，市场份额虽会产生一定的损失，但随着市场竞争强度的不断增加，创新领导企业将不断挤占创新追随企业市场份额。表明：创新追随企业的产品市场需求与市场竞争强度呈负相关关系，创新领导企业的产品市场需求与市场竞争强度呈非线性 U 型关系。②随着创新领导企业独立市场规模的提升，创新领导企业与创新追随企业的产品市场需求一致单调递增，且剔除独立市场规模后，创新领导企业与创新追随企业在重合市场中的产品市场需求一致收敛。在创新领导企业主导的供应链企业横向创新竞合系统中，随着创新领导企业独立市场规模的提升，降低了创新领导企业对同创新追随企业在重合市场的竞争强度敏感性，进而降低了创新领导企业同创新追随企业的价格竞争（见图 4.5）和市场份额竞争。这表明，创新领导企业与创新追随企业的产品市场需求与创新领导企业独立市场规模正相关。③随着创新追随企业独立市场规模的提升，创新领导企业与创新追随企业的产品

市场需求亦一致单调递增。与②中缘由基本一致，此处不再赘述。这表明，创新领导企业与创新追随企业的产品市场需求与创新追随企业独立市场规模正相关。

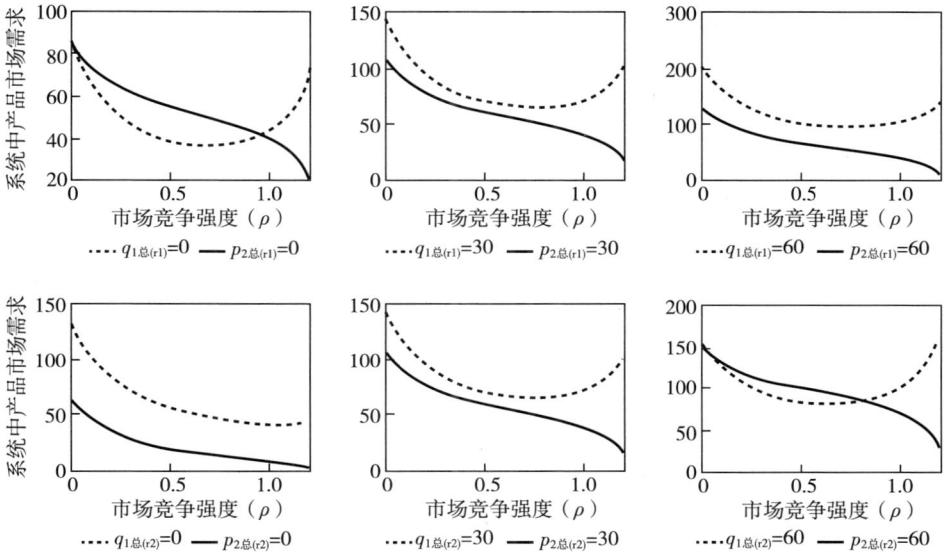

图 4.4　市场竞争强度与市场需求

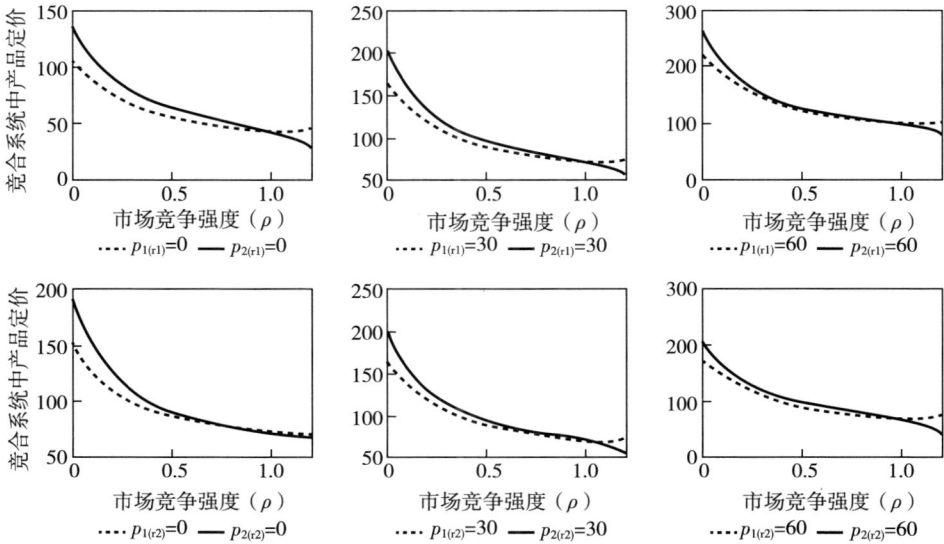

图 4.5　市场竞争强度与系统产品定价

结论 4.1：随着市场竞争强度的增加，创新追随企业应当适当降低订单；创新领导企业在较低的竞争强度情境下，应降低产能，而在市场竞争强度较高时，应备足自有品牌所需货品。

结论 4.2：随着创新领导企业和创新追随企业各自独立市场规模的增加，重合市场的产品市场需求亦会出现一定程度上涨，因此，创新领导企业和创新追随企业均需要提升产能规模。

（2）市场竞争强度与系统产品定价

图 4.5 反映的是市场竞争强度对供应链企业横向创新竞合系统中创新领导企业和创新追随企业产品定价的影响（对应式（4.10）和 $p_1 = a - q_1 - \rho q_2 + \lambda\theta$、$p_2 = a - q_2 - \rho q_1 + \lambda\theta$），并考虑了创新领导企业和创新追随企业独立市场规模的调节作用，显然，创新追随企业的产品定价对市场竞争强度的变化更加敏感。具体分析可以发现：①随着市场竞争强度的增加，创新追随企业的产品定价一致单调递减。这是由于在创新领导企业主导的供应链企业横向创新竞合系统中，创新追随企业在决策主导权上处于劣势地位，而随着市场竞争强度的提升，创新追随企业仅能被动的通过降价措施争取市场份额，以减缓利润的流失（见图 4.4 和图 4.9）。这表明，创新追随企业产品定价与市场竞争强度负相关。②随着市场竞争强度的增加，创新领导企业的产品定价呈现出降低形态，但是当市场竞争强度较高的情境下，创新领导企业的产品定价将出现反弹迹象。市场竞争强度的增加，使创新追随企业的市场份额急剧下降（见图 4.4），甚至可能导致创新追随企业退出竞合系统（见图 4.9），造成市场中创新领导企业一家独大的局面，这不利于供应链企业横向创新竞合系统的发展，将会阻滞创新。这表明，创新领导企业的产品市场需求与市场竞争强度不存在一致单调递增关系。③随着创新领导企业独立市场规模的增加，创新领导企业及创新追随企业的产品定价一致单调递增；随着创新追随企业独立市场规模的增加，创新领导企业的产品定价一致单调递增，而对于创新追随企业而言，当市场竞争强度较低时（$\rho < 0.6$），随着创新追随企业独立市场规模的增加，创新追随企业的产品定价递增，当市场竞争强度较高时，随着创新追随企业独立市场规模的增加，创新追随企业的产品定价递减。

这表明，创新领导企业独立市场规模的增加，会降低创新追随企业与创新领导企业间的价格竞争；而创新追随企业独立市场规模的增加，在市场竞争强度较低时，会降低创新追随企业与创新领导企业间的价格竞争，在市场竞争强度较高时，会加剧创新追随企业与创新领导企业间的价格竞争。上文②和③部分所示结论可以很好的解释并支持现实社会中，制造业大国、制造业强国为什么会在本土企业发展成熟且竞争加剧的情形下，鼓励优势企业走出国门拓展市场，当然，这也不乏对优势企业具备更好的资源走出国门和对弱势企业无法应对国际竞争的考虑。在这一方面，德国制造业走在了世界前列，我国在一些领域也取得了较大进展，但在高新技术领域和优质品牌方面还有很大的差距。

结论 4.3：当市场竞争强度较低时，创新领导企业和创新追随企业均需降低产品定价，并不断拓展各自的独立市场份额。

结论 4.4：而当市场竞争强度较高且不断增加时，创新追随企业在降低产品定价的同时，不宜继续拓展独立市场，而防范过度开拓市场可能带来的资金限制问题；创新领导企业可适当提升定价的同时，需加大独立市场拓展力度，以降低对创新追随企业市场竞争的敏感性，政府亦应为创新领导企业开拓市场提供必要的扶持与帮助。

（3）市场竞争强度与创新成果共享定价

图 4.6 反映的是市场竞争强度对供应链企业横向创新竞合系统中创新成果共享定价的影响，并考虑了创新领导企业和创新追随企业独立市场规模的调节作用（对应式（4.10）和式（4.7））。可以发现：①当市场竞争强度较低时，随着市场竞争强度的增加，创新领导企业设定的创新成果共享定价下降；而当市场竞争强度较高时，随着市场竞争强度的增加，创新领导企业设定的创新成果共享定价提高。这是由于在市场竞争强度较小的情境下，市场竞争强度有限的提升，已然造成了创新追随企业和创新领导企业的价格竞争和市场份额竞争，但迫于创新领导企业需要创新成果共享来分担创新成本，因此创新领导企业将降低创新成果共享定价以刺激创新追随企业提升产能分担创新成本，虽然最终结果并没有实现创新追随企业产能的增加，但根据图 4.4 可知，创新成果共享定价的降低却减缓了创新追随企业产能的降低；在市场竞争强度较高的情境下，随着市场竞争强度的继续增加，由图 4.5 可以发现，创新追随企业的产品定价下降速度显著高于创新领导企业的产品定价下降速度，已然形成了实际意义上的过度价格竞争，这将迫使创新领导企业不再依靠刺激创新追随企业产能来承担创新成本，而是通过提升创新成果共享定价，迫使创新追随企业退出市场。这表明，市场竞争强度的增加，使创新领导企业由初始的依靠自销及创新成果共享实现盈利的模式向自销盈利模式演变。②随着创新领导企业及创新追随企业独立市场规模的提升，系统中

创新成果共享定价一致单调递增。这是由于，当创新领导企业独立市场规模增加时，创新领导企业依托降低创新成果共享定价刺激创新追随企业产能来分担创新成本的迫切性降低，而创新追随企业独立市场规模增加时，对于创新领导企业而言，创新追随企业有能力支付更高的创新成果共享成本。这表明，系统中的产品创新成果共享定价与创新领导企业及创新追随企业独立市场规模正相关。

$\cdots\cdots\ \omega_{(r1)}=0$　——　$\omega_{(r1)}=30$　○　$\omega_{(r1)}=60$

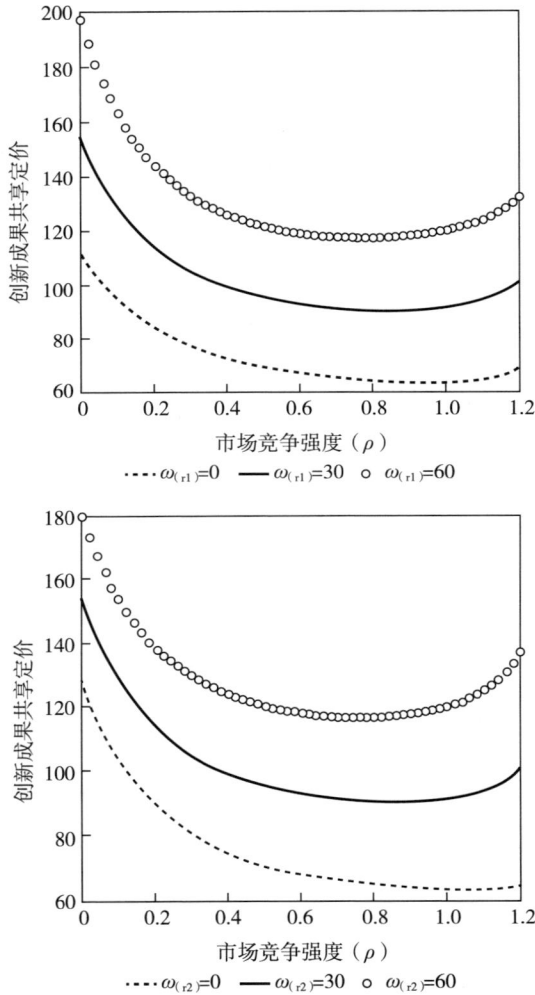

$\cdots\cdots\ \omega_{(r2)}=0$　——　$\omega_{(r2)}=30$　○　$\omega_{(r2)}=60$

图 4.6　市场竞争强度与创新成果共享定价

结论4.5：随着创新领导企业及创新追随企业独立市场规模的提升，创新领导企业均可提高创新成果共享定价；而随着市场竞争强度的增加，创新领导企业的创新成果共享定价应根据实际的市场竞争强度进行决策。

（4）市场竞争强度与产品创新水平

图4.7反映的是市场竞争强度对创新领导企业产品创新水平的影响，并考虑了创新领导企业和创新追随企业独立市场规模的调节作用（对应式（4.10）和式（4.8））。可以发现：①当市场竞争强度较低时，随着市场竞争强度的增加，产品创新水平一致单调递减；但随着市场竞争强度的不断增加，产品创新水平将逐渐由降低向提升方向演变。这是由于在市场竞争强度较低的情境下，市场竞争强度的提升不仅加剧了创新追随企业同创新领导企业的价格竞争及市场份额竞争（见图4.4和图4.5），同时抑制了创新追随企业产能和创新成果共享定价（见图4.4和图4.6），降低了创新追随企业和创新领导企业的创新成本分担能力，致使产品创新水平不断降低；而在市场竞争强度较高的情境下，创新领导企业具有将创新追随企业挤出市场的动机（见图4.9），而最有效的措施就是提升创新成果共享定价和产品创新水平（见图4.10和图4.7），增加创新追随企业代工成本。这表明，共享工厂创新水平同市场竞争强度呈现出一定的非线性U型关系。②随着创新领导企业和创新追随企业独立市场规模的增加，产品创新水平一致单调递增。其中，随着市场竞争强度的增加，产品创新水平对创新领导企业独立市场规模的敏感性逐渐降低，对创新追随企业独立市场规模的敏感性逐渐提升。结合图4.6所示结论可知，相较于创新领导企业独立市场规模的增加，创新追随企业独立市场规模的增加虽使创新领导企业更快的提高了创新成果共享定价，不利于创新追随企业的发展（见图4.9），但也确实有效的推高了产品创新水平。这表明，相较于创新领导企业独立市场规模的增加，创新追随企业独立市场规模的增加更能有效促进产品创新。

结论4.6：在传统企业竞争过程中，竞争有利于促使创新。但与传统企业竞争不同，在供应链企业横向创新竞合过程中，竞争强度较低情境下的竞争强度增加不利于产品创新，而过度的竞争虽提升了产品创新水平，但却是以市场垄断为目的的，是不可取的。

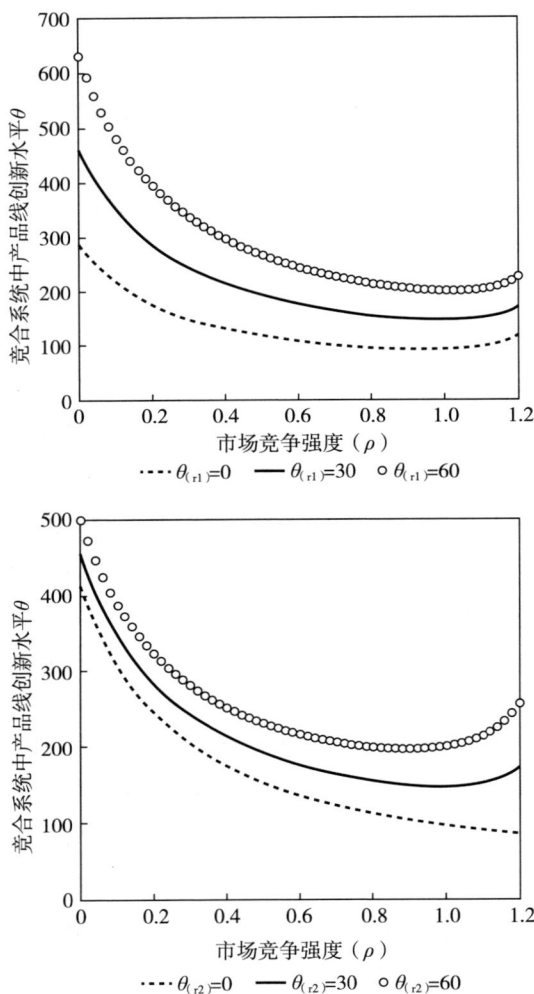

图 4.7　市场竞争强度与产品创新水平

结论 4.7：竞争强度较低情境下，政府应首先鼓励创新领导企业拓展独立市场规模，进而推动生产线的进一步创新的提升；而在竞争强度较高的情境下，创新追随企业独立市场规模的增加虽有利于产品创新，但政府必须对该情景下的供应链企业横向创新竞合系统的运营进行监管，防范创新领导企业通过技术垄断市场风险的发生。

（5）市场竞争强度与系统利润

图 4.8~图 4.10 分别反映的是市场竞争强度对创新领导企业利润、创新追随企业利润及系统总利润的影响，并考虑了创新领导企业和创新追随企业独立市场规模的调节作用。可以发现：第一，随着市场竞争强度的增加：①创新领导企业利润一致单调递减。②创新追随企业利润水平和系统总利润均呈现出下降形态，但当市场竞争强度较高时，创新追随企业利润水平和系统总利润均出现一定形式的反弹。③较高的市场竞争强度致使创新追随企业陷入亏损，但随着市场竞争强度的继续增加，创新追随企业快速削减订单的举措可以一定程度上降低其损失。由①、②、③可知，市场竞争强度的提升不利于供应链企业横向创新竞合系统的发展。第二，就创新领导企业和创新追随企业独立市场规模而言：①随着创新领导企业独立市场规模的增加，创新领导企业利润、创新追随企业利润及系统总利润一致递增；②随着创新追随企业独立市场规模的增加，创新领导企业利润和系统总利润一致单调递增，而创新追随企业利润一致单调递减。这表明，在创新领导企业主导的供应链企业横向创新竞合系统中，创新追随企业往往是一些依附于拥有先进生产线的创新领导企业的中小企业，在竞合过程中处于弱势地位，拓展独立市场往往会遭受技术优势企业的市场打压和利润压榨，而市场竞争强度的增加更是加剧了创新追随企业的负担。此时，若产品创新于社会福利是有利的，政府应致力于改变、提升创新追随企业和创新领导企业重合市场初始容量 a（由模型求解过程可知，伴随着初始容量的提升，创新领导企业的产品市场需求将会得到增加），如鼓励消费者购买新能源汽车等绿色创新产品，进而降低创新领导企业对创新追随企业竞争的敏感性，同时提升创新追随企业和创新领导企业对产品创新成本的分担能力，而非一味地鼓励不具备竞争话语权的中小企业开拓市场；此外，从图 4.8~图 4.10 可以看出，如若创新领导企业可以控制市场竞争环境，那么过度竞争虽然也会导致创新领导企业利益损失，但却可能成功将中小创新追随企业挤出市场，因此，政府还应对创新领导企业的垄断抬价行为进行防范，因为，垄断带来的利润和创新往往是暂时的，就长远来看，长期垄断势必导致创新动力的丧失。

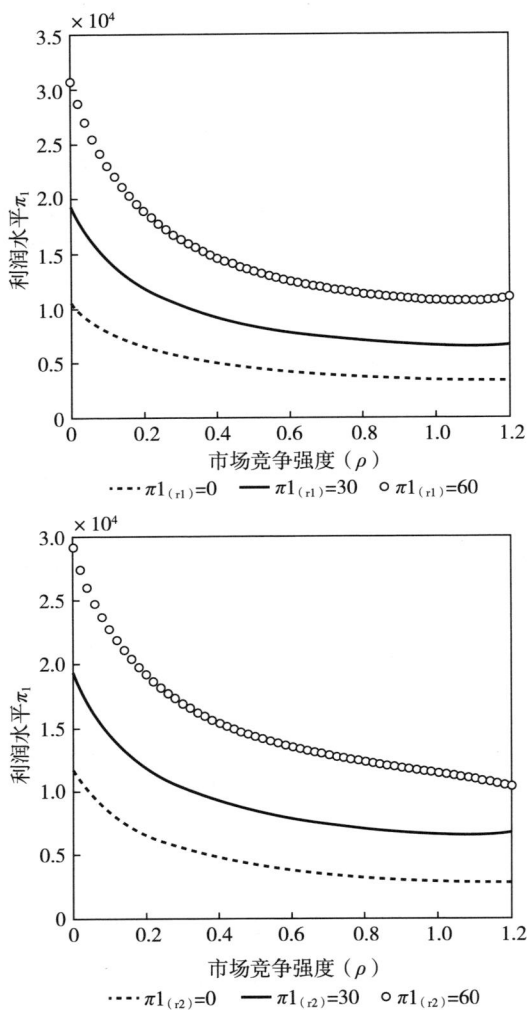

图 4.8　市场竞争强度与创新领导企业利润水平

结论 4.8：创新追随企业同创新领导企业间的市场竞争，降低了两企业利润水平，一是可以通过创新领导企业拓展独立市场规模加以解决，二是应积极拓展重合市场中的市场容量加以应对，三是政府应对创新领导企业可能发起的变相垄断措施加以警惕。

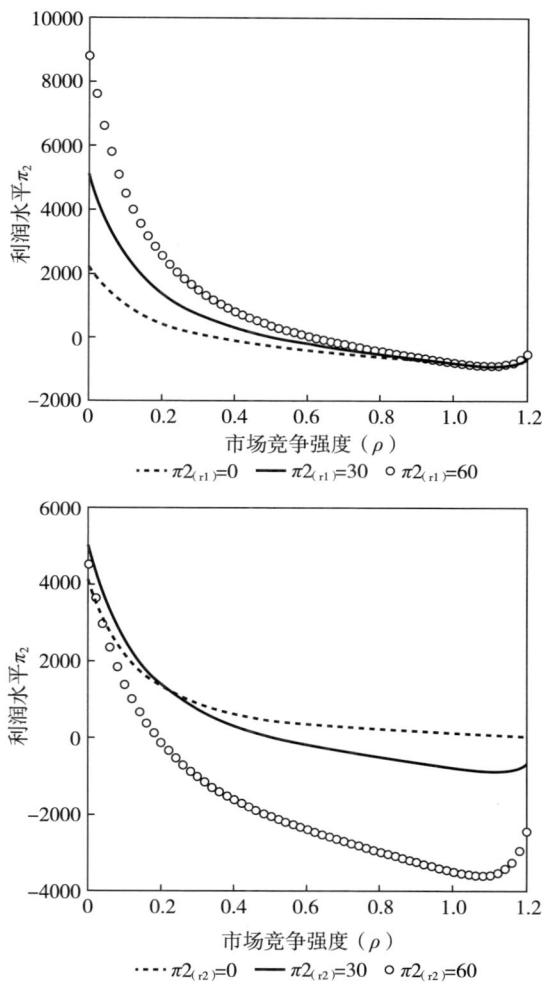

图 4.9 市场竞争强度与创新追随企业利润水平

4.2.5 结论启示

创新成果共享对于分担创新成本和风险，提升系统的市场竞争力具有重要意义，本节基于创新领导企业和创新追随企业间的动态创新竞合过程，构建了考虑市场竞争强度的供应链企业横向创新竞合系统决策模型，并将参与主体的产品市场配置因素引入模型设计，进而分析了市场竞争强度、参与主体独立市场规模以及单位创新成本等因素对供应链企业横向创新竞合系统决策的影响机理。研究发现：

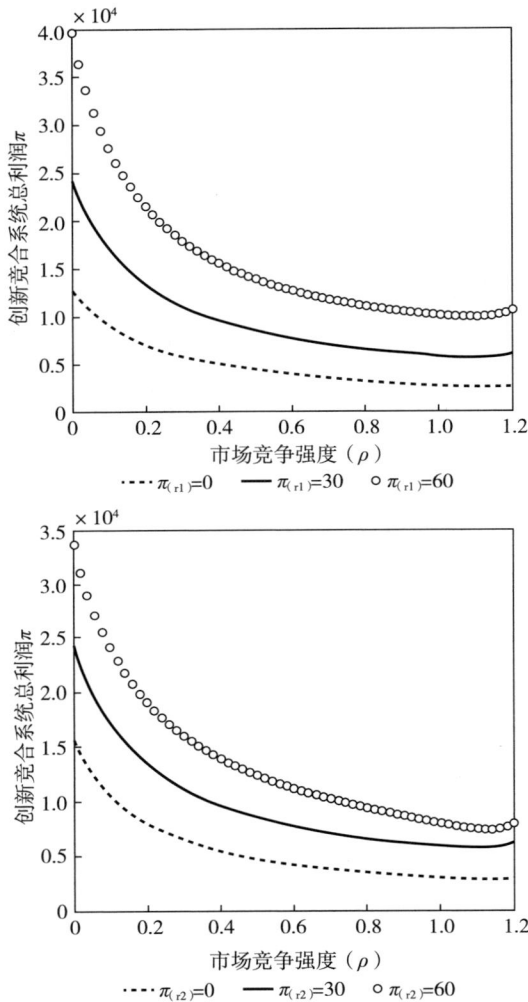

图 4.10　市场竞争强度与系统总利润

　　一是市场竞争强度同供应链企业横向创新竞合系统中的企业决策存在着复杂的关联关系。首先，对于市场需求变化而言，市场竞争强度的增加，抑制了创新追随企业的产品市场需求，但促进（抑制）了市场竞争强度较高（较低）情境下创新领导企业产品市场需求的增长。其次，对于产品定价及创新成果共享定价而言，当市场竞争强度较低时，市场竞争强度的增加，抑制了创新追随企业产品定价、创新领导企业产品定价及创新成果共享定价；而当市场竞争强度较高时，市场竞争强度的增加，依然抑制了创新追随企业产品定价，但提升了创新领导企业产品定价及创新成果共享定价。再次，与传统企业创新竞合不同，在供应链企业横向创新竞合过程中，竞争强度较低情境下的竞争强度增加不利于产品创新，而过度的竞争虽提升了产品创新水平，但却是以市场垄断为目的的，是不可取的。最后，市场竞争强度的增加，抑制了创新领导企业及创新追随企业利润的增长。

二是独立市场规模同供应链企业横向创新竞合系统中的企业决策亦存在着复杂的关联关系，独立市场规模的增加绝非一定有利于系统的发展。就创新领导企业独立市场规模增加而言，由于系统由创新领导企业主导，因此创新领导企业独立市场规模增加不仅提升了创新领导企业利润及创新水平，降低了创新领导企业同创新追随企业竞争强度的敏感性，而且提升了创新追随企业的利润水平。就创新追随企业独立市场规模增加而言，在市场竞争强度较低的情境下，创新追随企业独立市场规模的增加一定程度上提升了创新追随企业产能，降低了创新领导企业对创新追随企业竞争强度的敏感性，有利于系统的发展；然而，在市场竞争强度较高情境下，创新追随企业独立市场规模的增加，虽一定程度上提升了创新追随企业的产品产能，但致使创新领导企业同创新追随企业间的竞争加剧，不利于系统的发展。

三是产品单位沉没成本、产品创新成本系数的增加，均抑制了创新领导企业产品重合市场需求、创新成果共享定价以及产品创新水平；产品单位创新附加值、创新追随企业独立市场规模，均显著提升了创新领导企业产品重合市场需求、创新成果共享定价以及产品创新水平；而创新领导企业独立市场规模同创新领导企业产品重合市场需求、创新成果共享定价以及产品创新水平的关系受到市场竞争强度的影响。可以发现，无论是产品单位沉没成本增加，还是产品创新成本系数增加，均不利于扩大消费市场和推动产品创新，但有利于迫使创新领导企业与创新追随企业进行合作；而创新追随企业独立市场规模增加，虽然有利于扩大消费市场和推动产品创新，但不利于迫使创新领导企业与创新追随企业进行合作，尤其是在市场竞争强度较高的情境下，极易致使创新领导企业对创新追随企业采取垄断手段。

根据上述结论，分别从企业视域和政府视域总结策略启示。

从企业视域：无论市场竞争强度高低，随着市场竞争强度的增加，创新追随企业都必须降低产品定价和创新追随企业产能，以降低市场被挤占可能造成的损失。在市场竞争强度较低的情境下，随着市场竞争强度的增加，创新领导企业在降低产品定价、创新成果共享定价、产品创新水平、低负荷运营生产线的同时，应与创新追随企业一致提升独立市场规模，提升成本分担能力；而在市场竞争强度较高的情境下，且随着市场竞争强度的增加，创新领导企业应适当提升产品定价、创新成果共享定价及产品创新水平，备足自有品牌所需货品，拓展独立市场规模，而创新追随企业则应收缩独立市场规模，不宜继续拓展独立市场，防范过度开拓市场可能带来的资金限制问题。

从政府视域：市场竞争强度较低的情境下，政府应鼓励创新领导企业和创新追随企业拓展独立市场规模，进而推动生产线的进一步创新的提升；在市场竞争日益激烈的情境下，政府应为愈发成熟的创新领导企业走出国门拓展海外市场提供必要的扶持，以防范创新领导企业通过技术垄断市场，最后陷入"一家独大"、创新不前的风险；并对创新追随企业提供必要指导，避免创新追随企业由于对其独立市场规模与利润关系判定不清，盲目地开拓新市场，造成更大损失。此外，政府应警惕创新领导企业通过降低产品定价和哄抬创新成果共享定价制造激烈的市场竞争环境，以实现技术垄断。

本部分所示结论启示对创新成果共享模式下供应链企业横向创新竞合过程中的产品定价、定供货以及创新策略的制定具有一定的指导意义，可在一定程度上为政府防范供应链企业横向创新竞合过程中的垄断问题，以及指导企业市场战略规划提供理论依据。本书讨论了创新领导企业与创新追随企业关于同质产品的竞合博弈问题，进一步，研究将对创新领导企业与创新追随企业间关于异质可替代产品的竞合博弈问题进行研究。

4.3 公平关切与创新成果共享模式下供应链企业横向创新竞合决策

合理的利益分配是实现合作的重要保障，存在市场竞争的供应链企业在横向创新竞合过程中，创新成果共享与利益再分配是有机统一的，因此，探究其创新成果共享过程，就必然要考虑创新成果共享后的利益分配问题。在供应链企业间的横向创新竞合过程中，提供可替代服务的供应链企业间必然会对创新成果共享后的利益分配问题产生矛盾，即供应链企业间对利益分配的公平关切问题。供应链企业间的公平关切将直接影响供应链企业的决策结果，继而影响供应链企业间的利益分配结果。因此，探究创新成果共享模式下存在市场竞争的供应链企业间横向创新竞合决策问题，就必须考虑供应链企业间的公平关切问题。

4.3.1 问题描述与模型假设

4.3.1.1 问题描述

①创新领导企业公平关切：创新领导企业是市场中重要的创新主体，相对于创新领导企业而言，创新追随企业是市场中创新活动的重要参与者。现实情境中，对于比较困难的创新活动来说，创新追随企业往往会先通过向创新领导企业学习，逐步摸索产品的创新研发，而为了创新成果的社会普及，政府亦鼓励有能力的创新领导企业通过创新成果共享或转让，实现社会创新效益的最大化。不可避免的，在其他条件一定的前提下，若创新追随企业产品创新水平上升，创新领导企业的产品市场在一定程度上将被挤占；虽然创新追随企业在引进创新成果的过程中，将向创新领导企业支付费用，但是创新领导企业将评估创新成果共享转让的利弊，即评估创新成果共享、转让后的利润分配是否公平，因此，便产生了创新领导企业对市场利润分配公平性的关切问题。②创新追随企业公平关切：同理，相较于创新领导企业公平关切，创新追随企业亦会对创新竞合过程中的利润分配是否公平的问题进行评估。

本书不同于传统市场中的产品需求主要依赖于产品价格，当创新市场中的产品需求同时依赖于产品价格和产品创新水平时，在有限的信息条件下，创新领导企业和创新追随企业作为独立的市场主体，在竞合博弈过程中，如果进行多参量决策，如创新领导企业不仅需要对产品定价、供货量（通过需求函数）进行决策，同时需要对产品的创新水平以及技术共享的价格进行决策，而创新追随企业则需要对产品定价、供货量（通过需求函数）进行决策。在此基础上，探索决策主体公平关切及消费者异质偏好结构、创新追随企业知识吸收能力等因素对各参与主体决策结果以及利润、效用结果影响的异质性。供应链企业创新竞合动态决策博弈模型如图 4.11 所示。

4.3.1.2 模型假设

为研究决策主体公平关切及消费者异质偏好结构、创新追随企业知识吸收能力等因素对各参与主体决策结果以及利润、效用结果影响的异质性，不失一般性，有如下模型假设：

假设 1：理性人假设和经济人假设。本研究中的创新领导企业和创新追随企业根据 Stackelberg 博弈规则，自主的调整策略以获得自身效用的最大化。

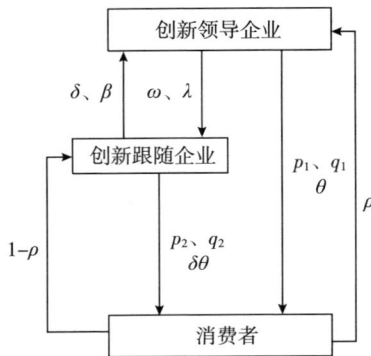

图 4.11　供应链企业横向创新竞合动态决策过程

假设 2：创新领导企业生产的产品 M 和创新追随企业生产的产品 N 对于消费者而言，是可替代的，但是两个产品的定价和创新水平存在差异。记创新领导企业的产品定价为 p_1、创新水平为 θ，θ 一定程度上可以反映创新领导企业的产品创新投入，二者正相关；创新追随企业的产品定价为 p_2、创新水平为 $\delta\theta$。其中，δ 为创新追随企业的知识吸收能力，即创新追随企业将创新领导企业转让共享的创新技术应用到自身产品的比例。

假设 3：由于市场对创新产品具有一定的潜在需求，因此，记产品 M 和产品 N 的市场初始总容量为 a；又由于消费者对产品 M 和产品 N 具有异质消费偏好，因此，记消费者品牌消费偏好系数为 ρ，在无其他因素影响的情况下，产品 M 的市场需求和产品 N 的市场需求分别为 $\rho(a+\tau_2\theta-\tau_1\delta\theta)$ 和 $(1-\rho)(a+\tau_1\delta\theta-\tau_2\theta)$，其中 $\tau_1>\tau_2$，代表产品 M 和产品 N 对产品 N（创新水平相对较低）创新水平的变化更加敏感，这与市场实际相一致，这亦是产品市场需求与产品价格和产品创新水平间关系的不同之处。

假设 4：由于创新市场中的产品需求同时依赖于产品定价和产品创新水平，借鉴李新然等（2018）中异质可替代产品的市场需求函数设置[180]，记产品 M 和产品 N 的实际市场需求分别为 $q_1=\rho(a+\tau_2\theta-\tau_1\delta\theta)-p_1+\alpha p_2$ 和 $q_2=(1-\rho)(a+\tau_1\delta\theta-\tau_2\theta)-p_2+\alpha p_1$。其中，$\alpha$ 为需求交叉弹性系数，满足 $\alpha<1$，即相较于对方价格变化，某产品需求对自身价格的变化更加敏感。

假设 5：由于企业创新行为具有高投入、高风险的特征，因此，记创新领导企业产品的创新研发成本为 $b\theta^2/2$，该成本函数的设计可以反映出，随着产品创新水平的增加，产品创新投入呈现出较快的增长趋势。创新领导企业通过向创新追随企业授权专利的方式，向创新追随企业收取专利费用，记创新追随企业每出售一件产品需向创新领导企业支付费用 ω。表4.2为上述假设中的参数符号及其含义。

表 4.2　参数符号及含义

已知参数	含义	待决策参数	含义
α	需求交叉弹性系数	p_1	创新领导企业产品定价
a	市场初始容量	p_2	创新追随企业产品定价
ρ	消费者品牌消费偏好	θ	创新领导企业产品创新水平
ω	创新成果转让共享价格	δ	创新成果共享、转让比例
$\tau_1 \& \tau_2$	产品市场需求对创新水平敏感系数		

因此，根据上述研究假设，可以得到：

创新领导企业利润函数为：

$$\pi_1 = p_1 q_1 + \omega q_2 - \frac{1}{2} b \theta^2 \tag{4.11}$$

创新追随企业利润函数为：

$$\pi_2 = (p_2 - \omega) q_2 \tag{4.12}$$

4.3.2　模型构建与求解算法设计

4.3.2.1　模型构建

动态创新竞合博弈模型中，产品的市场需求除依赖于产品价格外，亦依赖于产品的创新水平，创新领导企业的产品创新水平、产品定价以及创新成果转让共享定价均为待决策变量，同样，创新追随企业的产品定价亦为待决策变量。因此，创新领导企业和创新追随企业将通过价格竞争以及产品创新竞争拓展市场，牟取利润。考虑到创新领导企业和创新追随企业间的公平关切问题，参考李登峰关于公平关切感知效用函数的设计方法[40]，记创新领导企业对利润分配公平的关切系数为 λ，创新追随企业对利润分配公平的关切系数为 β，因此，创新领导企业和创新追随企业公平关切时的效用函数分别为 U_1 和 U_2，如式（4.13）所示：

$$\begin{cases} U_1 = (1+\lambda)\pi_1 - \pi_2 \\ U_2 = (1+\beta)\pi_2 - \pi_1 \end{cases} \tag{4.13}$$

因此，考虑公平关切的创新竞合系统的带约束动态决策模型为式（4.14）：

$$\max U_1(\omega, \theta, p_1) = (1+\lambda)\pi_1 - \pi_2 \tag{4.14}$$

$$\text{s.t.} \begin{cases} \max U_2(p_2) = (1+\beta)\pi_2 - \pi_1 \\ p_1, p_2, q_1, q_2, \theta, \omega > 0 \\ 0 < \lambda, \beta < 1 \end{cases}$$

为求解动态创新竞合博弈模型中的创新追随企业、创新领导企业的产品定价以及创新领导企业产品创新水平、创新成果转让共享定价，由逆向递推方法，创新领导企业需要根据创新追随企业的反应函数进一步确定自身的具体决策。因此，第一步，先对创新追随企业的效用函数求解关于其产品定价的一阶导数和二阶导数：

$$\frac{\partial U_2}{\partial p_2} = (1+\beta)(1-\rho)(a+\tau_1\delta\theta - \tau_2\theta) + (2+\beta)\omega + \alpha\beta p_1 - 2(1+\beta)p_2 \tag{4.15}$$

$$\frac{\partial^2 U_2}{\partial p_2^2} = -2(1+\beta) < 0 \tag{4.16}$$

由于创新追随企业的效用函数关于其产品定价的二阶导数小于零一定成立，因此，创新追随企业的效用函数存在关于其产品定价的最优解。第二步，令创新追随企业的效用函数关于其产品定价的一阶导数等于零，记式（4.15）中的创新追随企业产品定价结果为 $\bar{p}_2$，并代入创新领导企业的效用函数可以得式（4.17）；对创新领导企业的效用函数求解关于其产品定价、创新水平及创新成果共享定价的一阶导数可得式（4.18）～式（4.20）；在此基础上，构建创新领导企业关于其产品定价、创新水平及创新成果共享定价的三阶海塞矩阵可得式（4.21）：

$$U_1 = (1+\lambda)\left[p_1(\rho(a+\tau_2\theta - \tau_1\delta\theta) - p_1 + \alpha\bar{p}_2) - \frac{1}{2}b\theta^2 \right] + $$
$$\left[(2+\lambda)\omega - \bar{p}_2 \right]\left[(1-\rho)(a-\tau_2\theta + \tau_1\delta\theta) - \bar{p}_2 + \alpha p_1 \right] \tag{4.17}$$

$$\frac{\partial U_1}{\partial \omega} = \frac{1}{2}(1-\rho)(a-\tau_2\theta + \tau_1\delta\theta)(2+\lambda) + \frac{(2+\beta)}{2(1+\beta)}\left[(1+\lambda)\alpha - (2+\lambda)\omega \right] + $$
$$\left[2+\lambda - \frac{(2+\beta)}{2(1+\beta)} \right]\alpha p_1 + \frac{\alpha\beta p_1 + (2+\beta)\omega}{2(1+\beta)}\left[\frac{2+\beta}{1+\beta} - (2+\lambda) \right] \tag{4.18}$$

$$\frac{\partial U_1}{\partial \theta} = (1+\lambda)(\tau_2 - \tau_1\delta)\left[\rho p_1 - \frac{\alpha}{2}(1-\rho)\right] + \frac{1}{2}(\tau_2 - \tau_1\delta)(1-\rho)$$

$$\left[(1-\rho)(a - \tau_2\theta + \tau_1\delta\theta) + \alpha p_1 - (2+\lambda)\omega\right] - (1+\lambda)b\theta \quad (4.19)$$

$$\frac{\partial U_1}{\partial p_1} = (1+\lambda)\left[\rho(a + \tau_2\theta - \tau_1\delta\theta) - 2p_1 + 1 + \frac{\alpha^2\beta}{2(1+\beta)}\right] + \frac{\alpha}{2(1+\beta)}$$

$$\left[(2+\beta)(2+\lambda)\omega - \alpha\beta p_1\right] - \frac{\left[\alpha\beta p_1 + (2+\beta)\omega\right]\alpha}{2(1+\beta)^2} - \frac{\alpha}{2}(1-\rho)(a - \tau_2\theta + \tau_1\delta\theta)$$

$$(4.20)$$

$$H(U_1) = \begin{pmatrix} -\frac{1}{2}(1-\rho)^2(\tau_2 - \tau_1\delta)^2 - (1+\lambda)b & -\frac{1}{2}(1-\rho)(\tau_2 - \tau_1\delta)(2+\lambda) & (\tau_2 - \tau_1\delta)\left[(1+\lambda)\rho + \frac{1}{2}(1-\rho)\alpha\right] \\ -\frac{1}{2}(1-\rho)(\tau_2 - \tau_1\delta)(2+\lambda) & -\left[2+\lambda - \frac{2+\beta}{2(1+\beta)}\right]\frac{2+\beta}{1+\beta} & \frac{\alpha(2+\beta)}{2(1+\beta)}\left(\lambda + \frac{1+2\beta}{1+\beta}\right) \\ (\tau_2 - \tau_1\delta)\left[(1+\lambda)\rho + \frac{1}{2}(1-\rho)\alpha\right] & \frac{\alpha(2+\beta)}{2(1+\beta)}\left(\lambda + \frac{1+2\beta}{1+\beta}\right) & -2(1+\lambda) - \frac{\alpha^2\beta}{2(1+\beta)} - \frac{\alpha^2\beta(2+\beta)}{2(1+\beta)^2} \end{pmatrix}$$

$$(4.21)$$

其中，$\dfrac{\partial^2 U_1}{\partial \omega^2} < 0$、$\dfrac{\partial^2 U_1}{\partial p_1^2} < 0$、$\dfrac{\partial^2 U_1}{\partial \theta^2} < 0$ 均显然成立。

由解的存在性定理可知，当创新领导企业关于其产品定价、创新水平及创新成果共享定价的最优解存在时，一定存在海塞矩阵 $H(U_1)$ 的奇数阶（一阶和三阶）顺序主子式小于零、偶数阶（二阶）顺序主子式大于零。

4.3.2.2 求解算法设计

当式（4.18）~式（4.20）的系数组成的线性方程组满秩时，创新领导企业关于其产品定价、创新水平及创新成果共享定价一定存在唯一的最优解。由于式（4.18）~式（4.20）的解较为复杂，单纯地通过求解导数无法判断函数的性质，因此，本书将直接通过程序设计求解模型最优解，并绘制相关曲线，以探讨创新竞合系统公平关切及消费者异质偏好结构、创新追随企业知识吸收能力等因素对各参与主体决策结果以及利润、效用结果影响的异质性；同时考虑创新领导企业关于其产品定价、创新水平及创新成果共享定价的三阶海塞矩阵的顺序主子式的正负号，设计如下求解算法（见图4.12）：

第一步：将模型中的消费者异质偏好、创新追随企业知识吸收能力等初始参数导入。

第二步：求解创新追随企业效用函数关于其产品定价的反应函数，并代入创新领导企业效用函数，进而求解创新领导企业效用函数关于其产品定价、创新水平及成果转让共享定价的一阶导数、二阶导数及偏导数，进入第三步。

第三步：构建创新领导企业关于其产品定价、创新水平及创新成果共享定价的三阶海塞矩阵，通过奇数阶顺序主子式是否小于零，且偶数阶顺序主子式是否大于零，判定海瑟矩阵是否负定，若不负定，则动态决策模型无最优解，供应链企业需重新协商契约合同，若负定，进入第四步。

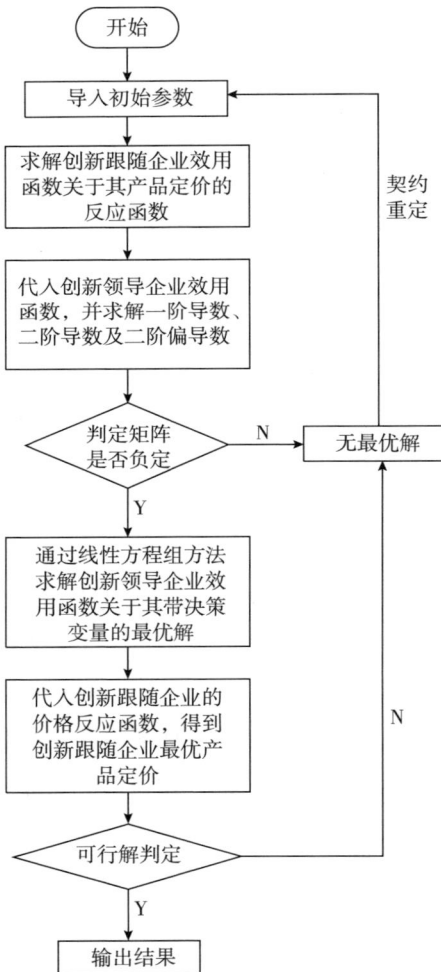

图 4.12　算法流程

第四步：通过线性方程组的求解方法，求解创新领导企业关于其产品定价、创新水平及创新成果共享定价的最优解，同时，代入到创新追随企业的产品定价反应函数，并代入系统的市场需求函数，进入第五步。

第五步：判定第四步中生成的 6 个结果是否大于等于零，若存在一个小于零的值，则为不可行解，模型无解，创新领导企业和创新追随企业需重新协商契约合同，否则第四步中生成的 6 个结果即为本书的最优解，进入第六步。

第六步：输出第四步中生成的 6 个结果。

4.3.3 算例分析

4.3.3.1 参数设置

以新能源汽车企业与传统能源汽车企业为例，创新领导企业代表新能源汽车生产企业，而创新追随企业则代表具有新能源创新技术需求的一些传统能源汽车生产企业，此类企业存在转型的动力。首先，对固定的初始参数进行赋值，假定新能源汽车生产商（以下简称为"企业 A"）和引入了部分新能源节能技术的传统汽车生产商（以下简称为"企业 B"）所生产的产品的初始总容量（初始总需求）为 $a=100$（由于市场初始容量的变化对系统决策影响并不会产生质的区别，作者已验证，限于篇幅，因此未全部展示）；于第 3 章中需求交叉弹性系数设置同理，记创新竞合动态决策模型中的需求交叉弹性系数 $\alpha=0.8$，这表示：相较于可替代产品价格的变动，某产品的市场需求对其自身产品价格的变动更加敏感；参照李新然对供应链需求函数的设置方法[180]，设置参数 $\tau_1=2.5$、$\tau_2=2$，这表示：相较于创新追随企业产品的创新水平的变化，创新领导企业产品的市场需求对自身产品的创新水平的变化更加敏感；由于企业创新具有高投入高风险特征，因此记创新领导企业的创新成本系数为 $b=5$（笔者在报告外验证了随着创新成本系数的继续增大，创新领导企业的产品创新水平将受到极大的抑制，并最终导致模型解不存在现实意义，限于篇幅，因此未全部展示）。其次，对可变待研究的初始参数进行赋值，不考虑价格因素，仅考虑创新因素，为符合当前汽车消费市场实际（新能源汽车市场占比显著低于 50%）①，假定市场中的消费者对新能源汽车的购买意愿为 $\rho=0.5$ 和 $\rho=0.3$，分别代表消费者对新能源汽车的高低购买意愿；显然，在带有路径依赖的学习创新过程中，创新追随企业

---

① 《新能源汽车产业发展规划（2021—2035 年）》

的知识吸收能力显然小于1，否则，创新追随企业的产品创新水平将超越创新领导企业的产品创新水平，这是创新领导企业所不允许的，因此，假定创新追随企业的知识吸收能力分别为$\delta=0.6$和$\delta=0.4$。

4.3.3.2 数值模拟

（1）异质消费偏好结构下公平关切与系统演变

通过固定参数法研究异质消费偏好结构下决策主体公平关切对系统演变的影响机理，记创新追随企业的知识吸收能力为$\delta=0.6$。为了探寻消费者异质偏好和创新竞合系统中的公平关切对系统演变的共同影响，绘制三维仿真图像图4.13~图4.17。

1）异质消费偏好结构下公平关切与产品定价。由图4.13（a）可知，消费者品牌消费偏好的增加，提升了创新领导企业的最优产品定价。当消费者品牌消费偏好较低时（$\rho=0.3$），随着创新领导企业和创新追随企业公平关切水平的提升，创新领导企业产品定价均一致提高。而当消费者品牌消费偏好增加时（$\rho=0.5$），随着创新领导企业公平关切水平的提升，创新领导企业产品定价一致提高；若创新领导企业公平关切水平较低，创新追随企业公平关切水平的变化对创新领导企业的产品定价影响不显著；若创新领导企业公平关切水平较高，随着创新追随企业公平关切水平的提升，创新领导企业产品定价下降。由图4.13（b）可知，消费者品牌消费偏好的增加，降低了创新追随企业的最优产品定价。当消费者品牌消费偏好较低时（$\rho=0.3$），随着创新领导企业和创新追随企业间公平关切水平的提升，创新追随企业的产品定价一致递减。而当消费者品牌消费偏好增加时（$\rho=0.5$），随着创新领导企业公平关切水平的提升，创新追随企业的产品定价仍一致递减，而随着创新追随企业公平关切水平的提升，创新追随企业的产品定价将呈现递增趋势。

2）异质消费偏好结构下公平关切与创新成果共享定价、产品创新水平。由图4.14（a）可知，消费者品牌消费偏好的增加，降低了创新领导企业的创新成果共享定价。随着创新追随企业公平关切水平的提升，创新领导企业的创新成果共享定价一致提高；随着创新领导企业公平关切水平的提升，创新领导企业的创新成果共享定价一致降低。这表明：随着创新追随企业公平关切水平的提升，创新竞合系统内部竞争加剧，创新领导企业可通过创新垄断或提升创新成果共享定价，抑制创新追随企业的产品创新水平；但是，创新领导企业公平关切水平的提高，并未导致创新领导企业通过价格竞争的方式，或者通过提升创新成果共享定价的方式，加剧创新竞合系统内部的价格竞争。由图4.14（b）可知，消费者品牌消费偏好的增加，提升了创新领导企业的产品创新水平。随着创新领导企业和创新追随企业间的公平关切水平的提升，创新领导企业的产品创新水平一致递减。这表明，创新领导企业公平关切水平的提升，虽未增加系统内的价格竞争，但降低了创新领导企业的产品创新水平。

（a）

■ $\rho_下=0.3$　▨ $\rho_上=0.5$

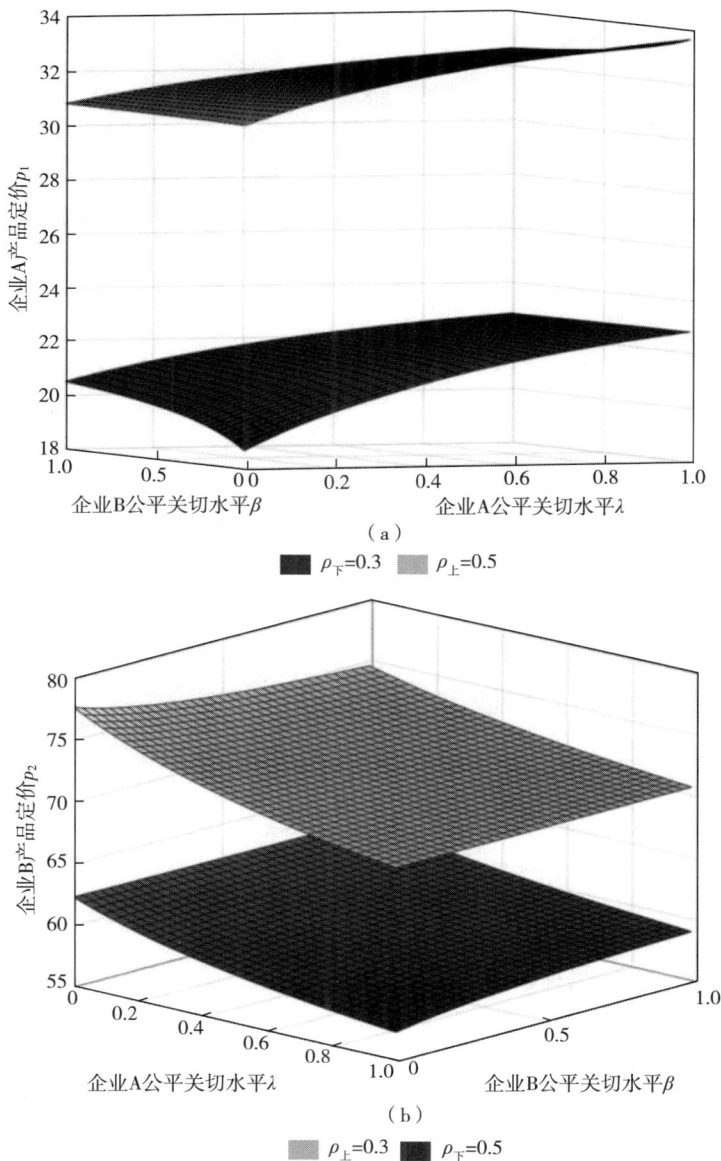

（b）

▨ $\rho_上=0.3$　■ $\rho_下=0.5$

图 4.13　异质消费偏好结构下公平关切与供应链企业产品定价

（a）

$\rho_{上}=0.3$ $\rho_{下}=0.5$

（b）

$\rho_{上}=0.3$ $\rho_{下}=0.5$

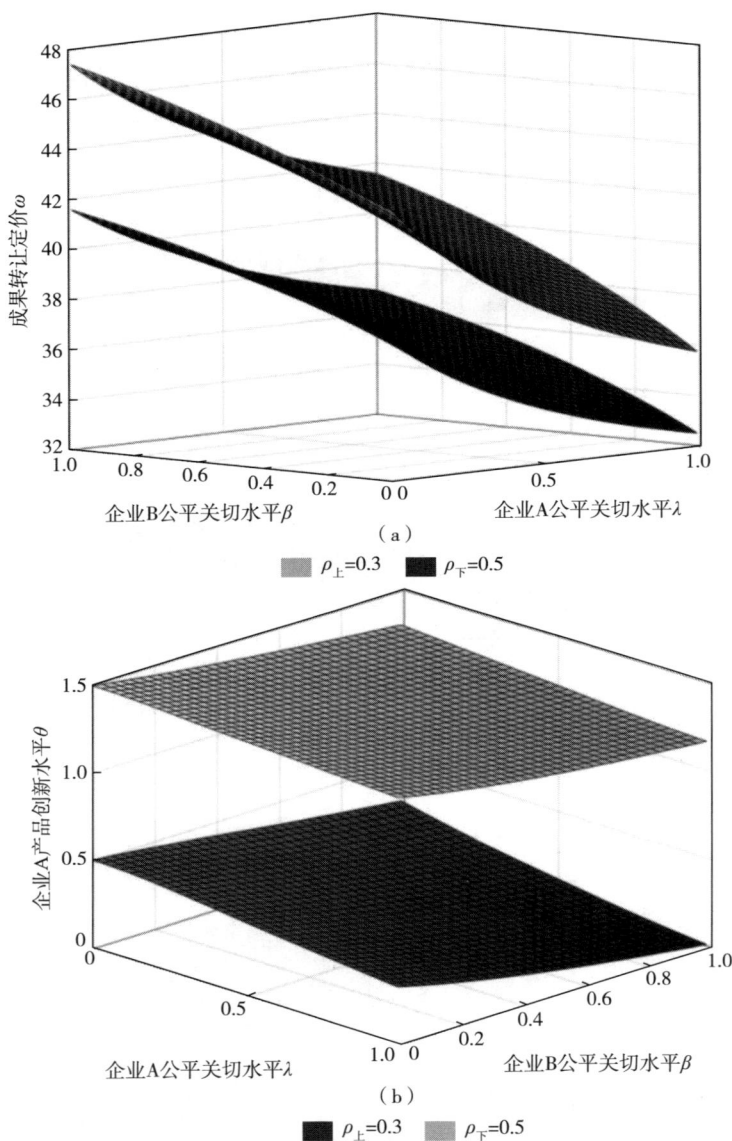

图 4.14　异质消费偏好结构下公平关切与产品创新水平和创新成果共享定价

3）异质消费偏好结构下公平关切与市场需求。由图 4.15 可知，消费者品牌消费偏好与创新领导企业和创新追随企业的产品市场需求不存在一致单调关系；当消费者品牌消费偏好较低时（$\rho=0.3$），创新领导企业的产品市场需求随着系统内公平关切水平的提升，一致单调递减，而创新追随企业的产品市场需求随着系统内公平关切水平的提升，一致单调递增；当消费者品牌消费偏好增加时（$\rho = 0.5$），创新领导企业和创新追随企业的产品市场需求均随着系统内公平关切水平的提升，一致单调递增。此外，由图 4.15 可知，相对而言，消费者品牌消费偏好的增加，降低了创新领导企业的产品市场需求随着系统内公平关切水平提升而增加的速度。

（a）

$\rho_{左上} = 0.3$ $\rho_{左下} = 0.5$

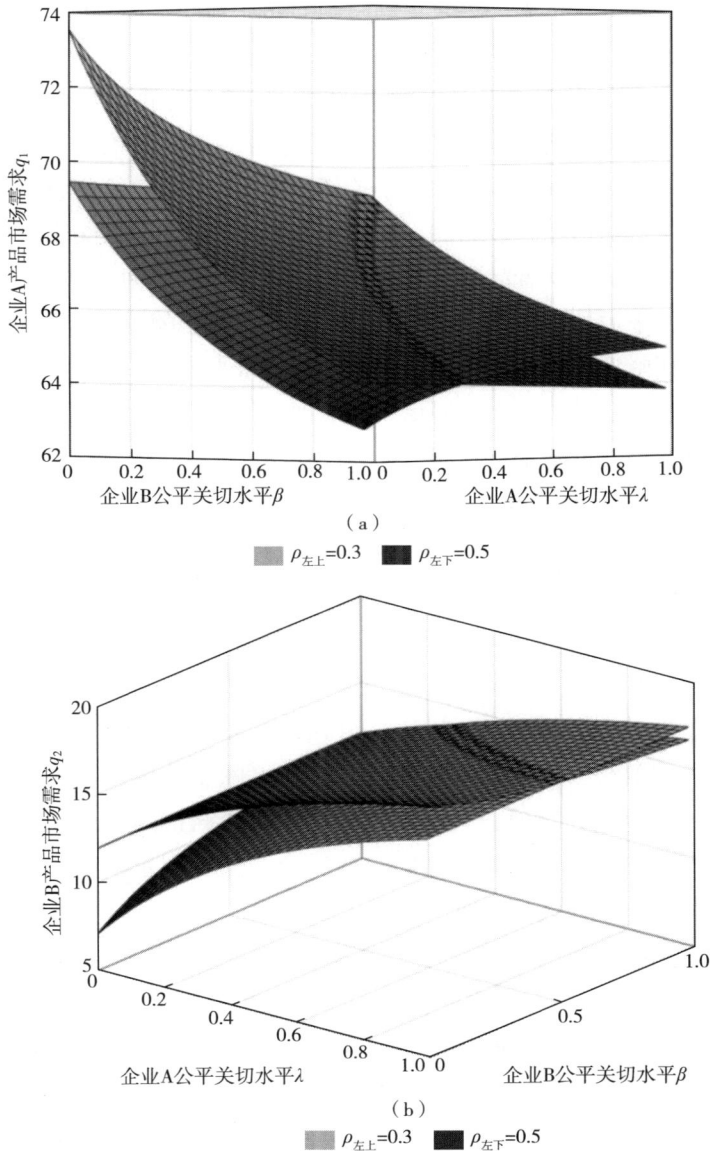

（b）

$\rho_{左上} = 0.3$ $\rho_{左下} = 0.5$

图 4.15　异质消费偏好结构下公平关切与供应链企业产品需求

4）异质消费偏好结构下公平关切与企业利润。由图4.16（a）可知，消费者品牌消费偏好的提高，提升了创新领导企业利润。当消费者品牌消费偏好较低时（$\rho=0.3$），随着创新领导企业和创新追随企业间的公平关切水平的提升，创新领导企业利润一致单调递增；当消费者品牌消费偏好增加时（$\rho=0.5$），随着创新领导企业公平关切水平的提升，创新领导企业利润增加，而创新追随企业公平关切水平对创新领导企业利润影响不显著。这表明，创新领导企业和创新追随企业间的公平关切水平的提升均未降低创新领导企业的利润水平。由图4.16（b）可知，消费者品牌消费偏好与创新追随企业利润不存在一致单调关系，当创新领导企业和创新追随企业间的公平关切水平均较低时，消费者品牌消费偏好的提高，增加了创新追随企业利润，但随着创新领导企业和创新追随企业间的公平关切水平的提升，消费者品牌消费偏好的提高，降低了创新追随企业利润。若创新追随企业公平关切水平较高，则创新追随企业利润随着创新领导企业公平关切水平的提升而降低；若创新追随企业公平关切水平较低，则创新追随企业利润随着创新领导企业公平关切水平的提升而增加。但是，随着创新追随企业公平关切水平的提升，创新追随企业利润一致单调递增。

5）异质消费偏好结构下公平关切与企业效用。由图4.17可知，消费者品牌消费偏好的提高，提升了创新领导企业效用，降低了创新追随企业效用。由图4.17（a）可知，随着创新领导企业和创新追随企业间的公平关切水平的提升，创新领导企业效用均一致递增，但是相较于创新领导企业与创新领导企业公平关切水平间的正相关关系，创新追随企业公平关切对创新领导企业效用的正向促进作用显著性较弱。由图4.17（b）可知，整体来看，随着创新领导企业和创新追随企业间的公平关切水平的提升，创新追随企业效用呈现递增趋势，但是当创新品牌消费偏好较低，且创新领导企业和创新追随企业间的公平关切水平较低时，创新领导企业和创新追随企业间的公平关切水平的提升在一定程度上会导致创新追随企业效用降低。

综合图4.13~图4.17结论可知，消费者异质消费偏好、创新领导企业和创新公平企业间的公平关切，与系统演变存在着复杂的关联关系，消费者异质消费偏好显著调节了创新领导企业和创新公平企业公平关切与参与主体决策及利润、效用间的关联关系。总体来看，动态创新竞合系统中，创新领导企业和创新追随企业公平关切水平的提升，同时增加了企业彼此的利润及效用，降低了创新成果共享定价，亦降低了创新领导企业的产品创新投入和产品创新水平。区别在于，

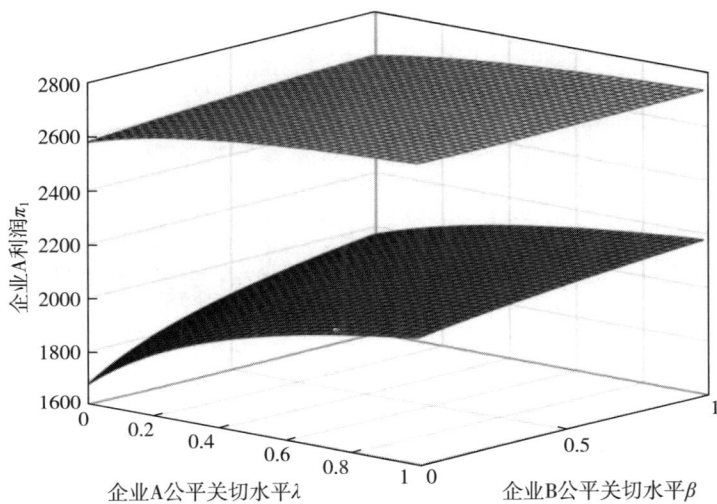

（a）

$\blacksquare \rho_{左下}=0.3$ $\blacksquare \rho_{左上}=0.5$

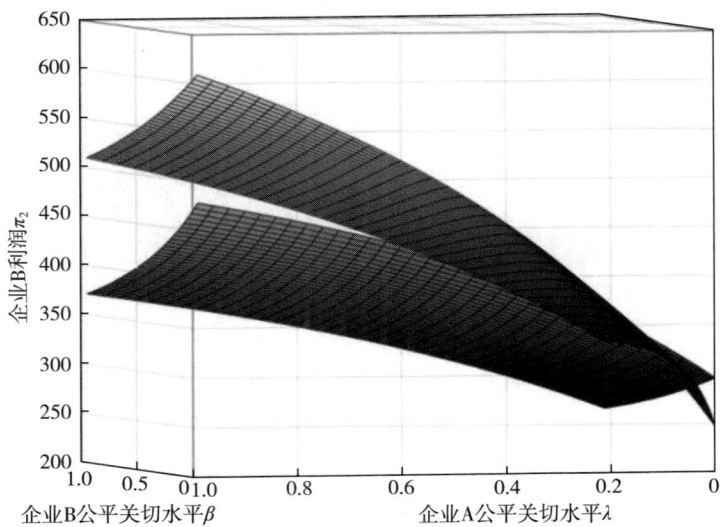

（b）

$\blacksquare \rho_{左上}=0.3$ $\blacksquare \rho_{左下}=0.5$

图 4.16　异质消费偏好结构下公平关切与供应链企业利润

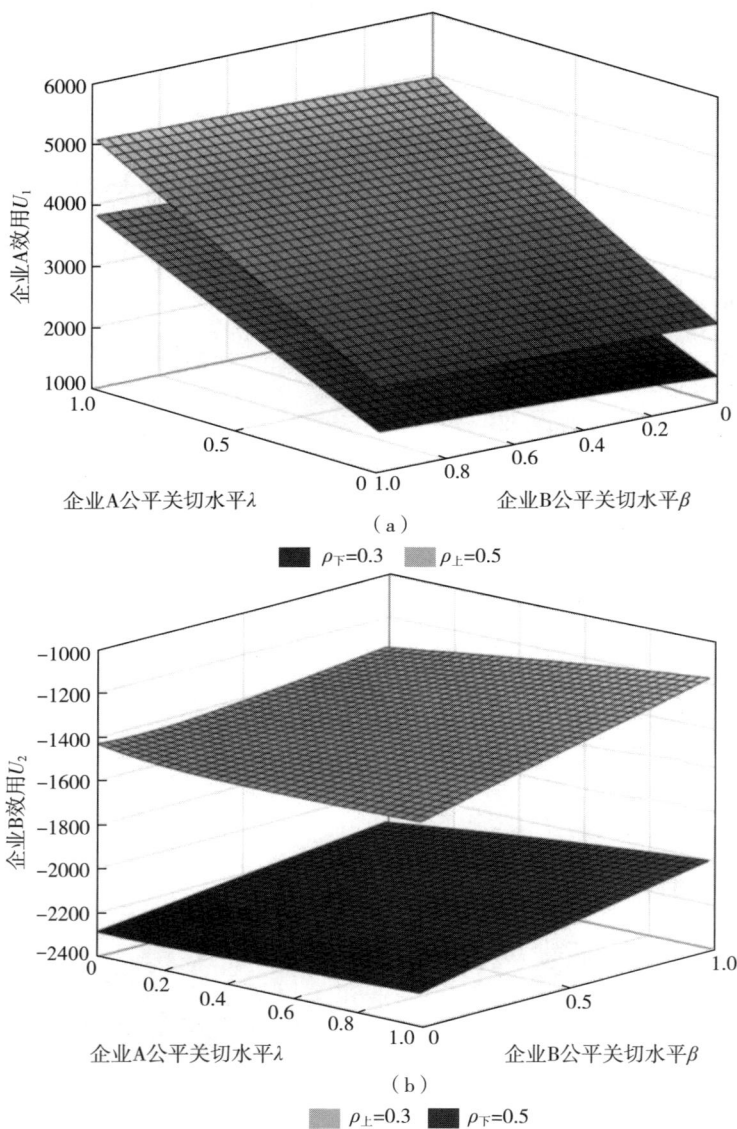

图 4.17　异质消费偏好结构下公平关切与供应链企业效用

创新领导企业公平关切并不会导致创新领导企业采用价格竞争策略争夺市场份额，增加创新追随企业创新产品生产成本，却会导致创新追随企业通过降价的方式争夺市场份额；而创新追随企业公平关切水平的提升，却可能会导致创新领导企业和创新追随企业间的价格竞争问题。随着消费者品牌消费偏好的增加，不仅提升了创新领导企业的最优产品定价、创新投入和企业利润及效用，同时降低了创新领导企业的创新成果共享定价，有利于推动创新产品的市场消费和创新成果的普及应用，却降低了创新追随企业最优产品定价及效用。

（2）不同知识吸收能力下公平关切与系统演变

通过固定参数法研究创新追随企业不同知识吸收能力下决策主体公平关切对系统演变的影响机理，记消费者品牌消费偏好 $\rho = 0.5$。为了探寻创新追随企业知识吸收能力和创新竞合系统中的公平关切对系统演变的共同影响，绘制三维仿真图像图 4.18~图 4.20。

1）不同知识吸收能力下公平关切与产品定价。由图 4.18 可知，创新追随企业知识吸收能力的提升，降低了创新领导企业的产品定价，提高了创新追随企业的产品定价。与图 4.13（a）所展示结论一整体上一致，当消费者品牌消费偏好 $\rho = 0.5$ 时，随着创新领导企业关平关切水平的提升，创新领导企业产品定价提高，随着创新追随企业关平关切水平的提升，创新领导企业的产品定价降低；但是，当创新追随企业知识吸收能力较强（$\delta = 0.6$），且创新领导企业公平关切水平较低时，随着创新追随企业公平关切水平的提升，创新领导企业的产品定价呈现一定程度的递增趋势。与图 4.13（b）图所展示结论一致，当消费者品牌消费偏好 $\rho = 0.5$ 时，随着创新领导企业公平关切水平的提升，创新追随企业的产品定价一致递减，随着创新追随企业公平关切水平的提升，创新追随企业的产品定价呈现递增趋势。

2）不同知识吸收能力下公平关切与创新成果共享定价、产品创新水平。由图 4.19 可知，随着创新追随企业知识吸收能力的提升，系统中创新成果共享定价以及企业 A 产品创新水平一致增加，这表明，创新追随企业知识吸收能力的提升，降低了创新领导企业和创新追随企业产品间的创新水平，一定程度上加大了创新领导企业和创新追随企业间的产品创新竞争，致使创新领导企业提高了创新成果共享定价，并迫使创新领导企业通过加大创新研发投入，提升产品创新竞争能力。通过对比分析可以发现，创新追随企业知识吸收能力提高对创新领导企业创新成果共享定价影响较小，而对创新领导企业产品创新投入的促进作用较大。因此，为提升创新领导企业的创新水平和创新投入，就必须提高创新追随

（a）

$\delta_下=0.4$　　$\delta_上=0.6$

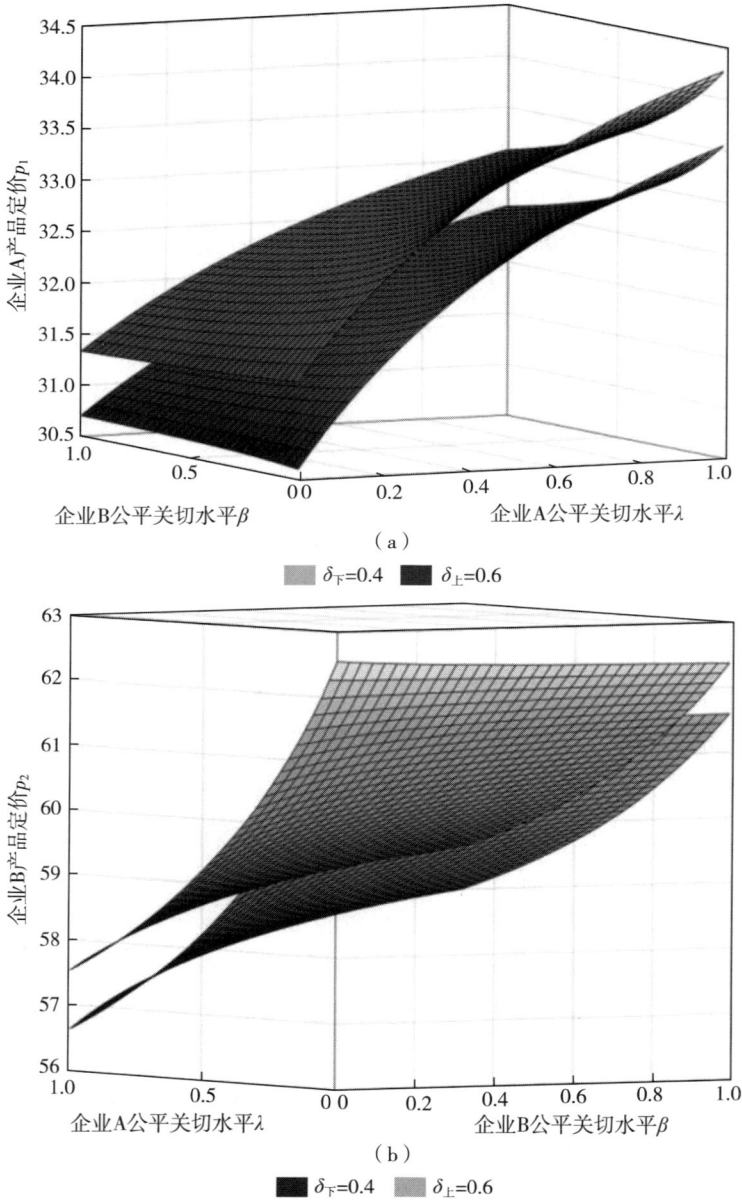

（b）

$\delta_下=0.4$　　$\delta_上=0.6$

图4.18　不同知识吸收能力下公平关切与供应链企业产品定价

企业的知识吸收能力。创新领导企业和创新追随企业公平关切水平与创新领导企业的创新成果共享定价及创新领导企业产品创新水平之间的相关关系，与图4.14

所示结论一致，创新追随企业知识吸收能力的变化，并未对该关系造成影响。

（a）

$\delta_{下}=0.4$　　$\delta_{上}=0.6$

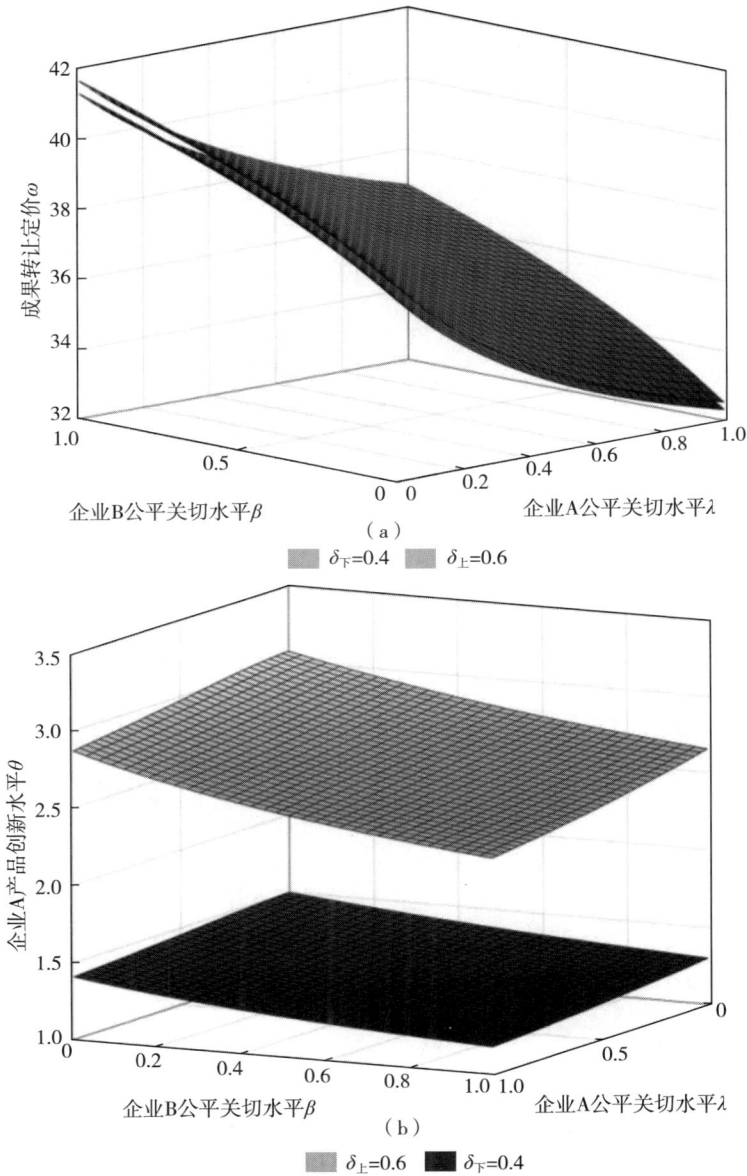

（b）

$\delta_{上}=0.6$　　$\delta_{下}=0.4$

图 4.19　不同知识吸收能力下公平关切与企业 A 产品创新水平

3）不同知识吸收能力下公平关切与市场需求。由图 4.20 可知，创新追随企业知识吸收能力的提升，对创新领导企业和创新追随企业的产品市场需求影响虽不显著，但还是在一定程度上提升了创新领导企业的产品市场需求，降低了创新追随企业的产品市场需求。结合图 4.18~图 4.19 结论可知，创新追随企业知识

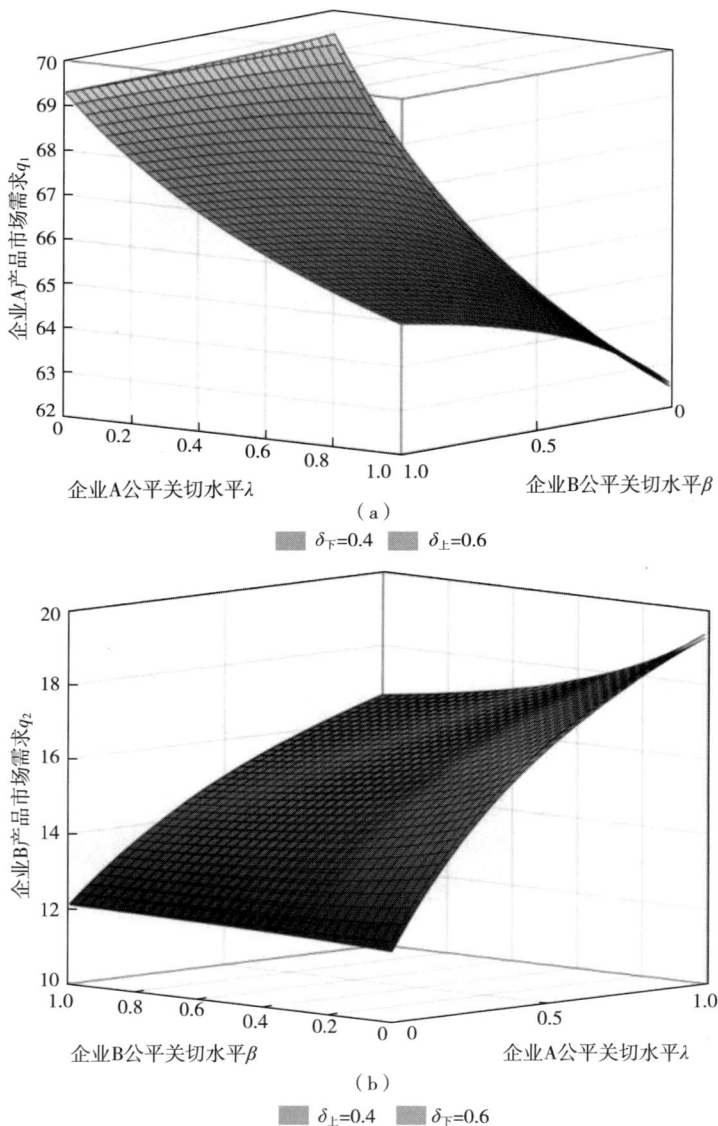

（a）

$\delta_下=0.4$ $\delta_上=0.6$

（b）

$\delta_上=0.4$ $\delta_下=0.6$

图 4.20　不同知识吸收能力下公平关切与供应链企业产品需求

吸收能力的提升，一定程度上加大了创新领导企业和创新追随企业间的产品创新竞争，创新领导企业通过降低自身产品定价、提高创新成果共享定价和产品创新投入，增加创新追随企业的生产成本，迫使创新追随企业提高产品定价的方式，提升了创新领导企业的产品市场竞争能力，随着创新追随企业知识吸收能力的提升，创新领导企业的产品市场需求增加，创新追随企业的产品市场需求降低。此外还可发现，创新追随企业知识吸收能力的变化对创新领导企业和创新追随企业公平关切与产品市场需求之间的相关关系影响较小。

4）不同知识吸收能力下公平关切与企业利润。由图4.21可知，随着创新追随企业知识吸收能力的提升，创新领导企业利润降低，创新追随企业利润增加；相对而言，创新追随企业利润增加值小于创新领导企业利润降低值。这表明，随着创新追随企业知识吸收能力的提升，创新领导企业虽通过降低自身产品定价、提高创新成果共享定价和产品创新投入，增加创新追随企业的生产成本，迫使创新追随企业提高产品定价的方式，提升了创新领导企业的产品市场竞争能力，但是仍无法完全抵消创新追随企业产品竞争能力提升对创新领导企业的影响；此外，创新追随企业知识吸收能力的提升，虽然降低了系统的整体利润，却显著提升了创新领导企业和创新追随企业的产品创新水平和整个创新竞合系统的市场竞争力，有利于整个创新竞合系统抵御外部的市场冲击。同图4.20所示结论相似，创新追随企业知识吸收能力的变化对创新领导企业和创新追随企业公平关切与企业利润间的相关关系影响较小。

5）不同知识吸收能力下公平关切与企业效用。由图4.22可知，随着创新追随企业知识吸收能力的提升，创新领导企业效用降低，创新追随企业效用增加。该结论与创新追随企业知识吸收能力和创新领导企业利润及创新追随企业利润之间的相关关系一致，但创新追随企业知识吸收能力对创新追随企业效用的影响更加显著。因此，结合图4.19和图4.20所示结论可知，在动态创新竞合系统中，创新追随企业知识吸收能力的提升，虽然对增加创新追随企业利润作用较小，却显著提升了创新追随企业的效用。

综合图4.18~图4.22结论可知，相较于消费者异质消费偏好对创新领导企业和创新追随企业公平关切水平与参与主体决策及利润、效用间关联关系的影响，创新跟随着知识吸收能力的影响较弱，但却也存在一些不同之处。具体而言：随着创新追随企业知识吸收能力的提升，创新领导企业的产品定价、利润、效用以及创新追随企业的产品市场需求下降；创新追随企业的产品定价、利润、

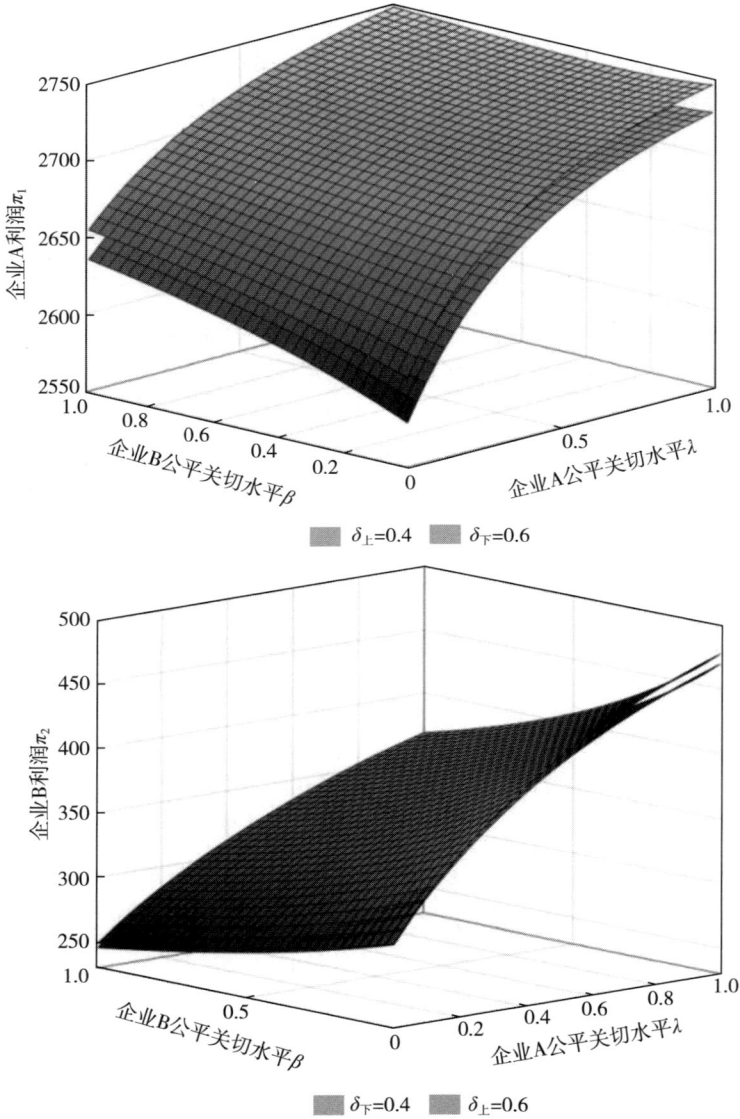

图 4.21　不同知识吸收能力下公平关切与供应链企业利润

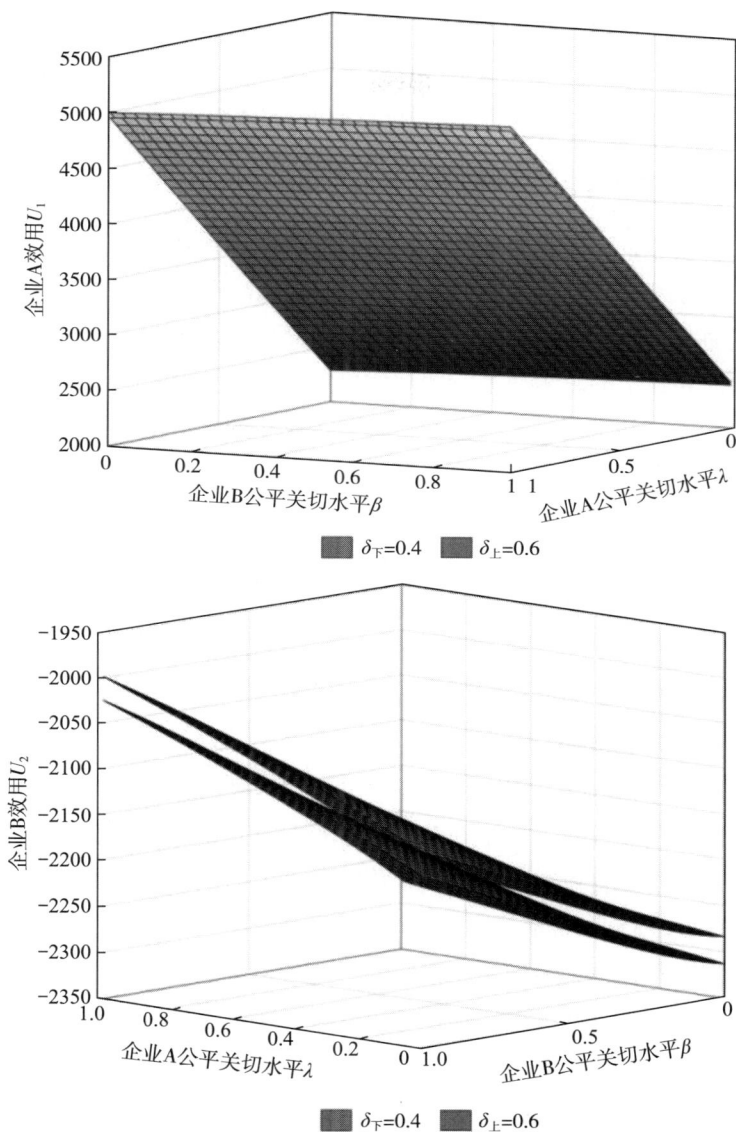

图 4.22 不同知识吸收能力下公平关切与供应链企业效用

效用以及创新领导企业的产品创新投入和市场需求增加。这表明：创新追随企业知识吸收能力的增加，虽然一定程度上提升了创新领导企业的产品市场竞争力，降低了系统的整体利润，但显著提升了创新领导企业和创新追随企业的产品创新水平和整个创新竞合系统的市场竞争力，有利于整个创新竞合系统抵御外部的市场冲击。因此，创新追随企业知识吸收能力的提升虽然短时间内可能会带来系统在经济收益方面的阵痛，但有利于系统的稳定发展和长期进步。

4.3.4 结论启示

推动创新领导企业同创新追随企业间的成果共享与转让，是推动科学技术普及与促进科学技术升级的重要途径，与国家创新驱动发展战略不谋而合。但是，在日益激烈的市场竞争中，创新领导企业需要通过技术优势以保证其产品的市场竞争力，这便导致了创新领导企业和创新追随企业间的创新竞争问题，也限制了创新成果的普及。基于此，本书在创新领导企业和创新追随企业的创新成果共享及动态决策过程中，考虑创新领导企业和创新追随企业的公平关切行为，引入消费者异质偏好结构及创新追随企业知识吸收能力，构建了基于 Stackelberg 博弈的创新领导企业同创新追随企业间的动态创新竞合博弈模型，探讨消费者异质消费偏好、创新追随企业知识吸收能力以及创新领导企业和创新追随企业的公平关切等因素对参与主体决策、产品市场需求以及系统利润和效用的影响机理。鉴于模型解析解较为复杂，本书通过设计计算机算法求解，并以汽车行业为例做了算例分析，研究得到如下结论：

一是创新领导企业和创新追随企业公平关切水平的提升，增加了创新领导企业和创新追随企业效用，降低了创新领导企业的产品创新投入及创新成果共享定价；但是，创新领导企业和创新追随企业的公平关切水平，对决策主体的产品定价、市场需求以及企业利润的影响存在一定的异质性。区别在于，创新领导企业公平关切并不会导致创新领导企业采用价格竞争策略争夺市场份额，增加创新追随企业创新产品生产成本，但是却会导致创新追随企业通过降价的方式争夺市场份额；而创新追随企业公平关切水平的提升，却可能会导致创新领导企业和创新追随企业间的价格竞争问题。

二是相较于创新追随企业知识吸收能力的变化，消费者异质消费偏好的变化对决策主体公平关切与系统演变间的关系影响更加显著。消费者品牌消费偏好的增加，虽然提升了创新领导企业的最优产品定价、创新投入和企业利润及效用，但是当创新领导企业和创新追随企业趋向于公平中性时，消费者品牌消费偏好的增加降低了创新领导企业的产品市场需求，增加了创新追随企业的产品市场需求；当创新领导企业和创新追随企业公平水平较高时，消费者品牌消费偏好的增加提升了创新领导企业的产品市场需求，降低了创新追随企业的产品市场需求。

三是随着消费者品牌消费偏好的增加，降低了创新领导企业的创新成果共享定价，有利于推动创新产品市场消费和创新成果的普及应用，有利于创新领导企业同创新追随企业间合作的加深。

四是创新追随企业知识吸收能力的提升，提高了创新追随企业将创新领导企业创新成果应用到自身产品的移植能力，导致创新领导企业的产品定价、利润、效用以及创新追随企业的产品市场需求下降，创新追随企业的产品定价、利润、效用以及创新领导企业的产品创新投入和市场需求增加，虽然加剧了创新领导企业同创新追随企业间的市场竞争，但却有利于整个创新竞合系统抵御外部的市场冲击。因此，创新追随企业知识吸收能力的提升虽然短时间内可能会带来系统在经济收益方面的阵痛，但却有利于系统的稳定发展和长期进步。

4.4　本章小结

在创新领导企业和创新追随企业的创新成果共享及动态决策过程中，考虑提供可替代产品的供应链内创新领导企业和创新追随企业间的产品市场竞争问题和公平关切行为，构建了基于 Stackelberg 博弈的动态创新竞合博弈模型，求解、仿真考虑了市场竞争强度和公平关切的供应链企业横向创新竞合系统的决策演变过程。结果表明：供应链企业决策过程应考虑参与主体间市场竞争强度的影响；独立市场规模的增加虽提升了生产线创新成本的分担能力，但并不一定可以缓解参与主体于重合市场中的过度竞争问题，还需具体考虑市场竞争强度的影响。决策主体公平关切对系统内定价、创新策略及市场需求产生了较为复杂的影响，相较于创新成果共享比例的变化，消费者异质消费偏好的变化对决策主体公平关切与系统演变之间的关系影响更加显著；创新领导企业和创新追随企业公平关切水平的提升，增加了创新领导企业效用和创新追随企业效用，降低了创新领导企业的产品创新投入及创新成果共享定价；消费者品牌消费偏好的增加，不仅提升了创新领导企业的最优产品定价、创新投入和企业利润及效用，同时降低了创新成果共享定价，有利于推动创新产品市场消费和创新成果的普及应用，但降低了创新追随企业最优产品定价及效用。

5 政府规制下考虑权力结构的供应链企业横向创新竞合决策分析

政府规制赋予了创新追随企业一定程度的话语权，将会改变创新领导企业同创新追随企业间的权力结构，并对供应链企业横向创新竞合模式产生影响。创新成果共享和联合决策均是供应链企业实现自身利益的手段，供应链企业作为市场主体，势必会以自身利益为考量，选择对自己最为有利的横向创新竞合模式，因此，该部分尝试构建了政府规制下考虑权力结构的供应链企业横向创新竞合决策模型，不仅分析了政府规制下考虑权力结构的供应链企业产品定价、供货、产品创新策略等问题，亦对供应链企业的横向创新竞合模式选择与政府规制策略进行了探讨。

5.1 政府规制下考虑权力结构的供应链企业横向创新竞合背景

为了推动提供可替代服务的供应链企业间的创新合作，社会各界进行了广泛的探索，截至目前，大致有两种方法可以实现提供可替代服务的供应链企业间的创新合作。一是提供可替代服务的供应链企业通过联合决策，在保证系统利益最大化的前提下实现供应链企业间的横向创新合作；二是提供可替代服务的供应链企业间通过创新成果共享，实现供应链企业间的横向创新合作，该模式下，创新领导企业将技术授权、转让予创新追随企业，创新追随企业向创新领导企业支付收益红利，以保证利益平衡。例如，福特汽车公司与长安汽车公司、林肯汽车公司与长安汽车公司的合作，以福特汽车公司与长安汽车公司的合作为例，长安汽车公司拥有中国广阔的市场，福特汽车公司则拥有先进稳定的生产技术，在长安福特汽车制造过程中，福特提供了技术，长安提供了市场，二者实现了创新成果的部分共享；显然，长安福特汽车的定价并非由长安汽车公司一家制定，否则，长安福特品牌若是损害了福特汽车公司的整体利益，福特汽车公司势必会通过限制创新成果共享，遏制长安汽车公司的发展，因此，长安福特的产品定价一定是福特汽车公司同长安汽车公司协商的结果。上述提供可替代服务的供应链企业间的两种创新合作模式存在着本质上的区别，相较于联合决策模式下的供应链创新合作，创新成果共享模式下的供应链创新合作，显然更有利于行业整体创新水平的提升，但是联合决策模式下的供应链创新合作的结果又必然是整体利益的最大化，因此，在两种创新合作模式下系统整体利益和供应链企业自身利益不明朗的情况下，供应链企业作为市场主体，显然会基于自身利益进行决策，那么不同横向创新合作模式下供应链企业如何决策以及将会如何科学选择横向创新合作模式便成为本章节所要解决的问题。

由于本章的研究内容是在第 3 章和第 4 章基础上提出的，而关于供应链企业间创新竞合问题及相关研究（政府参与的相关研究除外）已经做了较为详尽的分析，因此本章仅对政府参与企业创新的相关研究进行简单梳理。推动科学技术的发展与普及，是政府工作的重中之重。近年来，为向政府扶持企业创新提供科学决策依据，学者针对企业创新过程中的政府补贴问题展开了大量的研究，且观点截然不同。其中，Bronzini 和 Piselli（2016）、Howell（2017）的研究认为，政府科技补贴能够对企业的创新行为起到促进作用[181][182]；张慧雪等（2020）基于 2009~2017 年上市企业数据研究发现，政府补助同时提高了企业创新数量和创新质量[183]；而孙忠娟等（2020）研究认为，只有企业资源累积跨过门槛后，政府科技资助才能对创新产出起到显著促进作用[184]；而赵文等（2020）研究发现，企业所处的市场环境的异质性直接调节了政府补贴对企业创新效率的影响，认为所处市场环境较差的企业不宜申请政府补贴，否则将陷入"政治资源诅咒"的旋涡[185]。

基于此，本章研究设计了创新成果共享定价动态调整机制，构建了政府规制下考虑权力结构的供应链企业横向创新竞合决策模型，分析了权力结构、政府补贴比例、企业创新成果共享比例、消费者异质消费偏好等因素对供应链企业横向创新竞合系统中的产品定价、市场需求、创新策略及创新成果共享定价的影响机理，并为供应链企业决策、竞合模式选择和政府规制提供了策略启示。

5.2 联合决策和创新领导企业主导的
供应链企业横向创新竞合关系

5.2.1 问题描述

第一，本书考虑一个由供应链内提供可替代产品的创新领导企业和创新追随企业组成的供应链企业横向创新竞合系统。在创新领导企业和创新追随企业的横向创新竞合博弈过程中，相较于创新追随企业，创新领导企业为某一行业的引领者，拥有一定的技术优势和品牌优势，为了缩小技术差距，创新追随企业将通过创新成果引进减小技术代差。因此，在供应链企业采用分散式决策时，如若供应链企业间不存在创新成果共享活动，那么供应链企业间完全竞争，如若供应链企业间存在创新成果共享活动，那么供应链企业间存在动态的横向创新竞合行为；在供应链企业采用联合决策策略时，如若供应链企业间不存在创新成果共享活动，那么供应链企业间仅存在联合决策模式下的供应链企业横向创新竞合行为，如若供应链企业间存在创新成果共享活动，那么供应链企业间存在联合决策模式与创新成果共享模式并存的供应链企业横向创新竞合行为。

第二，该部分首先研究考虑了供应链企业横向创新成果共享过程中最为常见的两种权力结构：创新领导企业主导的供应链企业横向创新竞合关系和联合决策时供应链企业横向创新竞合关系。将创新追随企业主导的供应链企业横向创新竞合关系和 Nash 决策模式下供应链企业横向创新竞合关系放在本章的 5.3 部分研究。

第三，创新领导企业主导的供应链企业横向创新竞合关系中，创新领导企业和创新追随企业均以各自利润最大化为目标，创新领导企业首先对产品定价、创新成果共享定价、产品创新水平进行决策，其次创新追随企业对产品定价进行决策；而在联合决策模式下供应链企业横向创新竞合关系中，创新领导企业和创新追随企业联合决策，以系统利润最大化为目标。模型决策过程中，政府补贴、创新成果共享比例及消费者异质消费偏好均会对决策过程产生影响。不同权力结构下（创新领导企业主导和联合决策），创新竞合系统的决策模式如图 5.1 所示。

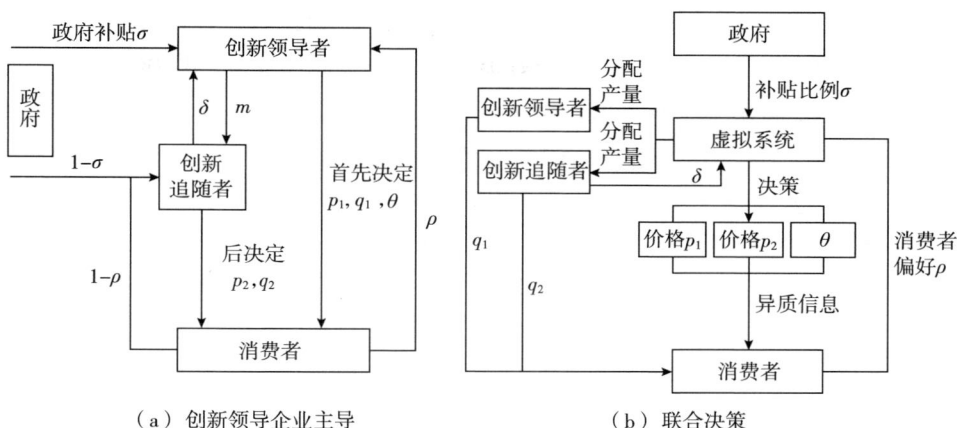

（a）创新领导企业主导　　　　　　　（b）联合决策

图 5.1　横向创新竞合决策模式

5.2.2　基本假设

为便于分析，不失一般性地，有如下模型假设：

假设 1：理性人和经济人假设。市场中的创新领导企业和创新追随企业完全理性，为缩小技术差距，创新追随企业将通过创新成果引进减小技术代差，并向创新领导企业支付费用；在创新领导企业主导的横向创新竞合关系中，二者均以各自利润最大化为目标，而在联合决策模式下供应链企业横向创新竞合关系中，二者将以横向创新竞合系统的整体利润最大化为目标。

假设 2：由于创新领导企业和创新追随企业生产的产品创新水平和品牌等方面存在异质性，同时，相较于创新追随企业，创新领导企业具有技术上的优势，因此，创新领导企业的产品品牌优势和技术优势一般呈正相关关系。记消费者对创新领导企业产品的消费偏好为 ρ。

假设 3：记创新领导企业和创新追随企业的产品定价分别为 p_1 和 p_2，创新领导企业的产品创新水平为 θ。陈劲在研究技术创新时强调，创新具有路径依赖性特征，而创新追随企业的技术来源于创新领导企业[186]；记创新领导企业和创新追随企业间的创新成果共享比例为 δ，因此，记创新追随企业生产的产品创新水平为 $\delta\theta$。当创新领导企业拥有创新成果共享定价的决策权时，创新追随企业有权根据创新成果定价选择适合自身的创新成果引进比例。

假设 4：为推动企业技术创新，促进科学技术的普及，各级政府大力对企业创新行为补贴，同时对引进先进技术的企业补贴。然而，政府的财政是有限度的，因此，记政府创新补贴总额为单位1，记政府对创新领导企业补贴力度，即政府对创新领导企业补贴比例为 σ，记政府对创新追随企业补贴比例为 $1-\sigma$。

假设5：创新领导企业和创新追随企业产品的市场需求由市场决定，不考虑库存问题。基于此，在考虑消费者异质偏好、产品创新水平、政府补贴等因素的基础上，借鉴张伸等（2019）[149] 可替代产品需求函数的设置方法，设置创新领导企业和创新追随企业产品的市场需求函数分别为：$q_1=\rho a-p_1+\alpha p_2+\lambda_1(1-\delta)\theta+\sigma k$、$q_2=(1-\rho)a-p_2+\alpha p_1+\lambda_2\delta\theta+(1-\sigma)k$。其中，$a$ 为供应链企业横向创新竞合系统产品的市场初始容量；α 为可替代产品的需求交叉弹性系数，$\alpha\in(0,1)$，可以刻画某产品的市场需求受到其自身定价变动的影响程度大于受到可替代产品定价变动的影响程度；λ_1、λ_2 为产品创新水平分别对创新领导企业和创新追随企业产品市场需求的刺激系数；k 为政府补贴对企业产品市场需求的刺激系数。

假设6：记创新领导企业产品创新成本为 $\frac{1}{2}b\theta^2$，其中，b 为产品创新成本系数。记 m 为创新领导企业的创新成果共享定价，可解释为创新追随企业需要支付给创新领导企业的单位共享费用，即创新追随企业产品的市场需求为 q_2 时，创新追随企业需向创新领导企业支付 mq_2，该方法一定程度上可以刺激创新领导企业创新成果转让，避免创新领导企业和创新追随企业的恶性竞争，推动创新成果普及。

表5.1为上述假设中的参数符号及其含义。

表5.1 参数符号及含义

符号	含义	符号	含义
q_1	创新领导企业产品市场需求	a	市场初始容量
q_2	创新追随企业产品市场需求	δ	创新成果共享比例
θ	创新领导企业产品创新水平	α	需求交叉弹性系数
σ	政府对创新领导企业补贴比例	b	产品创新成本系数
$\tau_1 \& \tau_2$	产品市场需求对创新水平敏感系数	ρ	消费者品牌消费偏好
k	政府补贴对企业产品市场需求的刺激系数	p_1	创新领导企业产品定价
λ_1	产品创新水平对创新领导企业产品市场需求的刺激系数	p_2	创新追随企业产品定价
λ_2	产品创新水平对创新追随企业产品市场需求的刺激系数	m	创新成果转让共享价格

5.2.3 横向创新竞合系统决策模型（LS&C）

在创新领导企业和创新追随企业间的横向创新竞合博弈过程中，存在联合决策模式和创新领导企业主导的分散式决策。其中，创新领导企业和创新追随企业采用联合决策策略时，以系统整体利润最大化为目标，统一制定产品销售价格和产品创新水平；而创新领导企业主导的分散式决策系统中，创新领导企业和创新追随企业均以自身利润最大化为目标，由于创新领导企业往往是行业的引领者，因此创新领导企业会率先做出决策，而后创新追随企业再进行决策。供应链企业采用联合决策策略时，创新领导企业向创新追随企业共享创新成果的定价不影响系统整体利润，而在创新领导企业主导的分散式决策系统中，创新领导企业向创新追随企业转让创新成果的价格不仅是待决策变量，同时会影响系统整体利润的变化。

根据模型假设条件，可知：

创新领导企业利润函数：

$$\pi_1 = p_1 q_1 + m q_2 - \frac{1}{2} b \theta^2 \tag{5.1}$$

创新追随企业利润函数：

$$\pi_2 = (p_2 - m) q_2 \tag{5.2}$$

5.2.3.1 创新领导企业主导的分散式决策模型（LS）

创新领导企业主导的分散式决策系统中，创新领导企业将根据市场环境、政府补贴以及创新成果共享比例等因素，率先进行决策，包括制定产品价格 p_1 和创新成果共享价格 m、选择产品创新水平 θ；创新追随企业将随之确定所要生产的产品价格 p_2。由于创新领导企业和创新追随企业之间为动态竞合博弈，创新领导企业决策时亦会考虑创新追随企业的决策行为，因此，可以得到创新领导企业主导的分散式决策模型：

$$\max \ \pi_1(p_1, \ \theta, \ m) = p_1 q_1 + m q_2 - \frac{1}{2} b \theta^2$$

$$\text{s. t.} \begin{cases} \max \ \pi_2(p_2) = (p_2 - m) q_2 \\ p_1, \ p_2, \ m, \ \theta > 0 \end{cases} \tag{5.3}$$

由动态规划逆向推理法：

由于 $\dfrac{\partial \pi_2}{\partial p_2} = (1-\rho) a + \alpha p_1 + (1-\sigma) k + \lambda_2 \delta \theta + m - 2 p_2$，且 $\dfrac{\partial^2 \pi_2}{\partial p_2^2} = -2 < 0$。

可知，创新追随企业的利润函数是其产品定价的凹函数，因此，创新追随企业的利润函数存在关于其产品定价的最优解：

$$p_2 = \frac{1}{2} \big[(1-\rho) a + \alpha p_1 + (1-\sigma) k + \lambda_2 \delta \theta + m \big] \tag{5.4}$$

将式（5.4）代入创新领导企业利润函数可得：

$$\pi_1 = \left\{\rho a - p_1 + \lambda_1(1-\delta)\theta + \sigma k + \frac{\alpha}{2}m\right\}p_1 - \frac{m^2}{2} - \frac{1}{2}b\theta^2 + \left[(1-\rho)a + (1-\sigma)k + \lambda_2\delta\theta\right]\left(\frac{\alpha}{2}p_1 + \frac{m}{2}\right)$$

$$(5.5)$$

定理 5.1： 若 $\left[\lambda_1(1-\delta) + \frac{\alpha}{2}\lambda_2\delta\right]\left[\lambda_1(1-\delta) + \frac{3\alpha}{2}\lambda_2\delta\right] + 2b\alpha^2 - 2b < (\alpha^2 - 2)$ $\left(\frac{1}{2}\lambda_2\delta\right)^2$ 存在，则创新领导企业利润函数存在关于产品定价、产品创新水平、创新成果共享定价的联合最优解。

证明：构建创新领导企业利润函数的海塞矩阵：

$$J(\pi_1) = \begin{vmatrix} \alpha^2 - 2 & \lambda_1(1-\delta) + \frac{\alpha}{2}\lambda_2\delta & \alpha \\ \lambda_1(1-\delta) + \frac{\alpha}{2}\lambda_2\delta & -b & \frac{1}{2}\lambda_2\delta \\ \alpha & \frac{1}{2}\lambda_2\delta & -1 \end{vmatrix}$$

其中，由于 $\alpha<1$，因此 $\alpha^2-2<0$ 一定成立，因此创新领导企业利润函数的海塞矩阵一阶主子式的行列式一定小于零，可以得到：$\left[\lambda_1(1-\delta) + \frac{\alpha}{2}\lambda_2\delta\right]^2 + (\alpha^2-2)$ $b + \left[\lambda_1(1-\delta) + \frac{\alpha}{2}\lambda_2\delta\right]\lambda_2\delta\alpha + b\alpha^2 - (\alpha^2-2)\left(\frac{1}{2}\lambda_2\delta\right)^2 < 0$，即创新领导企业利润函数的海塞矩阵的三阶主子式的行列式小于零，又因为式中 $\left[\lambda_1(1-\delta) + \frac{\alpha}{2}\lambda_2\delta\right]\lambda_2\delta\alpha + b\alpha^2 - (\alpha^2-2)\left(\frac{1}{2}\lambda_2\delta\right)^2$ 部分一定为正，因此，一定存在公式 $\left[\lambda_1(1-\delta) + \frac{\alpha}{2}\lambda_2\delta\right]^2 + (\alpha^2-2)b<0$，即创新领导企业利润函数的海塞矩阵的二阶主子式的行列式大于零。根据海塞矩阵的正负定判断方法可知，海塞矩阵 $J(\pi_1)$ 负定，因此，创新领导企业利润函数存在关于产品定价、创新水平、创新成果共享定价的联合最优解。证毕。

由于 $\frac{\partial \pi_1}{\partial p_1} = \rho a + \lambda_1(1-\delta)\theta + \sigma k + \frac{\alpha}{2}\left[(1-\rho)a + (1-\sigma)k + \lambda_2\delta\theta + 2m\right] + (\alpha^2-2)p_1$，令 $\frac{\partial \pi_1}{\partial p_1} = 0$。因此：

$$p_1 = \frac{1}{2-\alpha^2}\left\{\rho a + \lambda_1(1-\delta)\theta + \sigma k + \frac{\alpha}{2}\left[(1-\rho)a + (1-\sigma)k + \lambda_2\delta\theta + 2m\right]\right\} \tag{5.6}$$

由于 $\frac{\partial\pi_1}{\partial\theta} = \left[\lambda_1(1-\delta) + \frac{\alpha}{2}\lambda_2\delta\right]p_1 + \frac{m}{2}\lambda_2\delta - b\theta$，令 $\frac{\partial\pi_1}{\partial\theta} = 0$。因此：

$$\theta = \frac{1}{b}\left\{\left[\lambda_1(1-\delta) + \frac{\alpha}{2}\lambda_2\delta\right]p_1 + \frac{m}{2}\lambda_2\delta\right\} \tag{5.7}$$

由于 $\frac{\partial\pi_1}{\partial m} = \alpha p_1 + \frac{1}{2}\left[(1-\rho)a + (1-\sigma)k + \lambda_2\delta\theta - 2m\right]$，令 $\frac{\partial\pi_1}{\partial m} = 0$。因此：

$$m = \alpha p_1 + \frac{1}{2}\left[(1-\rho)a + (1-\sigma)k + \lambda_2\delta\theta\right] \tag{5.8}$$

联立式（5.6）、式（5.7）和式（5.8），即可得到创新领导企业产品的最优定价：

$$p_1^* = \frac{\rho a + \sigma k + \frac{\alpha}{2}E + EMb}{2 - \alpha^2 - \frac{L^2}{b} - (2b\alpha + \lambda_2\delta L)M} \tag{5.9}$$

其中，$M = \frac{2b\alpha + L\lambda_2\delta}{4b^2 - b(\lambda_2\delta)^2}$；$L = \lambda_1(1-\delta) + \lambda_2\delta\alpha/2$；$E = (1-\rho)a + (1-\sigma)k$。

相应地，将 p_1^* 代入式（5.4）、式（5.7）及式（5.8），即可得到创新追随的产品最优定价 p_2^* 和创新领导企业的最优创新成果共享定价 m^* 以及最优创新策略 θ^*。

$$m^* = \frac{2bE}{4b - (\lambda_2\delta)^2} + \frac{M}{b}p_1^* \tag{5.10}$$

$$\theta^* = \frac{2Lp_1^* + \lambda_2\delta m^*}{2b} \tag{5.11}$$

$$p_2^* = \frac{1}{2}(E + \alpha p_1^* + \lambda_2\delta\theta^* + m^*) \tag{5.12}$$

由上述结果，可以得到创新领导企业主导的分散式决策系统有如下命题：

命题 5.1：当 $2b\alpha + \lambda_2\delta[\lambda_1(1-\delta) + \lambda_2\delta\alpha/2] < 4b - (\lambda_2\delta)^2$ 时，创新领导企业产品的最优定价为消费者品牌消费偏好系数的一致增函数，此时，随着消费者品牌消费偏好系数的增加，创新领导企业产品最优定价提高；当 $2b\alpha + \lambda_2\delta[\lambda_1(1-\delta) + \lambda_2\delta\alpha/2] < 4b - (\lambda_2\delta)^2$ 时，创新领导企业产品最优定价是消费者品牌消费偏好系数的一致减函数，消费者品牌消费偏好的增加，创新领导企业产品最优定价降低。

命题 5.2： 当 $4b\alpha+2L\lambda_2\delta<[4b^2-b(\lambda_2\delta)^2](2-\alpha)$ 时，创新领导企业产品的最优定价为政府对创新领导企业补贴比例的一致增函数，此时，随着政府对创新领导企业补贴比例的增加，创新领导企业产品最优定价提高；当 $4b\alpha+2L\lambda_2\delta>[4b^2-b(\lambda_2\delta)^2](2-\alpha)$ 时，创新领导企业产品的最优定价为政府对创新领导企业补贴比例的一致减函数，此时，随着政府对创新领导企业补贴比例的增加，创新领导企业产品最优定价降低。

命题 5.3： 创新领导企业产品的最优定价、创新成果共享定价、最优创新水平以及创新追随企业产品的最优定价，均为需求交叉弹性系数 α 的一致单调增函数。即，随着可替代产品的市场需求对价格的相对敏感值增加，可替代产品的市场需求受到创新领导企业和创新追随企业彼此产品定价的影响增加，创新领导企业将通过提升产品创新水平、提升创新成果共享定价，而不是通过价格战的形式同创新追随企业展开竞争。据此可知，消费者对产品价格敏感度的增加，将推动创新领导企业和创新追随企业间的创新竞争，而非价格竞争，但也必须警惕创新领导企业通过收取天价专利使用费造成的创新垄断问题。

命题 5.3 证明： 由创新领导企业产品最优定价 p_1^* 可知，$2-\alpha^2-L^2/b-(2b\alpha+\lambda_2\delta L)M$ 为需求交叉弹性系数 α 的减函数，由于 α^2、L^2/b、$(2b\alpha+\lambda_2\delta L)M$ 均为需求交叉弹性系数 α 的增函数，因此，p_1^* 式的分母为需求交叉弹性系数 α 的减函数；又由于式 $\rho a+\sigma k+\alpha E/2+EMb$ 中 $\alpha E/2$ 和 EMb 亦均为需求交叉弹性系数 α 的增函数，因此，p_1^* 式的分子为需求交叉弹性系数 α 的增函数。综上可知，$\dfrac{\partial p_1^*}{\partial \alpha}>0$，即创新领导企业产品的最优定价 p_1^* 为需求交叉弹性系数 α 的增函数。同理，可以证明创新领导企业的创新成果共享定价、最优创新水平以及创新追随企业产品的最优定价，均为需求交叉弹性系数 α 的一致单调增函数。

5.2.3.2 联合决策模型（C）

创新领导企业和创新追随企业联合决策时，以系统整体利润最优为目标，统一制定创新领导企业产品价格 p_1、产品创新水平 θ 和创新追随企业产品价格 p_2。因此，可以得到供应链企业横向创新竞合系统的联合决策模型：

$$\max \pi(p_1, p_2, \theta)=p_1q_1+p_2q_2-\frac{1}{2}b\theta^2 \qquad (5.13)$$

定理 5.2： 若 $2\lambda_1\lambda_2\alpha\delta(1-\delta)+\lambda_1^2(1-\delta)^2+(\lambda_2\delta)^2<(2-2\alpha^2)b$ 存在，则在联合决策系统中，系统存在关于创新领导企业和创新追随企业的产品定价、产品创新

水平的联合最优解；创新成果共享定价对联合系统决策无影响。

证明：构建系统整体利润函数的海塞矩阵：

$$J(\pi) = \begin{pmatrix} -2 & 2\alpha & \lambda_1(1-\delta) \\ 2\alpha & -2 & \lambda_2\delta \\ \lambda_1(1-\delta) & \lambda_2\delta & -b \end{pmatrix}$$

根据假设条件可知，需求交叉弹性系数 $\alpha \in (0, 1)$，显然整体利润函数海塞矩阵一阶主子式的行列式小于零，而二阶主子式的行列式大于零；又因为，当 $2\lambda_1\lambda_2\alpha\delta(1-\delta)+\lambda_1^2(1-\delta)^2+(\lambda_2\delta)^2<(2-2\alpha^2)b$ 时，整体利润函数的海塞矩阵的三阶主子式的行列式小于零，因此，根据海塞矩阵的正负定判断方法可知，本书构建的海塞矩阵 $J(\pi)$ 负定，因此，供应链企业横向创新竞合系统整体利润函数存在关于产品定价、产品创新水平的联合最优解。由于联合决策系统中，创新领导企业和创新追随企业以系统整理利润最大化为目标，因此，创新追随企业向创新领导企业支付的成果引进费用被抵消，因此，创新领导企业创新成果共享定价对联合系统决策无影响。证毕。

由于 $\dfrac{\partial\pi}{\partial p_1}=0$，可得：

$$p_1 = \alpha p_2 + \frac{1}{2}\big[\rho a + \lambda_1(1-\delta)\theta + \sigma k\big] \tag{5.14}$$

令 $\dfrac{\partial\pi_1}{\partial\theta}=0$，$\dfrac{\partial\pi}{\partial m}=0$，可得：

$$\theta = \frac{1}{b}\big[\lambda_1(1-\delta)p_1 + \lambda_2\delta p_2\big] \tag{5.15}$$

$$p_2 = \alpha p_1 + \frac{1}{2}\big[(1-\rho)a + (1-\sigma)k + \lambda_2\delta\theta\big] \tag{5.16}$$

联立式（5.14）、式（5.15）和式（5.16），即可得创新领导企业产品的最优创新水平：

$$\theta^* = \frac{B(\rho a + \sigma k + E\alpha) + \lambda_2\delta(1-\alpha^2)E}{\big[2b-(\lambda_2\delta)^2\big](1-\alpha^2)-B^2} \tag{5.17}$$

其中，$B=\lambda_1(1-\delta)+\lambda_2\delta\alpha$；$E=(1-\rho)a+(1-\sigma)k$

同理，将 θ^* 代入原方程即可解得：

$$p_{2C}^* = \frac{1}{2}\big[E+\lambda_2\delta\theta^*\big] + \alpha p_{1C}^* \tag{5.18}$$

$$p_{1C}^{*}=\frac{\rho a+\sigma k+E\alpha+B\theta^{*}}{2(1-\alpha^{2})} \tag{5.19}$$

由上述结果可知，联合决策模式下供应链企业横向创新竞合模型有如下命题：

命题 5.4： 当 $\lambda_1>(\lambda_1+\lambda_2)\delta$ 时，创新领导企业产品的最优创新水平为政府对创新领导企业补贴比例以及消费者品牌消费偏好系数的增函数；当 $\lambda_1<(\lambda_1+\lambda_2)\delta$ 时，创新领导企业产品的最优创新水平为政府对创新领导企业补贴比例以及消费者品牌消费偏好系数的减函数。当 $\lambda_1>(\lambda_1+\lambda_2)\delta$ 时，$\lambda_1\gg\lambda_2$，即政府对创新领导企业和创新追随企业的补贴结果为：相较于创新追随企业产品的市场需求，创新领导企业产品的市场需求对政府补贴更加敏感。因此，针对此种市场环境，创新领导企业不应仅提升产品的市场供应，更应提升产品的创新水平。当 $\lambda_1<(\lambda_1+\lambda_2)\delta$ 时，创新领导企业产品的最优创新水平为政府对创新领导企业补贴比例的减函数，此时，随着政府对创新领导企业补贴比例的增加，创新领导企业的产品创新水平不升反降。该命题验证了当前社会生产活动中的一些实际现象，如中国各级政府在鼓励新能源汽车消费的同时，采取了一系列补贴措施，然而在新能源汽车未能形成对传统燃油汽车的绝对优势前，为节约创新成本，众多的新能源汽车生产厂商并未实际的投入创新研发过程中，而多的是采用拼装组合的方式套取政府补贴。

命题 5.5： 如命题 5.3，联合决策系统中，创新领导企业产品的最优定价、产品最优创新水平以及创新追随企业产品的最优定价，均为需求交叉弹性系数 α 的一致单调增函数。据此可知，消费者对产品价格敏感度的增加，将推动创新领导企业和创新追随企业间的创新竞争，而非价格竞争。

5.2.4 算例分析

供应链企业横向创新竞合决策模型分析过程中，由于模型解析解关于部分参数存在较为复杂的关联关系，难以直接分析，因此，为了更加直观的探究两种决策模式下政府补贴、消费者异质偏好、创新成果共享比例等因素对供应链企业横向创新竞合系统中的产品定价、创新成果共享定价、创新策略以及各方利润的影响机理，本书将借助 MATLAB 分析软件，对上述关系进行算例分析。

5.2.4.1 参数设置

为保证结论的普适性，首先，对决策模型中固定的初始参数进行赋值：由式（5.10）可知，参数 α、a、k、λ_1 及 λ_2 的变动仅是线性的改变了解析解的大小，并不会对解产生其他影响，故：不妨设 $\alpha=0.5$，为产品的需求交叉弹性系数；设

$a = 100$，代表在不考虑其他因素影响的条件下，供应链企业横向创新竞合系统生产的产品市场初始总需求；设 $\lambda_1 = 1$ 和 $\lambda_2 = 0.5$，以刻画相较于创新追随企业的产品创新水平，创新领导企业的产品创新水平更能有效刺激消费者消费，同时印证创新领导企业的产品品牌优势；设 $k = 10$，为政府每增加一单位补贴，消费者则增加 10 个单位的产品消费。由于产品创新研发带有高成本、高风险特征，因此，记创新领导企业的创新成本系数为 $b = 3$。其次，对决策模型中待验证的可变初始参数进行赋值，验证过程中采用变量控制的方法进行验证：$\delta \in [0 : 0.01 : 1]$，表示创新成果共享比例在 0 到 1 范围内，即当 $\delta = 0$ 时，系统中不存在创新成果共享活动；当 $\delta = 1$ 时，创新追随企业可以从创新领导企业获取到完整的创新成果。$\rho \in [0 : 0.01 : 1]$，表示当 $\rho = 0$ 时，消费者对创新领导企业产品的消费偏好为 0；当 $\rho = 1$ 时，消费者对创新领导企业产品的消费偏好为 1。$\sigma \in [0 : 0.01 : 1]$，表示政府对创新追随企业的补贴比例在 0 到 1 范围内，即当 $\sigma = 0$ 时，政府将有限的财政完全补贴给创新追随企业；当 $\sigma = 1$ 时，政府将有限的财政完全补贴给创新领导企业。

5.2.4.2 数值模拟

（1）创新成果共享比例与系统演变

控制消费者异质偏好系数、政府对创新领导企业补贴比例为 $\rho = \sigma = 0.5$，进而对创新成果共享比例与系统演变之间的规律进行仿真。

1）创新成果共享比例与创新领导企业决策。由图 5.2（a）、图 5.2（b）和图 5.2（d）可知，创新领导企业主导的分散式决策系统中和联合决策系统中，创新领导企业产品的最优定价、产品最优创新水平，以及产品市场需求均与创新领导企业的创新成果共享比例呈负相关关系［图示内容对应式（5.9）、式（5.10）、式（5.11）、式（5.17）、式（5.19）］。具体而言：①相较于创新领导企业主导的分散式决策，联合决策提升了创新领导企业的产品创新水平，但降低了创新领导企业产品的市场需求；决策模式对创新领导企业产品的市场需求与创新成果共享比例间的关联关系影响差异较小。②分析两种决策模式下的创新领导企业产品的最优定价可以发现，当创新成果共享比例处于中低水平时，联合决策提升了创新领导企业产品的最优定价，当创新成果共享比例处于较高水平时，联合决策降低了创新领导企业产品的最优定价，但两种决策模式下的创新领导者的产品最优定价差异较小。③创新成果共享比例对两种决策模式下创新领导企业产品的最优定价和市场需求影响差异较小，但对创新领导企业产品的最优创新水平影响差异较大［见图 5.2（b）］，这表明，联合决策有效地缓解了创新成果共享比例提高对创新领导企业产品创新水平的抑制作用。此外，由图 5.2（c）可知，创新领导企业主导的分散式决策系统中，随着创新成果共享比例的提高，创新领导企业的创新成果共享最优定价一致降低，因此，创新领导企业的创新成果转让最优定价与创新成果共享比例呈负相关关系。这表明，创新成果共享比例的提高，降低了创新领导企业的创新成果共享最优定价，可刺激创新追随企业产品市场需求增加，进而为创新领导企业创造利润。

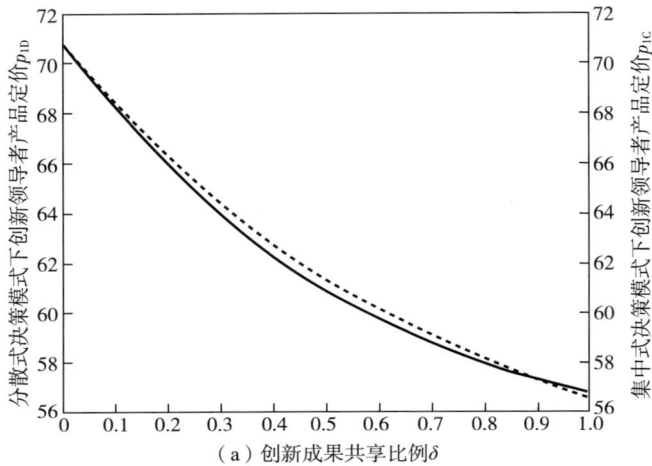

（a）创新成果共享比例δ

——— 分散式决策 ······ 集中式决策

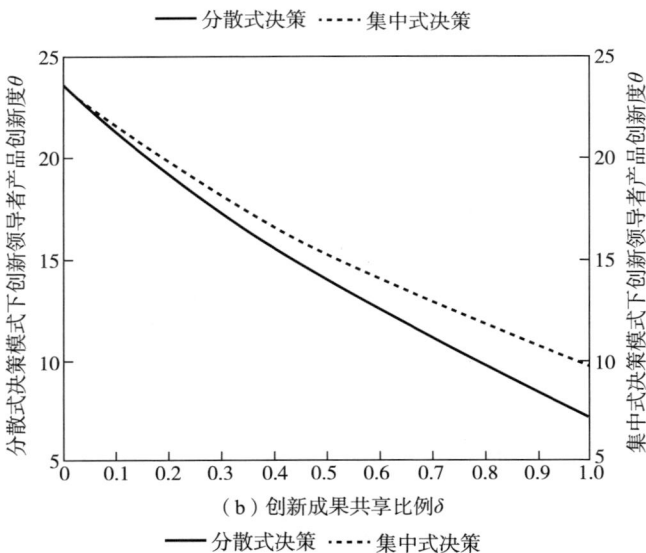

（b）创新成果共享比例δ

——— 分散式决策 ······ 集中式决策

图 5.2　创新成果共享比例与创新领导企业决策

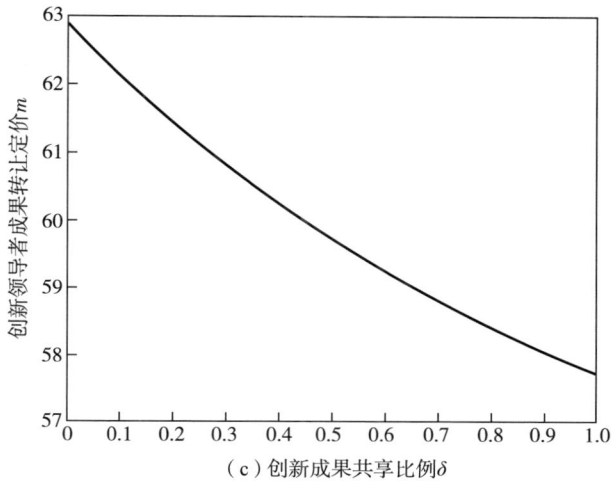

（c）创新成果共享比例δ

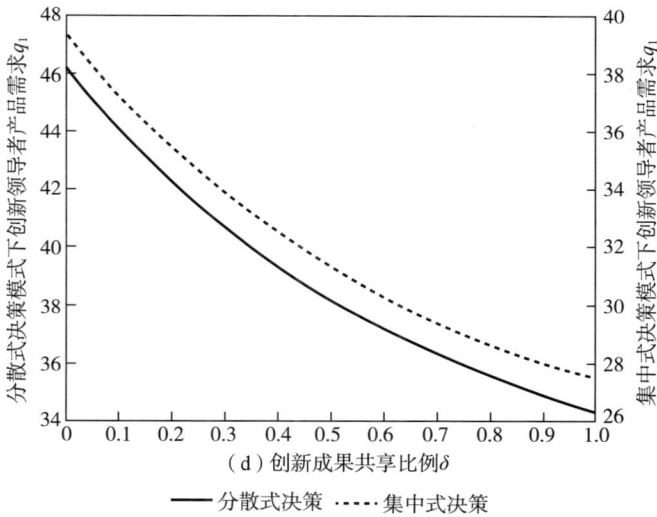

（d）创新成果共享比例δ

——— 分散式决策　·······　集中式决策

图 5.2　创新成果共享比例与创新领导企业决策（续）

2）创新成果共享比例与创新追随企业决策。由图 5.3 可知，创新领导企业主导的分散式决策系统中和联合决策系统中，创新追随企业产品定价与创新成果共享比例呈负相关关系；随着创新成果共享比例的变化，创新领导企业主导的分散式决策系统中和联合决策系统中的创新追随企业产品的市场需求出现明显分化［图示内容对应式（5.12）和式（5.18）］。具体而言，相较于创新领导企业主导的分散式决策，联合决策降低了创新追随企业产品的最优定价，提高了创新追随企业产品的市场需求。

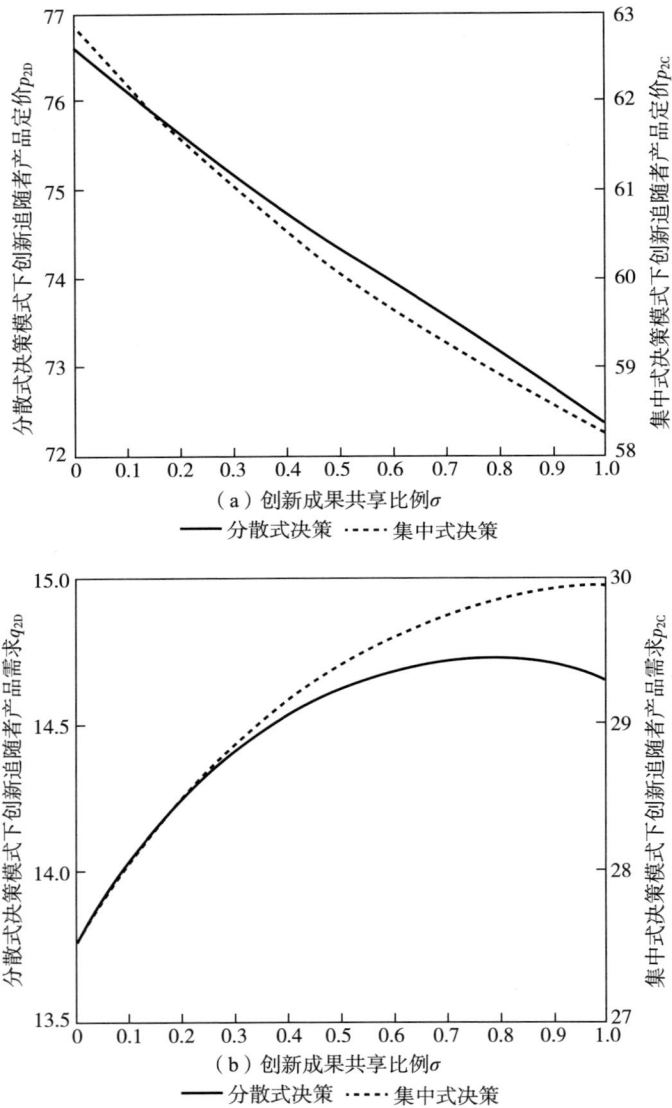

图 5.3 创新成果共享比例与创新追随企业决策

3）创新成果共享比例与横向创新竞合系统利润。由图 5.4（a）可知，创新领导企业主导的分散式决策系统中和联合决策系统中，创新领导企业利润均与创新成果共享比例呈负相关关系；其中，相较于创新领导企业主导的分散式决策，联合决策提高了创新领导企业的利润水平。由图 5.4（b）可知，联合决策下，创新追随企业利润与创新成果共享比例呈正相关关系，而创新领导企业主导的分散式决策下，创新追随企业利润与创新成果共享比例不存在一致单调关系；其中，相较于创新领导企业主导的分散式决策，联合决策提升了创新领导企业的利润水平。由图 5.4（c）可知，供应链企业横向创新竞合系统利润与创新成果共享比例呈负相关关系，即创新成果共享比例的提高，降低了供应链企业横向创新竞合系统的整体利润；其中，相较于创新领导企业主导的分散式决策，联合决策提高了供应链企业横向创新竞合系统的整体利润水平。由上可知，相较于创新领导企业主导的分散式决策，联合决策提升了供应链企业横向创新竞合系统及创新领导企业利润，但降低了创新追随企业利润。这表明，在供应链企业采用联合决策策略时，创新领导企业必须建立同创新追随企业间基于分散式决策利润水平的利益再分配策略，以防范创新追随企业的道德风险问题。

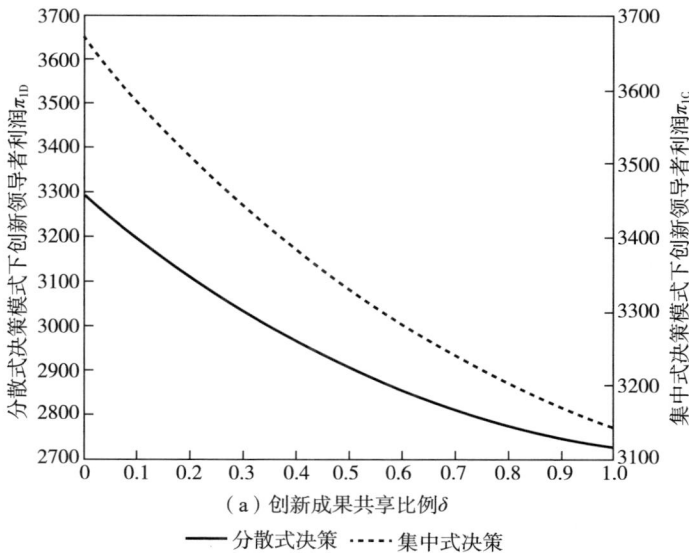

（a）创新成果共享比例δ

——— 分散式决策　　····· 集中式决策

图 5.4　创新成果共享比例与横向创新竞合系统利润

（b）创新成果共享比例δ

—— 分散式决策　----- 集中式决策

（c）创新成果共享比例δ

—— 分散式决策　----- 集中式决策

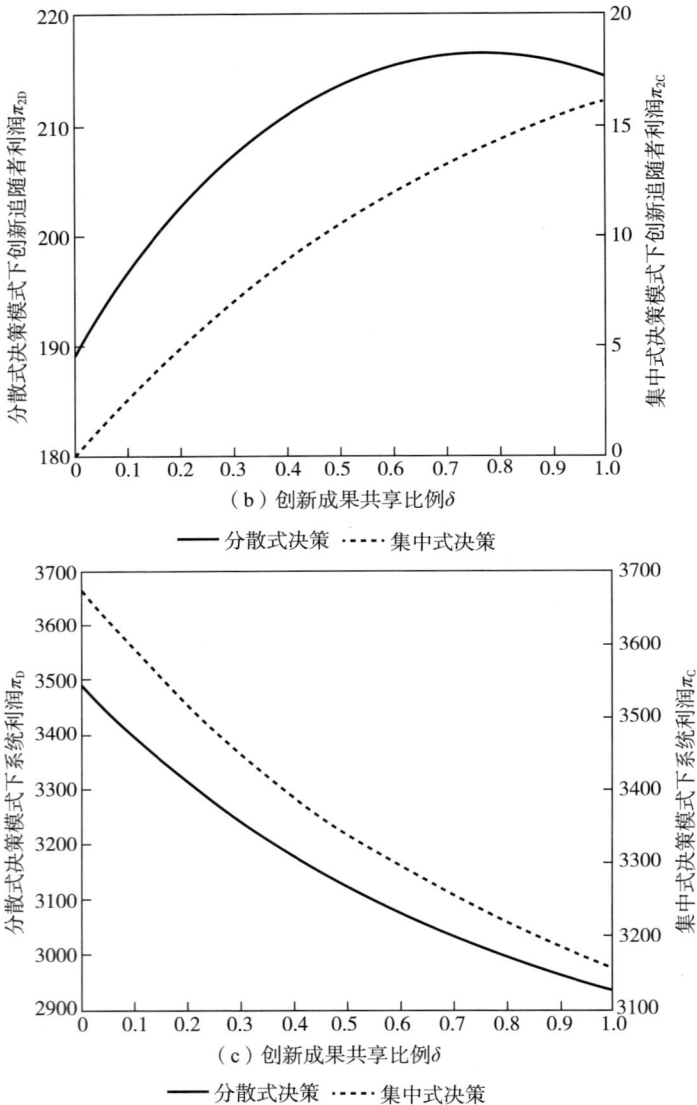

图 5.4　创新成果共享比例与横向创新竞合系统利润（续）

由前文可知，创新成果共享比例的提高，虽然提升了创新追随企业的利润，但抑制了创新领导企业的利润，这也解释了，供应链企业间的横向创新合作为什么较难实现；进一步探究决策模式对供应链企业横向创新竞合关系的影响可以发现，联合决策虽然损害了创新追随企业的利润，但创新领导企业多获得的利润完全可以填补创新追随企业的利润损失，因此可通过建立基于分散式决策利润水平的利益再分配策略，防范创新追随企业的道德风险问题。对比分析两种决策模式下的系统利润，可以得出结论：欲要实现供应链企业间的横向创新成果共享，供应链企业间必须采用联合决策模式，并设计基于分散式决策利润水平的利益再分配契约，否则，在无外界力量干预的情况下，提供可替代服务的供应链企业间无法实现创新成果共享。

（2）政府财政补贴比例与系统演变

在满足模型假设的基础上，控制消费者异质偏好系数、创新成果共享比例为 $\rho=\delta=0.5$，进而对政府对创新领导企业补贴比例与系统演变之间的规律进行仿真，将上述控制参数代入模型可以发现：$2b\alpha+\lambda_2\delta[\lambda_1(1-\delta)+\lambda_2\delta\alpha/2]<4b-(\lambda_2\delta)^2$、$\lambda_1>(\lambda_1+\lambda_2)\delta$、$4b\alpha+2L\lambda_2\delta<[4b^2-b(\lambda_2\delta)^2](2-\alpha)$ 一定成立，因此，创新领导企业主导的分散式决策系统中创新领导企业产品的最优定价和联合决策系统中创新领导企业产品的最优创新水平均与消费者品牌消费偏好系数及政府对创新领导企业补贴比例呈正相关关系。下述结论均在上述参数设置的基础上得到，且仿真图像中的结果亦可通过将设定好的参数代入模型加以验证。

1）政府对创新领导企业补贴比例与创新领导企业决策。由图5.5可知，随着政府对创新领导企业补贴比例的增加，创新领导企业产品的最优定价、产品最优创新水平，以及产品市场需求均一致增加，因此，两种决策模式下，创新领导企业产品的最优定价、产品最优创新水平，以及产品市场需求均与政府对创新领导企业补贴比例呈正相关关系［对应式（5.9）、式（5.10）、式（5.11）、式（5.17）、式（5.19）］。其中，政府补贴比例与创新领导企业产品创新水平间的关联关系印证了命题5.4中的部分结论。这表明，政府对创新领导企业补贴比例的增加，直接提升了创新领导企业产品的市场需求，进而提升了创新领导企业的产品定价；此外，政府对创新领导企业补贴比例的增加促使创新领导企业提升了产品创新水平，有利于社会科学技术的快速进步。由图5.5（c）可知，随着政府对创新领导企业补贴比例的增加，创新领导企业的创新成果共享最优定价一致下降，因此，创新领导企业的创新成果共享最优定价与政府对创新领导企业补贴比例呈负相关关系。这表明，政府对创新领导企业补贴比例的增加，降低了创新领导企业的创新成果转让最优定价，有利于推动供应链企业横向创新成果共享。

（a）政府对创新领导者补贴比例 σ

——分散式决策 ······集中式决策

（b）政府对创新领导者补贴比例 σ

——分散式决策 ······集中式决策

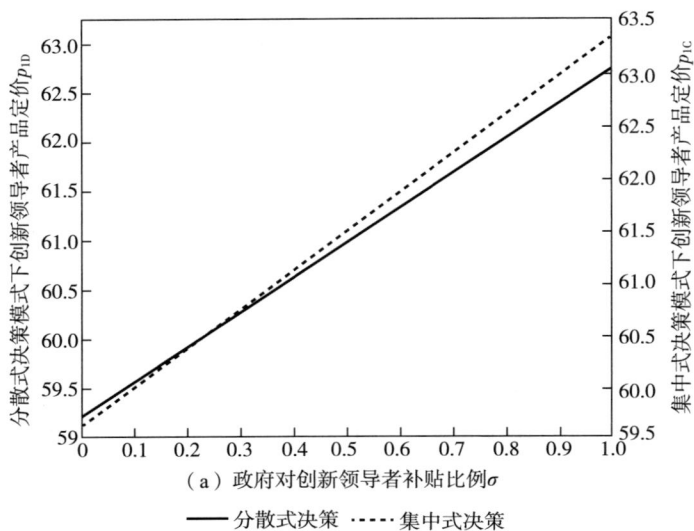

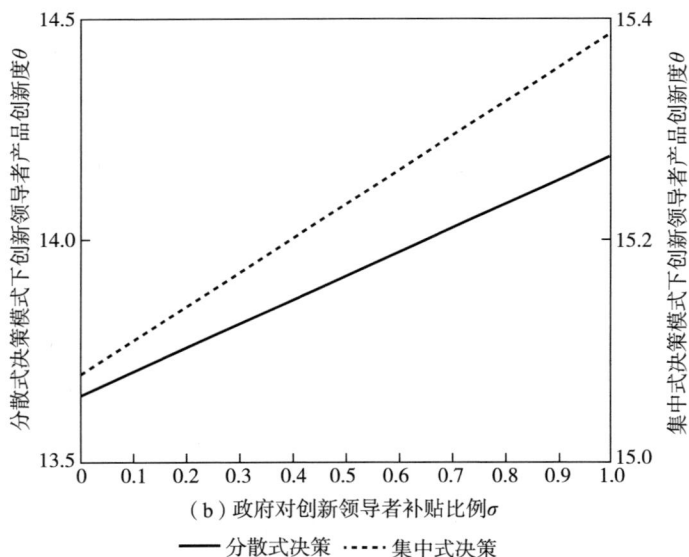

图 5.5 政府对创新领导企业补贴比例与创新领导企业决策

（c）政府对创新领导者补贴比例σ

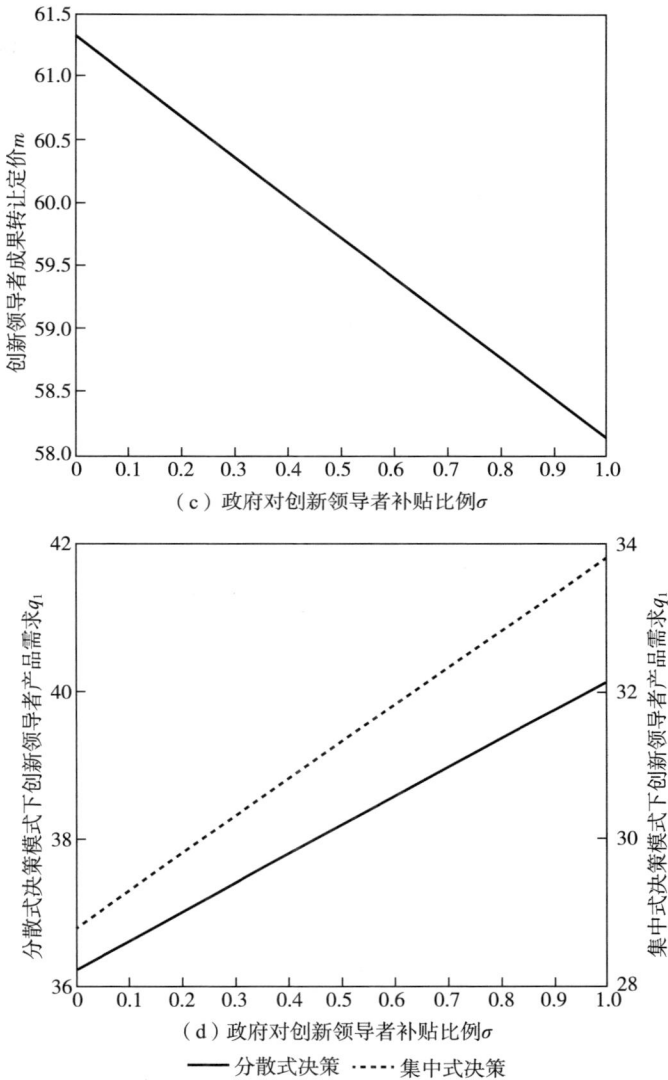

（d）政府对创新领导者补贴比例σ

——— 分散式决策　·········· 集中式决策

图 5.5　政府对创新领导企业补贴比例与创新领导企业决策（续）

　　2）政府对创新领导企业补贴比例与创新追随企业决策。由图 5.6 可知，创新领导企业主导的分散式决策系统中和联合决策系统中，随着政府对创新领导企业补贴比例的增加，创新追随企业产品的最优定价和市场需求均一致下降，因此，创新领导企业产品的最优定价和市场需求均与政府对创新领导企业补贴比例呈负相关关系［对应式（5.12）和式（5.18）］。这表明，政府对创新领导企业补贴比例的提高，一定程度上刺激了创新领导企业产品的市场需求，抑制了创新追随企业产品的市场需求，有利于淘汰落后产能；但从创新扩散角度，政府对创新领导企业补贴比例增加，也抑制了创新成果共享。

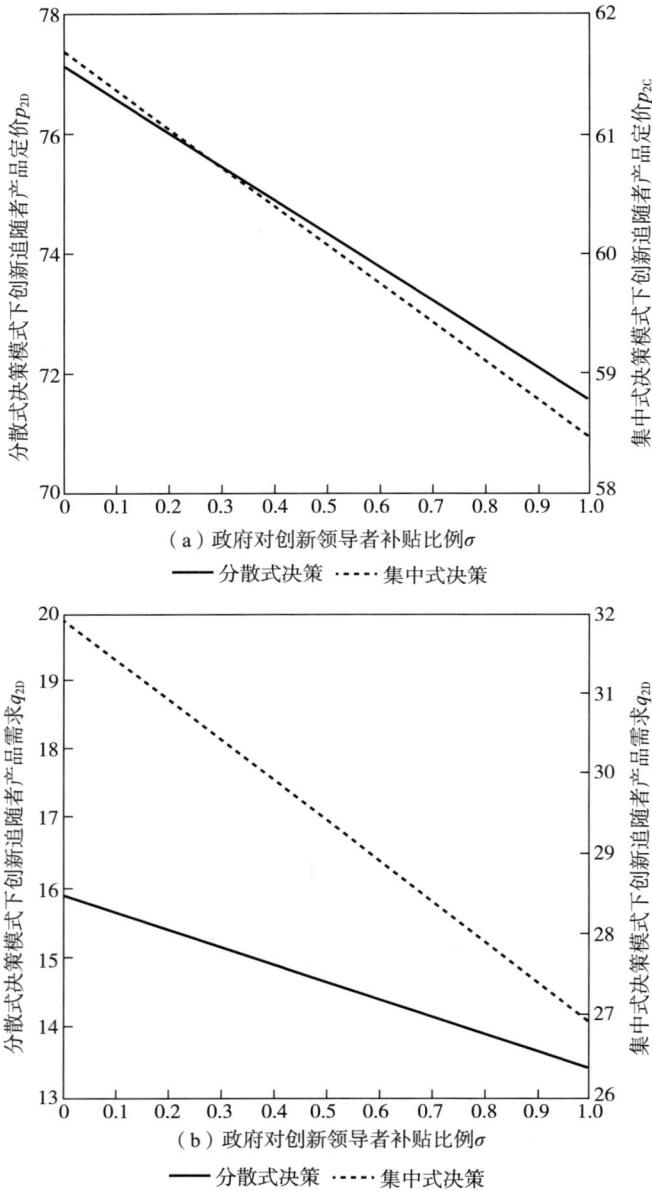

图 5.6　政府对创新领导企业补贴比例与创新追随企业决策

3）政府对创新领导企业补贴比例与系统利润。决策模式的相关结论与图 5.4 中结论一致，此处不再赘述，仅对差异性结论进行总结。由图 5.7（a）可知，创新领导企业主导的分散式决策系统中，随着政府对创新领导企业补贴比例的提高，创新领导企业利润单调递增；而在联合决策系统中，随着政府对创新领导企业补贴比例的提高，创新领导企业利润函数先降低后上升。因此，政府对创新领导企业补贴比例的提高，并不一定可以提升创新领导企业的利润。由图 5.7（b）可知，两种决策模式下，随着政府对创新领导企业补贴比例的增加，创新追随企业利润单调递减。因此，创新追随企业利润与政府对创新领导企业补贴比例呈负相关关系。由图 5.7（c）可知，创新领导企业主导的分散式决策系统中，随着政府对创新领导企业补贴比例的提高，供应链企业横向创新竞合系统利润单调递增；而联合决策系统中，随着政府对创新领导企业补贴比例的提高，供应链企业横向创新竞合系统利润先降低后上升。因此，政府对创新领导企业补贴比例的提高，不一定可以提升供应链企业横向创新竞合系统的利润。这表明，如果政府根据创新领导企业利润、创新竞合系统利润抑或创新追随企业利润，确定对创新领导企业的补贴比例，将出现截然不同的结果，因此，政府除对供应链企业横向创新竞合系统参与主体进行补贴外，更应建立良性的考核机制，针对创新领导企业的创新行为和创新追随企业的创新学习行为，平衡各方利益，以实现供应链创新的可持续和创新成果的共享。

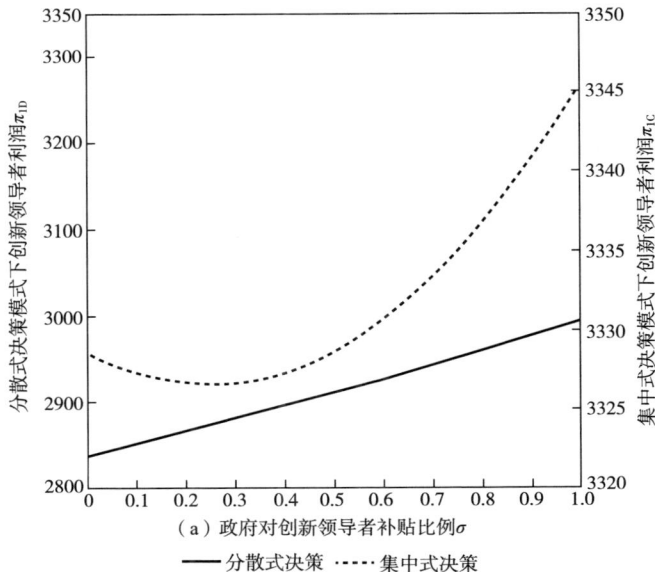

（a）政府对创新领导者补贴比例 σ

—— 分散式决策   ······ 集中式决策

图 5.7 政府对创新领导企业补贴比例与横向创新竞合系统利润

（b）政府对创新领导者补贴比例σ

—— 分散式决策　·····集中式决策

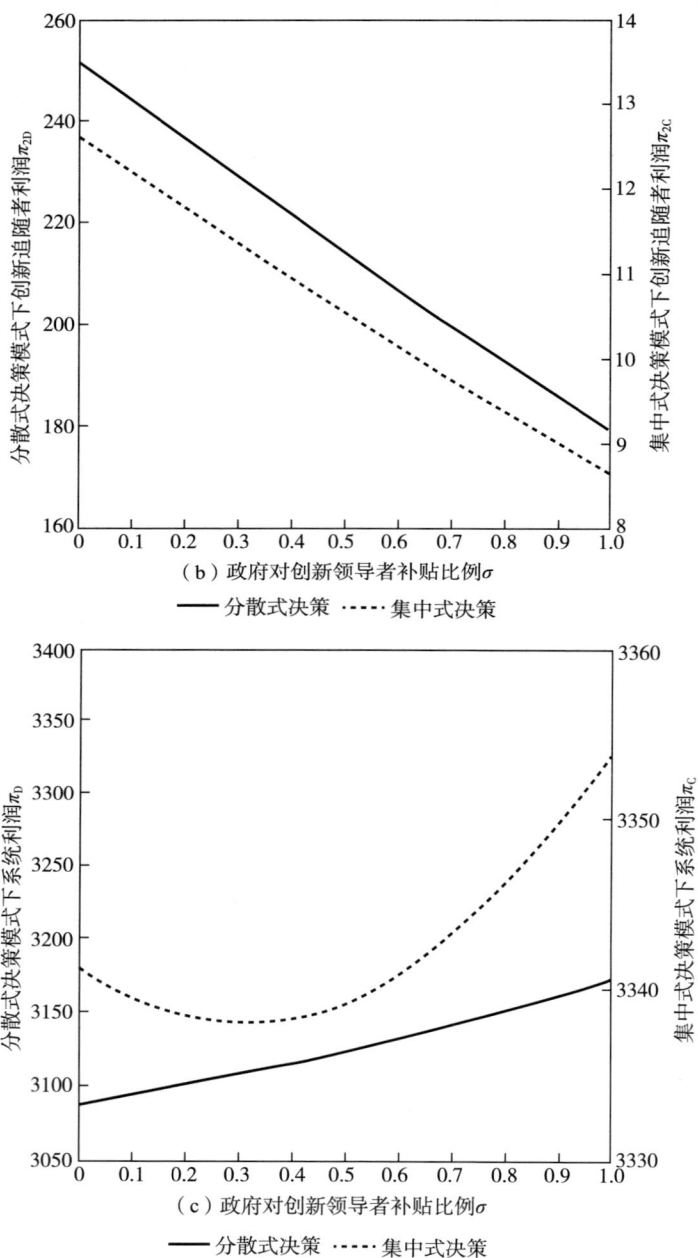

（c）政府对创新领导者补贴比例σ

—— 分散式决策　·····集中式决策

图 5.7　政府对创新领导企业补贴比例与横向创新竞合系统利润（续）

由前文可知，若要推动提供可替代服务的供应链企业间的横向创新成果共享活动，政府应将有限的财政用于对创新领导企业的补贴，以缓解创新成果共享导致的产品竞争问题，并促使创新领导企业积极地参与创新成果共享活动。

（3）考虑创新成果共享比例的消费者异质偏好与系统决策

在满足模型假设的基础上，控制政府对创新领导企业补贴比例参数为 $\sigma = 0.5$，进而对消费者异质偏好与系统演变之间的规律进行仿真。下文结论均在上述参数设置的基础上得到，且仿真图像中的结果亦可通过将设定好的参数代入模型加以验证。

1）消费者异质偏好与创新领导企业决策。由图 5.8（a）和图 5.8（b）可知［图示内容对应式（5.9）、式（5.10）、式（5.11）、式（5.17）、式（5.19）］，随着消费者品牌消费偏好系数的增加，创新领导企业产品的最优定价和最优创新水平一致上升（$\delta = 0.9$ 除外），两种决策模式下，创新成果共享比例的提高均降低了创新领导企业产品的最优定价和最优创新水平，因此，创新领导企业产品的最优定价和最优创新水平与消费者品牌消费偏好呈正相关关系（$\delta = 0.9$ 除外），创新成果共享比例的提高，抑制了消费者品牌消费偏好对创新领导企业产品的最优定价和最优创新水平提升的促进作用。其中，由图5.8（b）可知，创新领导企业主导的分散式决策系统中，当 $\delta = 0.9$ 时，随着消费者品牌消费偏好系数的增加，创新领导企业产品的最优创新水平下降（可直接由参数代入原函数进行验证），此时，$\partial p_1 / \partial \theta < 0$，而当 $\delta = 0.5$ 时，$\partial p_1 / \partial \theta > 0$。由图5.8（c）可知，随着消费者品牌消费偏好系数的增加，创新领导企业创新成果的最优共享定价一致下降，因此，创新领导企业创新成果的最优共享定价与消费者品牌消费偏好负相关。这表明，消费者品牌消费偏好的增加，提升了创新领导企业产品的市场需求和产品定价，降低了创新领导企业对创新成果共享可能导致的市场竞争的顾虑，进而提升了创新领导企业加大创新研发以保持技术与品牌优势的积极性，有益于推动供应链企业进行创新研发。

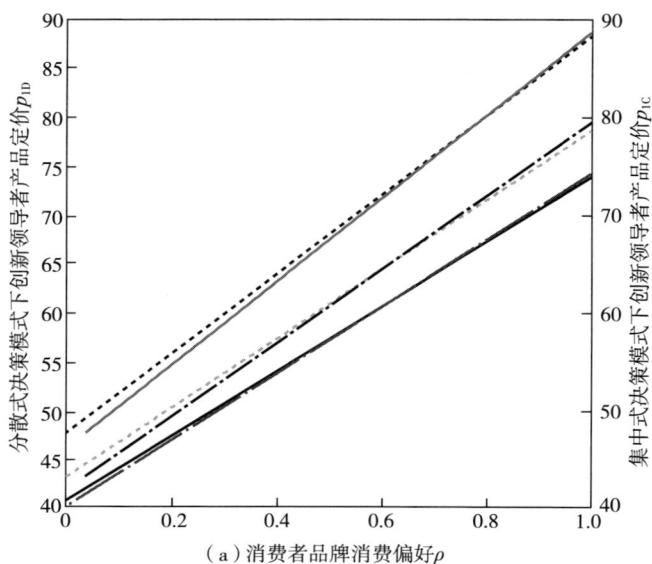

（a）消费者品牌消费偏好ρ

···· 分散式决策δ=0.1　　···· 集中式决策δ=0.1
—— 分散式决策δ=0.5　　—— 集中式决策δ=0.5
—·— 分散式决策δ=0.9　　—·— 集中式决策δ=0.9

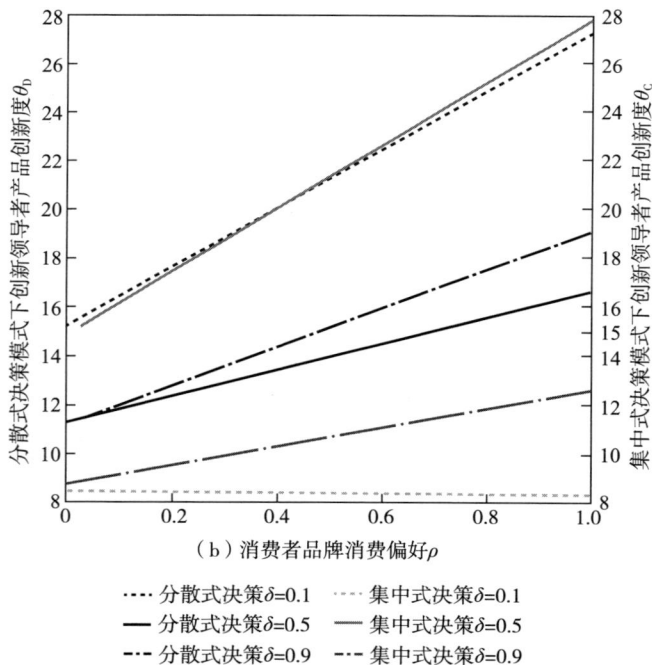

（b）消费者品牌消费偏好ρ

···· 分散式决策δ=0.1　　···· 集中式决策δ=0.1
—— 分散式决策δ=0.5　　—— 集中式决策δ=0.5
—·— 分散式决策δ=0.9　　—·— 集中式决策δ=0.9

图 5.8　考虑创新成果共享比例的消费者异质偏好与创新领导企业决策

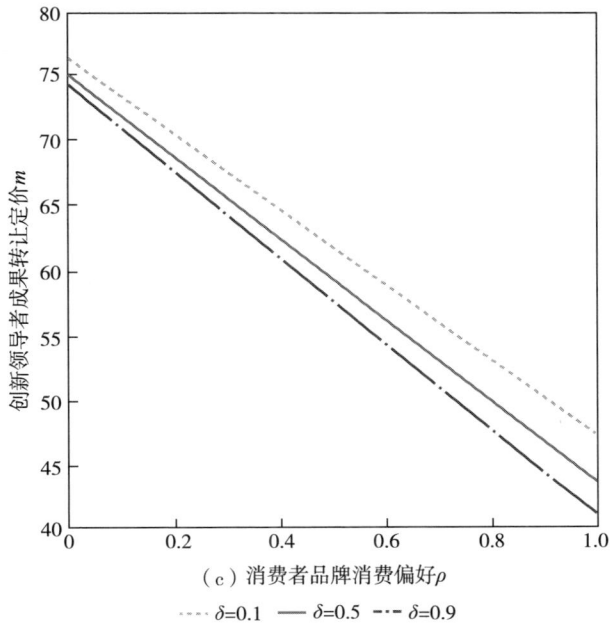

（c）消费者品牌消费偏好 ρ

······ $\delta=0.1$ ── $\delta=0.5$ ─·─ $\delta=0.9$

图 5.8 考虑创新成果共享比例的消费者异质偏好与创新领导企业决策（续）

2）消费者异质偏好与创新追随企业决策。由图 5.9 可知［图示内容对应式（5.12）和式（5.18）］，创新领导企业主导的分散式决策系统中和联合决策系统中，随着消费者品牌消费偏好的增加，创新追随企业产品的最优定价一致下降，因此，创新追随企业产品的最优定价与消费者品牌消费偏好系数呈负相关关系。相较于创新领导企业主导的分散式决策，随着消费者品牌消费偏好的增加，联合决策抑制了创新追随企业产品的最优定价的下降速度。此外还可以发现，创新成果共享比例的提高，在一定程度上可以有效缓解消费者品牌消费偏好对创新追随企业定价的冲击。这表明，消费者品牌消费偏好的增加，虽然可以促进创新领导企业的创新研发活动，但却对创新追随企业的经济活动造成了严重的冲击，不利于创新成果的共享。

（4）考虑政府财政补贴比例的消费者异质偏好与系统决策

在满足模型假设的基础上，控制创新成果共享比例为 $\delta=0.5$，进而对考虑政府财政补贴比例的消费者异质偏好与系统演变之间的规律进行仿真，将上述控制

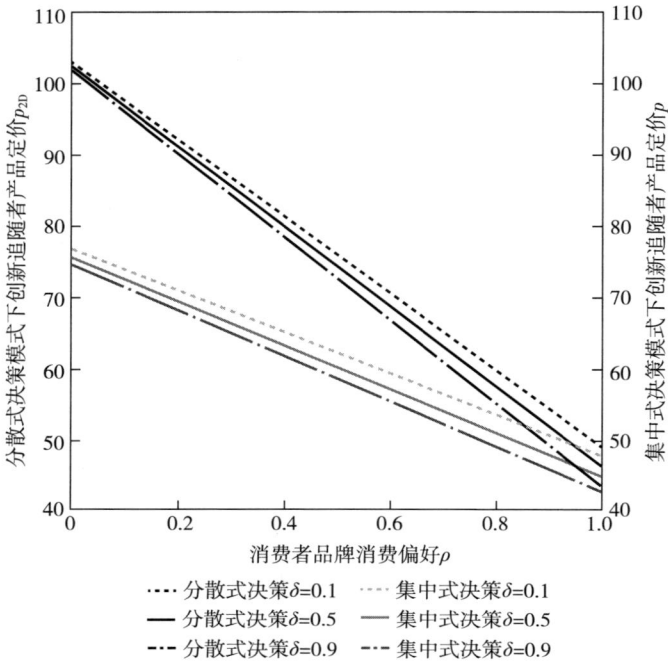

图 5.9　考虑创新成果共享比例的消费者异质偏好与创新追随企业决策

参数代入模型可以发现：$4b\alpha + 2L\lambda_2\delta < [4b^2 - b(\lambda_2\delta)^2](2-\alpha)$、$\lambda_1 > (\lambda_1 + \lambda_2)\delta$、$2b\alpha + \lambda_2\delta[\lambda_1(1-\delta) + \lambda_2\delta\alpha/2] < 4b - (\lambda_2\delta)^2$ 一定成立，因此，采用联合决策策略的创新领导企业产品的最优创新水平与消费者品牌消费偏好系数呈正相关关系。下述结论均在上述参数设置的基础上得到，且仿真图像中的结果亦可通过将设定好的参数代入模型加以验证。

1）考虑政府补贴比例的消费者异质偏好与创新领导企业决策。与图 5.8（a）和图 5.8（b）结论一致，由图 5.10（a）和图 5.10（b）可知 [图示内容对应式（5.9）、式（5.10）、式（5.11）、式（5.17）、式（5.19）]，两种决策模式下，创新领导企业产品的最优定价和最优创新水平与消费者品牌消费偏好呈正相关关系；不同的是，政府对创新领导企业补贴比例的提高，提升了消费者品牌消费偏好对创新领导企业产品的最优定价和最优创新水平提升的促进作用。由图 5.10（c）可知，创新领导企业创新成果的最优共享定价与消费者品牌消费偏好负相关，同时，政府对创新领导企业补贴比例提高，降低了创新领导企业的创新成果共享定价。

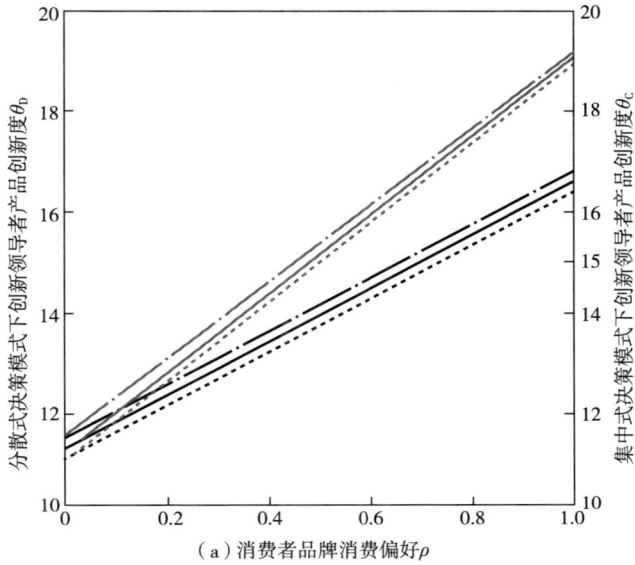

（a）消费者品牌消费偏好ρ

······ 分散式决策σ=0.1　······ 集中式决策σ=0.1

—— 分散式决策σ=0.5　—— 集中式决策σ=0.5

—·—· 分散式决策σ=0.9　—·—· 集中式决策σ=0.9

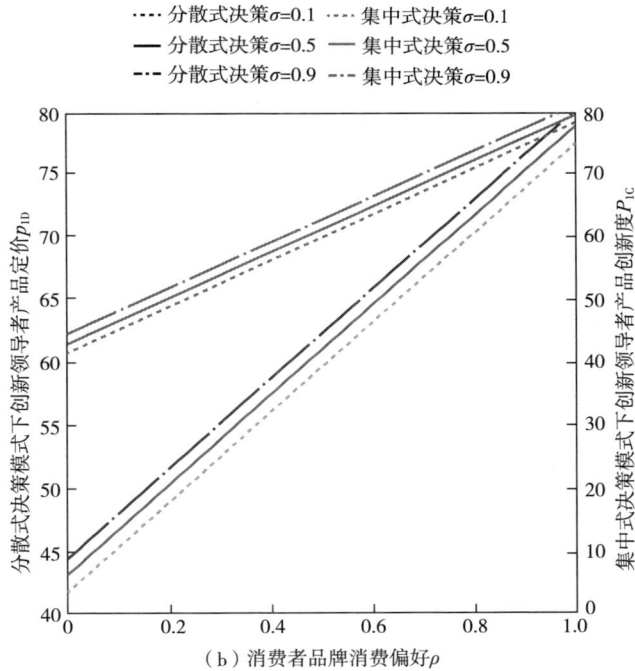

（b）消费者品牌消费偏好ρ

······ 分散式决策σ=0.1　······ 集中式决策δ=0.1

—— 分散式决策σ=0.5　—— 集中式决策δ=0.5

—·—· 分散式决策σ=0.9　—·—· 集中式决策δ=0.9

图 5.10　考虑政府补贴比例的消费者异质偏好与创新领导企业决策

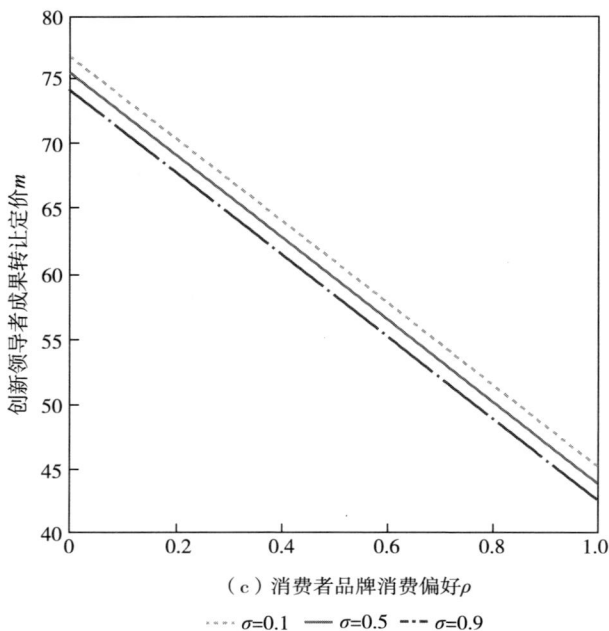

（c）消费者品牌消费偏好ρ

······ $\sigma=0.1$ —— $\sigma=0.5$ —·—· $\sigma=0.9$

图 5.10　考虑政府补贴比例的消费者异质偏好与创新领导企业决策（续）

2）考虑政府补贴比例的消费者异质偏好与创新追随企业决策。图 5.11 中关于决策模式、创新追随企业产品的最优定价与消费者品牌消费偏好系数间的关系与图 5.9 所示一致。不同的是，相较于创新成果共享比例的提高，一定程度上缓解了消费者品牌消费偏好对创新追随企业定价的冲击，政府对创新追随企业补贴比例的提高，虽然亦可以增加创新追随企业产品的市场需求，提升创新追随企业的产品市场定价，但是效果相对较弱［图示内容对应式（5.12）和式（5.18）］。这表明，相较于政府提高对创新追随企业的补贴比例，政府更应当致力于整合社会资源，提升创新成果共享比例，进而提高创新追随企业产品的市场需求和竞争力，进而提升创新追随企业的利润水平，推动创新成果的共享。

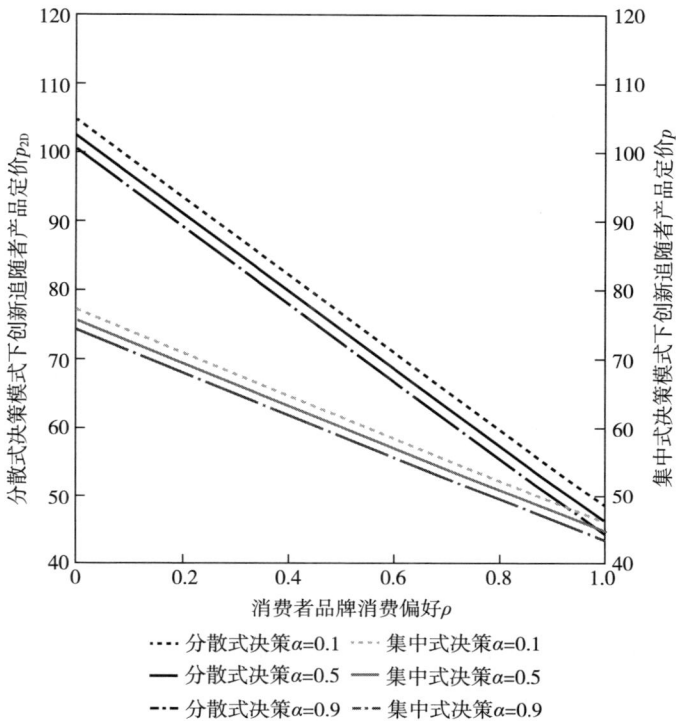

图 5.11 考虑政府补贴比例的消费者异质偏好与创新追随企业决策

5.2.5 结论启示

该部分构建了政府规制下供应链企业横向创新竞合系统的分散式决策（创新领导企业主导的）模型和联合决策模型，进而探讨了政府补贴比例、创新成果共享比例、消费者异质消费偏好、需求交叉弹性系数等因素对系统决策的影响机理。研究发现：

第一，在不考虑外界因素影响的前提下，创新领导企业主导的提供可替代服务的供应链企业之间无法实现创新成果共享活动。创新成果共享虽然有利于行业整体水平的提升，降低提供可替代产品的供应链企业间的产品差异，但加剧了供应链企业间的横向创新竞争；联合决策有利于提升供应链内创新领导企业的利润水平，进而缓解提供可替代服务的供应链企业间竞争，推动供应链企业间的横向创新合作；与此同时，政府也应加大对创新领导企业的补贴力度，迫使创新领导企业参与供应链企业间的横向创新成果共享，并缓解提供可替代服务的供应链企业间竞争，进而推动创新成果的共享。

第二，相较于创新领导企业主导的分散式决策，联合决策时的系统利润不仅总是最优的，而且创新领导企业的产品创新水平较高。与杨照东[187] 认为联合决策不利于创新效率的提升不同，与刘洪春[188] 构建的考虑研发成本分担系数动态调整的联合创新协调模型相似，本书发现，联合决策提升了系统的产品创新水平，这是由于传统的创新竞合类决策，将系统中的创新成果共享定价设定为固定参数，进而，在其他因素不变的情境下，将系统中的参与者置于较为保守的竞争模式，降低了参与者之间利润分配的灵活性和创新的协同度，因此，抑制了联合决策系统中供应链企业创新水平的提升；而创新成果共享动态定价机制有利于提升参与者之间利润分配的灵活性和创新的协同度，进而促使创新领导企业提高了产品的创新水平。

第三，相较于创新领导企业主导的分散式决策，联合决策不仅提升了创新领导企业产品的市场需求，而且提升了创新追随企业产品的市场需求和创新领导企业的盈利水平，但降低了创新追随企业的盈利水平。因此，联合决策是把"双刃剑"，联合决策在提升系统整体利润、产品创新水平和创新追随企业产品市场需求的同时，有利于创新技术的快速进步；却在一定程度上损害了创新追随企业利益，降低了创新追随企业单位盈利水平，不利于创新成果的共享。因此，在采用联合决策策略时，供应链企业间必须建立基于分散式决策结果的供应链企业间的收益共享协调契约，保证供应链企业横向创新竞合系统的稳定，防范供应链企业道德风险问题。

第四，需求交叉弹性系数的提高，降低了系统中产品定价对异质可替代产品市场需求影响的差异性，不仅提升了创新领导企业和创新追随企业产品的最优定价，同时提升了创新领导企业产品的创新水平。此外，在不限定消费者异质偏好系数、政府补贴比例、创新成果共享比例等参数时，系统中的产品定价与产品创新策略，与政府补贴比例、创新成果共享比例、消费者异质消费偏好等参数均不存在一致的单调关系，需要根据模型和实际情况，具体情况具体分析。

综上所述，本书建议：欲要实现供应链企业间的横向创新成果共享，就必须建立带有收益协调契约的联合决策机制，并引入创新成果共享的动态定价机制，且政府应提升对创新领导企业的补贴力度，进而迫使创新领导企业参与供应链企业间的横向创新成果共享。

5.3 Nash 决策及创新追随企业主导的供应链企业横向创新竞合关系

5.3.1 问题描述

本章 5.2 部分研究发现，在创新领导企业主导的供应链企业横向创新竞合分散式决策过程中，若无外力干预，提供可替代服务的供应链企业间难以实现创新成果共享活动。因此，在本部分中，笔者将试图探讨 Nash 分散式决策过程和创新追随企业主导的供应链企业横向创新竞合分散式决策过程，以期探索推动供应链企业间横向创新成果共享的新模式。供应链企业横向创新竞合系统（Nash 决策和创新追随企业主导的分散式决策）的运行示意图如图 5.12 所示。

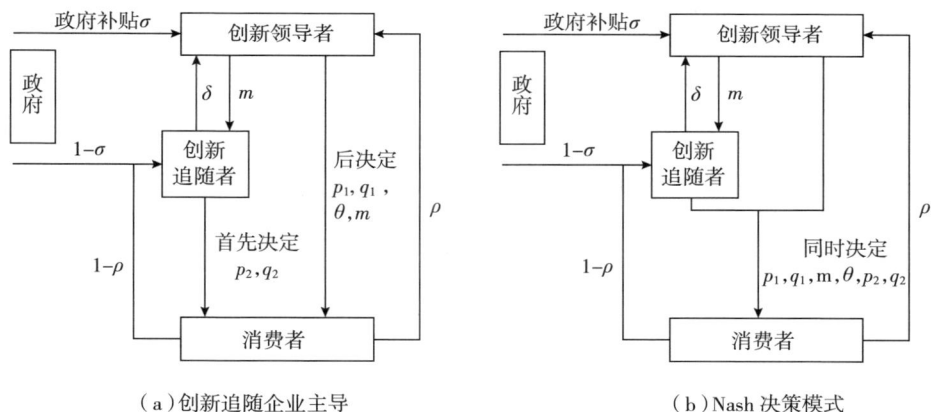

图 5.12 横向创新竞合决策模式

5.3.2 Nash 决策模型

基于 5.2 部分中的基本假设和模型描述，此处将存在技术代差的供应链内创新领导企业和创新追随企业假定具有平等关系的供应链企业，同时，假定创新领导企业（企业 A）和创新追随企业（企业 B）的决策顺序没有先后之分，因此可以得到 Nash 决策模式下供应链企业横向创新竞合系统的决策模型：

$$
\text{s. t.}\begin{cases}
\max\ \pi_1(p_1,\ \theta,\ m)=p_1q_1+mq_2-\dfrac{1}{2}b\theta^2 \\[2mm]
\max\ \pi_2(p_2)=(p_2-m)q_2 \\[2mm]
p_1,\ p_2,\ m,\ \theta>0
\end{cases}
\tag{5.20}
$$

5.3.2.1 模型求解

由于 $\dfrac{\partial \pi_2}{\partial p_2}=(1-\rho)a+\alpha p_1+(1-\sigma)k+\lambda_2\delta\theta+m-2p_2$，且 $\dfrac{\partial^2 \pi_2}{\partial p_2^2}=-2<0$；

同时 $\dfrac{\partial \pi_1}{\partial p_1}=\rho a+\alpha p_2+\sigma k+\lambda_1(1-\delta)\theta+m-2p_1$，且 $\dfrac{\partial^2 \pi_1}{\partial p_1^2}=-2<0$；

$\dfrac{\partial \pi_1}{\partial \theta}=\lambda_1(1-\delta)p_1-b\theta$，且 $\dfrac{\partial^2 \pi_1}{\partial \theta^2}=-b<0$；

$\dfrac{\partial \pi_1}{\partial m}=q_2>0$，且 $\dfrac{\partial^2 \pi_1}{\partial m^2}=0$。

因此，Nash 决策模式下创新领导企业的利润函数为其创新成果共享定价的一致增函数，即创新领导企业的利润函数不存在关于其创新成果共享定价的最优解，故创新领导企业对创新成果共享定价具有较高的自主定价权，此处，为了继续探讨 Nash 决策模式下的横向创新竞合系统的决策模型，将创新领导企业的创新成果定价作为已知变量进行处理。

因此，令 $\dfrac{\partial \pi_2}{\partial p_2}=(1-\rho)a+\alpha p_1+(1-\sigma)k+\lambda_2\delta\theta+m-2p_2=0$；

$\dfrac{\partial \pi_1}{\partial p_1}=\rho a+\alpha p_2+\sigma k+\lambda_1(1-\delta)\theta+m-2p_1=0$；

$\dfrac{\partial \pi_1}{\partial \theta}=\lambda_1(1-\delta)p_1-b\theta=0$。

并联立，可以得到模型的最优解：

$$
p_1^*=\dfrac{\rho a+\sigma k+\dfrac{\alpha}{2}\big[(1-\rho)a+(1-\sigma)k+m\big]}{2\Big[1-\dfrac{\lambda_1^2(1-\delta)^2}{b}-\dfrac{\alpha^2}{4}-\dfrac{\alpha}{4b}\lambda_1\lambda_2\delta(1-\delta)\Big]}
\tag{5.21}
$$

将式（5.21）代入联立式即可得到 p_2^* 和 θ^*。

5.3.2.2 数值模拟

限于结果的复杂性，为了直观地分析 Nash 决策模式下供应链企业横向创新竞合系统的演变规律，本书将借助 MATLAB 分析软件，对供应链企业利润与创新成果共享比例、政府补贴等因素间的关系进行算例分析。除待研究变量外，相关参数设置与 5.2.4.1 部分中的参数设置一致，由式（5.21）可知，参数 m 的变动对模型解析解不会造成质（策略方向）的影响，仅会对解的大小造成影响，另外，笔者验证了参数 m 的变动对系统利润的影响亦不会造成质的影响，仅会对供应链企业利润大小造成影响，因此，不妨令创新成果共享定价为 $m=0.1$。

（1）不同创新成本系数下创新成果共享比例与供应链企业利润演变

图 5.13 刻画的是不同创新成本系数下创新成果共享比例与供应链企业利润演变间的关联关系，由图 5.13 可知，不同创新成本系数下的创新成果共享比例与供应链企业利润间的关系呈现出较大的差异。具体而言：当创新领导企业的创新成本系数 $b=0.5$ 时，创新领导企业和创新追随企业的利润均随创新成果共享比例的增加而降低，因此可以认为，在创新成本系数较小的情境下，创新领导企

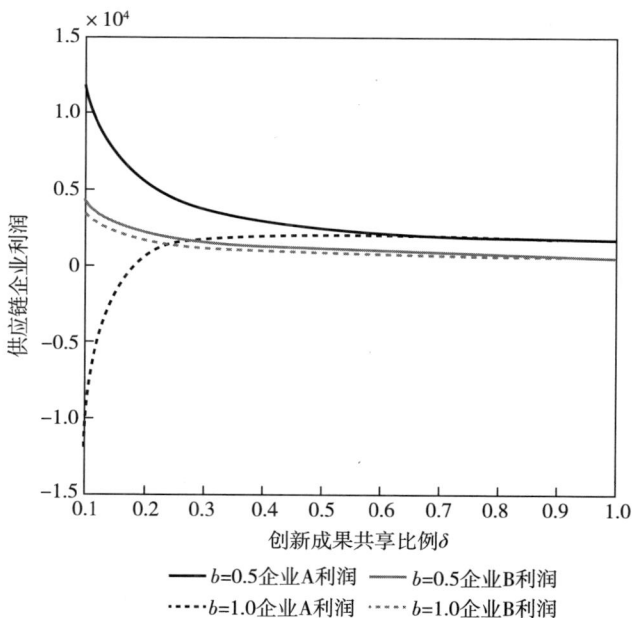

图 5.13　不同创新成本系数下创新成果共享比例与供应链企业利润

业并不具备分享创新成果的动力，反而创新成果共享加剧了创新领导企业和创新追随企业间的市场竞争，抑制了供应链企业利润水平的提升；而当新领导企业的创新成本系数 $b=1$ 时，创新领导企业的利润水平随创新成果共享比例的增加而提升，但随着创新成果共享比例的不断提升，创新领导企业的利润水平提升迅速降低，创新追随企业的利润水平随创新成果共享比例的增加而降低，但随着创新成果共享比例的不断提升，创新追随企业的利润水平降低得到缓解。因此，创新成本系数的提高，增加了创新风险，驱动了创新领导企业通过创新成果共享，分担创新成本和创新风险的积极性。

（2）创新成果共享比例与供应链企业利润演变

由图 5.14 分析可知，当创新成本系数较小时，创新领导企业不具备创新成果共享的动力，而当创新成本系数较大时，创新领导企业将通过创新成果共享，分担创新成本和创新风险。但是，随着创新成果共享比例的提高，创新追随企业利润水平降低，限制了创新追随企业参与创新合作的积极性。因此，下文将探讨如何促使创新追随企业参与创新合作，提升产品创新水平。

图 5.14（a）刻画的是不同需求交叉弹性系数下创新成果共享比例与供应链企业利润演变间的关联关系，由图可知，随着供应链企业产品需求交叉弹性系数的增加，即消费者对产品价格的敏感性降低，随着创新成果共享比例的提高，创新追随企业利润水平下降速度加快，因此，创新领导企业参与创新合作的积极性将进一步受到抑制，亦可以说，消费者对产品价格的敏感性降低，将助推消费者对品牌的偏好，抑制消费者对创新追随企业创新产品的消费。图 5.14（b）刻画的是不同品牌消费偏好下创新成果共享比例与供应链企业利润演变间的关联关系，由图可知，随着消费者品牌消费偏好的增加，创新追随企业产品创新水平提升对刺激消费者消费作用降低，因此，消费者品牌消费偏好的增加抑制了创新追随企业参与创新合作，分担创新成本和创新风险的积极性。图 5.15（a）刻画的是不同品牌创新激励下创新成果共享比例与供应链企业利润演变规律，由图可知，随着参数 λ_2/λ_1 数值的增加，创新追随企业利润水平提升，因此，消费者对创新追随企业产品创新水平变化的敏感性增加，有利于创新追随企业参与供应链企业间的横向创新合作。图 5.15（b）刻画的是不同政府补贴比例下创新成果共享比例与供应链企业利润演变间的关联关系，由图可知，政府补贴的变动对创新追随企业参与创新合作的影响较低，因此，

Nash 决策模式下，政府补贴无法有效地提升创新追随企业参与横向创新合作的积极性。

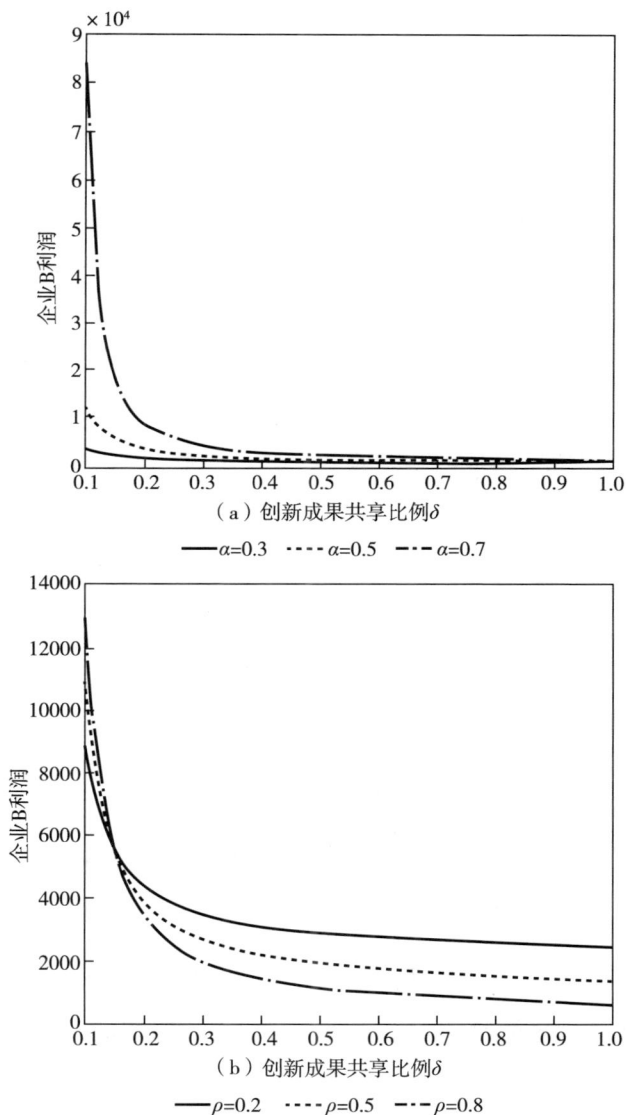

图 5.14　不同需求交叉弹性系数和品牌消费偏好下创新成果共享比例与供应链企业利润

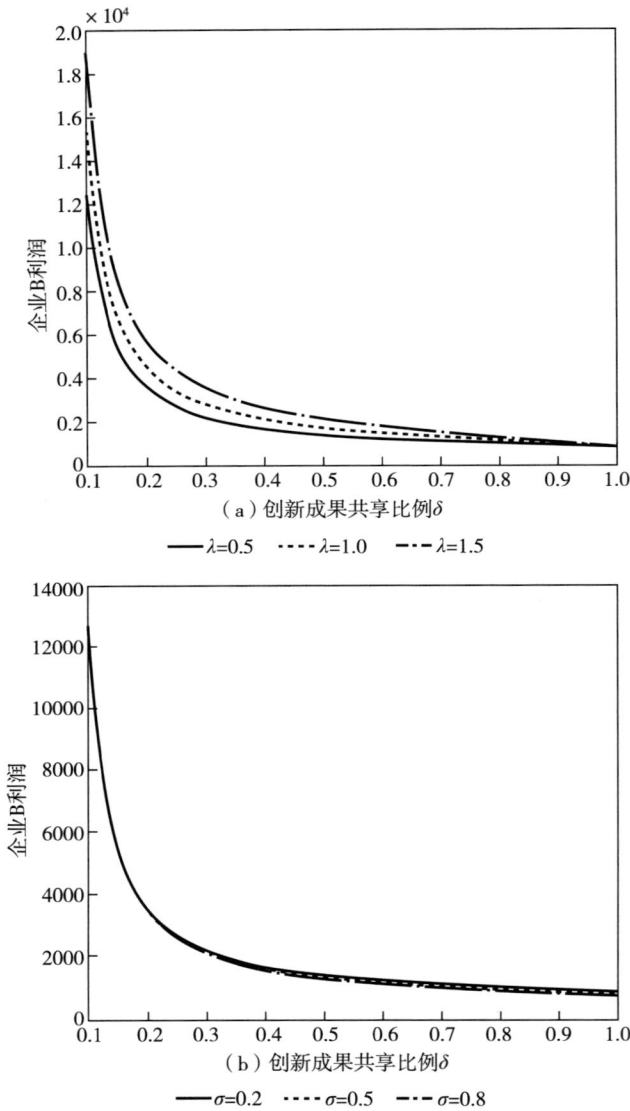

图 5.15　不同品牌创新激励和政府补贴下创新成果共享比例与供应链企业利润

　　综上可知，Nash 决策模式下，提供可替代产品的创新领导企业和创新追随企业的决策顺序无先后之分，不同于创新领导企业主导的供应链企业横向创新竞合系统，创新追随企业具有较高的创新合作积极性、创新领导企业不具备创新合作意愿，在 Nash 决策模式下，若创新领导企业的创新成本系数较低，创新领导企业和创新追随企业均不具备创新合作意愿，而若创新领导企业的创新成本系数较高，创新追随企业仍均不具备创新合作意愿，但创新领导企业将具有高度的通过创新合作分担创新成本和创新风险的意愿。此外，在 Nash 决策模式下：①消费者对品牌因素敏感性的增加，不利于推动创新追随企业参与供应链企业间的横向创新合作；②消费者对创新追随企业产品创新水平敏感性的增加，提升了创新追随企业利润水平，有利于推动创新追随企业参与供应链企业间的横向创新合作；③需求交叉弹性系数的增加，降低了消费者对产品价格的敏感性，抑制了创新追随企业参与供应链企业间的横向创新合作；④政府补贴将在推动创新追随企业参与供应链企业横向创新竞合过程中，失去力量。

5.3.3 创新追随企业主导的分散式决策模型

基于 5.2 部分中的基本假设和模型描述，假定存在由创新追随企业主导的供应链企业横向创新竞合关系（此关系在现实情境中亦是存在的，如：国外企业欲要进入国内受到保护的市场时，国内企业在同国外企业合作过程中的话语权得到提高，甚至是国内企业可以得到合作的主导权），即创新追随企业拥有优先决策权，因此可以得到创新追随企业主导下的供应链企业横向创新竞合系统的决策模型：

$$\text{s. t.} \begin{cases} \max \ \pi_2(p_2) = (p_2 - m)q_2 \\ \max \ \pi_1(p_1, \ \theta, \ m) = p_1 q_1 + m q_2 - \dfrac{1}{2} b\theta^2 \\ p_1, \ p_2, \ m, \ \theta > 0 \end{cases} \qquad (5.22)$$

5.3.3.1 模型求解

由动态规划逆向推理法：

由于 $\dfrac{\partial \pi_1}{\partial p_1} = \rho a + \alpha p_2 + \sigma k + \lambda_1(1-\delta)\theta + m\alpha - 2p_1$，且 $\dfrac{\partial^2 \pi_1}{\partial p_1^2} = -2 < 0$；

$\dfrac{\partial \pi_1}{\partial \theta} = \lambda_1(1-\delta)p_1 - b\theta$，且 $\dfrac{\partial^2 \pi_1}{\partial \theta^2} = -b < 0$；

$\dfrac{\partial \pi_1}{\partial m} = q_2 > 0$，且 $\dfrac{\partial^2 \pi_1}{\partial m^2} = 0$。

因此，创新领导企业的利润函数为其创新成果共享定价的一致增函数，即创新领导企业的利润函数不存在关于其创新成果共享定价的最优解，故创新领导企业对创新成果共享定价具有较高的自主定价权，此处，为了继续探讨创新追随企业主导的供应链企业横向创新竞合决策模型，将创新领导企业的创新成果定价作为已知变量进行处理。

联立上述公式可得：

$$\left[2-\frac{1}{b}\lambda_1^2(1-\delta)^2\right]p_1 = \rho a + \alpha p_2 + \frac{1}{b}\lambda_1\lambda_2\delta(1-\delta)m + \sigma k + m\alpha \tag{5.23}$$

代入创新追随企业利润函数可得：

$$\pi_2 = (p_2-m)\left\{(1-\rho)a-p_2+(1-\sigma)k+\frac{\lambda_2^2\delta^2 m}{b}+\left[\alpha+\frac{1}{b}\lambda_1\lambda_2\delta(1-\delta)\right]\right.$$

$$\left.\frac{(\rho a+\alpha p_2+\sigma k+m\alpha)b+\lambda_1\lambda_2\delta(1-\delta)m}{2b-\lambda_1^2(1-\delta)^2}\right\} \tag{5.24}$$

由于 $\frac{\partial\pi_2}{\partial p_2} = (1-\rho)a-p_2+(1-\sigma)k+\frac{\lambda_2^2\delta^2 m}{b}+\left[\alpha+\frac{1}{b}\lambda_1\lambda_2\delta(1-\delta)\right]$

$\frac{(\rho a+\alpha p_2+\sigma k+m\alpha)b+\lambda_1\lambda_2\delta(1-\delta)m}{2b-\lambda_1^2(1-\delta)^2}+(p_2-m)[\alpha b+\lambda_1\lambda_2\delta(1-\delta)]\frac{\alpha+\lambda_1^2(1-\delta)^2-2b}{2b-\lambda_1^2(1-\delta)^2}$,

且 $\frac{\partial\pi_2^2}{\partial p_2^2}=-2\frac{2b-[\alpha b+\lambda_1\lambda_2\delta(1-\delta)]\alpha-\lambda_1^2(1-\delta)^2}{2b-\lambda_1^2(1-\delta)^2}$。

因此，当且仅当 $\frac{[\alpha b+\lambda_1\lambda_2\delta(1-\delta)]\alpha}{2b-\lambda_1^2(1-\delta)^2}<1$ 时，创新追随企业主导的供应链企业横向创新竞合过程中，存在创新追随企业关于其产品定价的最优解：

$$p_2^* = \frac{\left[(1-\rho)ab+(1-\sigma)kb+\lambda_2^2\delta^2 m\right]\left[2-\frac{\lambda_1^2(1-\delta)^2}{b}\right]+}{\left[b\alpha+\lambda_1\lambda_2\delta(1-\delta)\right]\alpha-2b+\lambda_1^2(1-\delta)^2} \tag{5.25}$$

将式（5.25）代入联立式即可得到 p_1^* 和 θ^*。

5.3.3.2　数值模拟

限于结果的复杂性，为了直观地分析创新追随企业主导的供应链企业横向创新竞合系统中供应链企业利润的演变规律，本书将借助 MATLAB 分析软件，对供应链企业利润与创新成果共享比例、创新成本系数等因素间的关联关系进行算例分析。除待研究变量外，相关参数设置与 5.4.1 部分中的参数设置一致，由式

(5.25)可知，参数 m 的变动对模型解析解不会造成质（策略方向）的影响，仅会对解的大小造成影响，另外，作者验证了参数 m 的变动对系统利润的影响亦不会造成质的影响，仅会对供应链企业利润大小造成影响，因此，令创新成果共享定价为 $m = 0.1$。

由图 5.16 可知，创新追随企业主导的供应链企业横向创新竞合决策过程中，当创新领导企业（企业 A）的创新成本系数 $b = 0.5$ 时，随着创新成果共享比例的提高，创新领导企业的利润水平先增加，后趋于平稳，创新追随企业的利润水平快速提升，但一直处于负水平。显然，当创新成本系数 $b = 0.5$ 时，创新追随企业主导的供应链企业横向创新竞合关系，更有利于推动供应链企业间的横向创新成果共享。然而，无论是创新成本系数 $b = 0.5$ 抑或 $b = 1.5$，创新追随企业的利润水平一直处于负水平，因此，在创新领导企业技术占优，且无外力干预的背景下，由创新追随企业主导供应链企业间的横向创新竞合关系，显然是不成立的，这从侧面证明了现实情境中为什么难以找出弱势企业主导与强势企业间创新

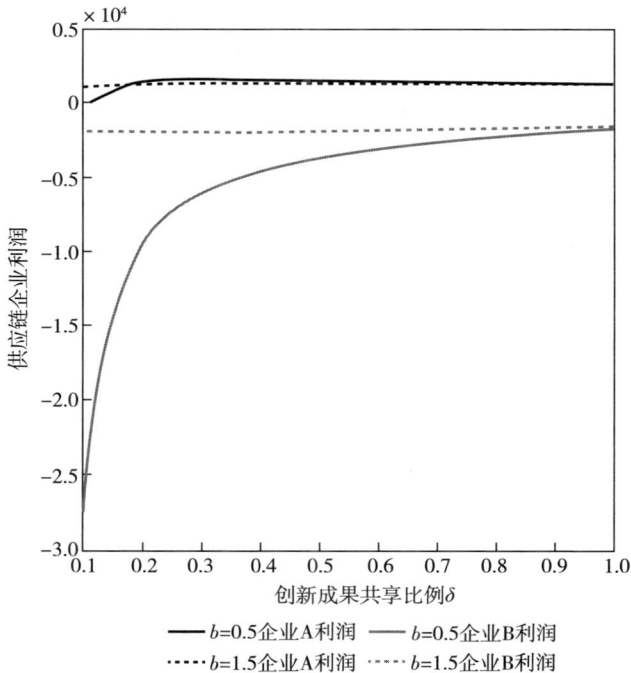

图 5.16 不同创新成本系数下创新成果共享比例与供应链企业利润

合作关系的原因，亦为未来研究此类问题，节约研究资源奠定了基础（上文中所举例子"受到保护的市场"，并不属于无外力干预情形）。但是，上述研究结论并不能否定创新追随企业主导供应链企业横向创新竞合关系时，推动了供应链企业间的横向创新成果共享活动。因此，在供应链企业间横向创新竞合过程中，赋予创新追随企业一定的话语权，将有利于避免创新追随企业难以作为、无法从合作中获取应有权益等问题。

5.3.4 结论启示

该部分构建了创新追随企业主导和 Nash 决策下考虑政府规制的供应链企业横向创新竞合模型，进而探讨了政府补贴比例、创新成果共享比例、消费者异质消费偏好、需求交叉弹性系数等因素对系统决策及利润的影响机理。研究发现：Nash 决策下，创新领导企业创新成本系数的提高，提升了创新领导企业通过创新成果共享，同创新追随企业分担创新成本的创新合作意愿，但对创新追随企业的创新合作意愿无显著影响；创新追随企业主导的供应链企业横向创新竞合关系虽然有利于创新成果共享活动的开展，但由于创新追随企业决策严重受到创新领导企业决策的限制，导致创新追随企业主导的供应链企业横向创新竞合关系在现实情境下难以维系（上文中所举例子"受到保护的市场"，并不属于无外力干预情形）。因此，在市场机制无法有效推动供应链企业横向创新成果共享的情境下，政府干预供应链企业横向创新竞合系统运行是非常有必要的。政府干预是提升中小微企业在市场中话语权的有效举措。因此，除提供财政补贴扶持外，政府还应当通过加快建设服务中小微企业的普惠金融服务体系，推动以科研院所、高校为代表的学研方对中小微企业的创新扶持力度，提升中小微企业在市场中的话语权。

5.4 本章小结

本章基于第 3、第 4 章中的两类横向创新竞合模式下供应链企业横向创新竞合关系，构建了政府规制下考虑权力结构的供应链企业横向创新竞合决策模型，进而探讨了政府补贴比例、创新成果共享比例、消费者异质消费偏好及需求交叉弹性系数等因素对系统决策及利润的影响机理。研究发现：创新追随企业主导的供应链企业横向创新竞合关系虽然有利于创新成果共享活动，但由于创新追随企业决策严重受到创新领导企业决策的限制—导致创新追随企业主导的供应链企业横向创新竞合关系在现实情境下无法维系；Nash 决策模式下供应链企业横向创新竞合关系中，创新成本系数的提升，迫使创新领导企业通过创新成果共享分担创新成本和创新风险；而在创新领导企业主导的供应链企业横向创新竞合关系中，创新成果共享加剧了提供可替代产品的供应链企业之间的创新竞争，又由于创新领导企业在系统中具有绝对话语权，因此，创新领导企业绝不会采取创新成果共享策略，此时，联合决策和政府补贴一定程度上将有利于推动创新领导企业采取创新成果共享策略。上述结论从侧面揭示了路风、李东红在本土竞合与境外竞合研究中的结论：当境外竞争者在同本土企业合作过程中处于主导地位时，如若政府不积极作为，"市场换技术"政策将无法有效实现技术从境外企业向境内企业的转让[189]。

6 供应链企业横向创新竞合系统优化与管理提升策略

6.1 供应链企业横向创新竞合系统运行机制优化

优化供应链企业横向创新竞合系统的运行机制是一个较为复杂的问题，因为供应链企业横向创新竞合系统的运行机制自身存在着两个层次的问题，一个是供应链企业横向创新竞合系统运行的微观层面问题，另一个是国家宏观层面的供应链企业横向创新竞合系统运行问题。

6.1.1 微观层面

从供应链企业横向创新竞合系统运行的微观层面来看，供应链企业横向创新竞合运行过程需要：

第一，在创新成果共享模式下供应链企业横向创新竞合过程中，引入创新成果共享的动态定价机制。

创新成果共享模式下供应链企业横向创新竞合过程中创新成果共享的动态定价是差别定价法的一种。与以往创新成果共享定价往往是固定的相比，创新成果共享动态定价可以根据消费者偏好、政府补贴、创新领导企业和创新追随企业间的公平关切、创新追随企业知识吸收能力等参数的变化，不断进行调整，创新成果共享动态定价有利于提升参与者之间利润分配的灵活性和创新的协同度，进而促使创新领导企业提高产品的创新水平。但是，在供应链企业横向创新竞合过程中，引入创新成果共享的动态定价机制时，供应链企业横向创新竞合系统需要不断监控系统内各参数的变化，动态调整定价、创新度等待决策变量。

第二，充分考虑供应链企业横向创新竞合过程中的利益相关主体非理性行为对供应链企业创新决策的影响。

通过对创新成果共享模式下供应链企业横向创新竞合过程中企业间的公平关切研究可以发现，企业间的公平关切会影响供应链系统决策。如若对系统运行过程中的企业间公平关切行为视而不见将导致系统中自认为不公平的一方采取惩罚措施（如降价竞争），以谋求公平。除此之外，系统运行过程中利益相关主体的过度自信、后悔、过度反应等行为，以及消费者消费偏好、任意的一致性（锚定效应）等行为亦会对系统运行过程中的利益相关主体决策造成影响。正所谓，牵一发而动全身，因此，供应链企业横向创新竞合过程中，必须重视，并充分考虑利益相关主体的非理性行为对供应链企业创新决策的影响。

第三，识别与认真应对消费者的消费趋势和偏好问题。

应对消费者的消费趋势和偏好问题。首先，就要对市场消费趋势和偏好进行充分调研；其次，就是需要对消费者进行研究；最后，应分析消费者，并根据决策模式适当调整决策结果。具体来讲：一是需要从目标消费群体中，选择代表性样本，通过问卷、座谈讨论及考虑引入消费者参与研发、制造、测试，了解消费者的需求特征和规律，也可通过预定的形式进行了解；二是需要对样本结构进行分析，比如对中大型 SUV 车型抑或高度白酒的消费者进行调研，如果样本中的女性群体过多显然是不合适的；三是需要对消费者意见的真实性及可操作性进行验证，因为即使再保守的人也会具有选择积极答案的动机，如对快餐店食客愿意使用一次性筷子还是可重复使用筷子进行调研，多数人会倾向于回答使用可重复使用筷子，然而现实中，部分人群出于方便、卫生考量，依然会使用选择一次性筷子。

第四，创新成果共享模式下供应链企业横向创新竞合关系的维系需要联合决策模式来保障，但联合决策过程中需建立利益共享协调契约，规避联合决策过程中的道德风险问题。

由第 5 章供应链企业横向创新竞合模式选择分析可知，联合决策模式下的系统利润总是最优的，此外，对于供应链企业横向创新竞合系统而言，联合决策模式有利于提升链内创新竞合过程中的创新共享程度。但是，由于联合决策过程中，可能存在某利益相关主体的收益小于分散式收益的情境，因此，供应链企业间的联合决策单纯依靠关系治理是无法长久维系的，必须建立基于分散式决策利润结果的联合决策模式下供应链企业之间的利益共享协调契约，规避联合决策过程中的道德风险问题。

6.1.2 宏观层面

从供应链企业横向创新竞合系统运行的宏观层面来看，供应链企业横向创新竞合系统运行过程中需要注意：

第一，政府应进一步加强对不存在创新成果共享的供应链企业联合生产监管，完善垄断识别机制。

根据联合决策模式下和创新成果共享模式下供应链企业横向创新竞合系统演变的对比分析可以发现，不同横向创新合作实现形式下供应链企业横向创新竞合系统演变存在一致性问题和异质性问题。具体而言，相较于分散式决策策略，采取联合决策策略的上述两类创新合作模式下供应链企业横向创新竞合决策过程中，系统利润与创新领导企业利润均得到了提升，创新追随企业利润却遭受了损失，但该问题完全可以通过构建创新领导企业与创新追随企业间的收益共享协调契约解决；然而，相较于分散式决策策略，采取联合决策策略的创新领导企业的产品创新水平被抑制，创新成果共享模式下供应链企业横向创新竞合系统，采取联合决策策略有利于提升创新领导企业的产品创新水平和推动创新领导企业同创新追随企业间的横向创新成果活动。因此，政府应着重完善建立关于采取联合决策模式的供应链企业横向创新竞合系统的相关法律体系，规避供应链内创新领导企业同创新追随企业合谋所导致的 Cartel 问题的风险；同时，需建立垄断识别机制，对供应链企业横向创新竞合过程中，供应链企业间的横向创新合作模式进行识别，可以有效降低反垄断的调查成本。

第二，政府应进一步加大对中小微创新追随企业的创新扶持力度。

由4.3部分研究结论可知，创新追随企业知识吸收能力的提升，提高了创新追随企业将创新领导企业创新成果应用到自身产品的移植能力，虽然加剧了创新领导企业同创新追随企业间的市场竞争，但却有利于整个创新竞合系统抵御外部的市场冲击。创新追随企业知识吸收能力的提升虽然短时间内可能会带来系统在经济收益方面的阵痛，但却有利于系统的稳定发展和长期进步。因此，政府推动供应链内中小微企业（创新追随企业）与学研方及资本方间的协同创新机制焕发生机，有利于实现供应链企业产品创新水平的整体提升。然而，由于同创新领导企业间的创新协同与金融合作，可以降低学研方及资本方参与的不确定性和风险，因此相对弱势的创新追随企业较难实现与学研方及资本方的自主匹配，此时，政府向学研方（高校、科研院所）、获得补贴的金融资本设立与供应链内创新追随企业间的协同创新指标，可以有效助推创新追随企业与学研方及资本方的合作。此外，政府应同时鼓励融资平台、协同创新平台入驻，可以有效地整合产学研各方资源，降低各方搜寻成本，提升匹配的成功率。

第三，社会各界应探讨供应链企业横向创新合作新模式。

相较于供应链企业间纵向创新竞合过程中利益相关主体的目标较好寻求一致性，供应链企业间横向创新竞合过程中，创新领导企业和创新追随企业间存在着产品市场竞争问题，合作潜力往往被抑制。由第 5 章供应链企业横向创新竞合模式选择分析发现，联合决策模式和创新成果共享模式，虽然一定程度上有利于推动供应链企业间的横向创新合作，但是上述两种模式下供应链企业横向创新竞合系统的运行仍存在较大的不稳定因素，如联合决策模式可能导致 Cartel 问题，创新成果共享模式损害了创新领导企业的利益，创新成果共享模式下供应链企业横向创新竞合过程采用联合决策策略虽缓解了创新领导企业利益受损问题，有利于推动创新成果共享，但并未能彻底解决创新领导企业利益受损问题。因此，鼓励社会各界探讨供应链内横向创新竞争企业间创新合作新模式，或许是彻底解决供应链企业间横向创新合作潜力被竞争抑制的有效途径，故政府应设立课题抑或基金，鼓励社会各界探讨供应链内横向创新竞争企业间创新合作新模式。

6.2 异质视角下供应链企业横向创新竞合决策提升策略

6.2.1 供应链视角下的供应链企业横向创新竞合决策提升策略

第一，消费者异质偏好结构下系统定价的一致性。

由第 3 章和第 4 章结论可知，在联合决策模式下抑或创新成果共享模式下供应链企业横向创新竞合过程中，消费者对创新优势产品的消费偏好，均与创新领导企业产品定价呈正相关关系，与创新追随企业产品定价呈负相关关系。这表明，消费者异质偏好结构下的系统定价具有一致特征。因此，随着消费者对创新领导企业产品的消费偏好提升，为实现系统及自身利益的最大化，创新领导企业应提高产品定价，创新追随企业应降低产品定价。

第二，供应链企业利润演变的一致性和产品创新水平演变的异质性。

联合决策提升了系统及创新领导企业的利润，降低了创新追随企业的利润；但是，相较于 Nash 分散式决策，在创新成果共享模式下采取联合决策策略的供应链企业横向创新竞合过程中，创新领导企业的创新水平上升；而联合决策模式下供应链企业横向创新竞合过程中，创新领导企业产品创新水平下降。因此，相较于 Nash 分散式决策，若创新成果共享模式下供应链企业在横向创新竞合过程中采取联合决策，那么创新领导企业应提高产品创新水平；若采用联合决策策略的供应链企业间不存在创新成果共享，那么创新领导企业应降低产品创新水平。

第三，供应链企业产品供货策略演变的异质性。

相较于 Nash 分散式决策，在创新成果共享模式下采取联合决策策略的供应链企业横向创新竞合过程中，创新领导企业和创新追随企业的产品供货量均一致上升；而采用联合决策策略的供应链企业间若不存在创新成果共享或不存在创新成果共享，创新领导企业和创新追随企业的产品供货量均一致下降。因此，相较于 Nash 分散式决策，若创新成果共享模式下供应链企业间在横向创新竞合过程中采取联合决策，那么创新领导企业和创新追随企业均应提高产能；但若采用联合决策策略的供应链企业间不存在创新成果共享，那么创新领导企业和创新追随企业均应降低产能。

第四，为了提升创新成果的共享效率，实现供应链企业产品创新水平的整体提升，提供可替代产品或服务的供应链企业间应在创新成果共享模式的基础上，采用联合决策模式。

首先，由供应链企业产品供货策略演变的异质性可以发现，创新成果共享模式下供应链企业间在横向创新竞合过程中采取联合决策策略，有利于提升供应链企业产能，进而扩大消费市场。其次，由供应链企业利润演变的一致性可知，创新成果共享模式下供应链企业间在横向创新竞合过程中采取联合决策策略，提升了供应链利润水平和创新领导企业的利润水平，有利于推动创新领导企业开展同创新追随企业间的创新成果共享活动。再次，由供应链企业产品创新水平演变的异质性可知，创新成果共享模式下供应链企业间在横向创新竞合过程中采取联合决策策略，提升了创新领导企业的产品创新水平，单方面地提升了创新领导企业的产品创新竞争力。最后，在考虑到第 5 章结论后，即创新成果共享模式下供应链企业间在横向创新竞合过程中采取联合决策策略，有利于缓解提供可替代服务的供应链企业间创新竞争，推动供应链企业间的横向创新合作，因此，创新成果共享模式下供应链企业间在横向创新竞合过程中采取联合决策策略，可以有效提升创新成果的共享效率，实现供应链企业产品创新水平的整体提升。

第五，供应链企业间横向创新竞合过程中若采用联合决策策略，就必须处理好收益共享与协调问题。

供应链企业在横向创新竞合过程中采取联合决策，是实现横向创新竞合系统整体利润与创新领导企业利润增值的有效方式，但是创新领导企业的利润快速上升是以创新追随企业的利润快速下滑为代价的，创新追随企业的利润会产生部分损失，因此，若不建立基于分散式决策结果的联合决策模式下创新领导企业与创新追随企业间的收益共享协调契约，那么创新追随企业将存在退出联合决策的动机，甚至会衍生出创新追随企业的道德风险问题。故此，供应链企业间横向创新竞合过程中若采用联合决策，就必须建立基于分散式决策结果的供应链企业间的收益共享协调契约。

6.2.2　政府视角下的供应链企业横向创新竞合决策提升策略

联合决策一定程度上可以提升供应链横向创新竞合系统的利润水平，通过恰当的收益共享协调契约（也可称之为供应链企业间的"利益协调契约"）可以避免联合决策过程中的"囚徒困境"问题。但是，联合决策存在 Cartel 问题风险：一是导致供应链供货量降低，物价不合理上涨，进而降低了消费者可以获得的产品价值，同时也降低了社会总体福利；二是阻滞了供应链创新活动，降低了供应链创新标准，导致更加复杂的 Cartel 问题。因此，政府应对采取联合生产、兼并购企业的生产活动加强监管，适当地引进新的研发企业进行竞争，以规避垄断风险，并对高技术壁垒行业的供应链企业创新研发活动进行补贴，降低供应链企业的创新研发成本。

市场竞争强度较低的情境下，政府应鼓励创新领导企业和创新追随企业拓展独立市场规模，进而推动生产线的进一步创新的提升；在市场竞争日益激烈的情境下，政府应为越发成熟的创新领导企业走出国门拓展海外市场提供必要的扶持，以防范创新领导企业通过技术垄断市场，引起陷入一家独大、创新不前的风险；并对创新追随企业提供必要指导，避免创新追随企业由于对其独立市场规模与利润关系判定不清，盲目地开辟新市场，导致更大损失。此外，政府应警惕创新领导企业通过哄抬创新成果共享定价制造激烈的市场竞争环境，以实现技术垄断。

在不考虑外界因素影响的前提下，创新领导企业主导的提供可替代服务的供应链企业间无法实现创新成果共享活动。创新成果共享虽然有利于行业整体水平的提升，降低了提供可替代产品的供应链企业间的产品差异，但加剧了供应链企业间的横向创新竞争。因此，政府亦应加强对创新领导企业的补贴力度，迫使创新领导企业参与供应链企业间的横向创新成果共享，并缓解提供可替代服务的供应链企业间竞争，进而推动创新成果的共享。

Nash 决策模式下存在创新成果共享的供应链企业横向创新竞合过程中，政府补贴的变动对创新追随企业参与创新合作的影响较低，政府补贴无法有效地提升创新追随企业参与创新合作的积极性。因此，Nash 决策模式下存在创新成果共享的供应链企业横向创新竞合过程中，政府无需考虑政府补贴对创新追随企业参与创新合作意愿的影响，可以将有限的资本用于对创新领导企业的创新研发补贴，提升创新领导企业提升创新水平的积极性。

6.3　供应链创新管理的国外启示

6.3.1　国外经验

当前，国际上欧美等发达国家和地区较早便已认识到供应链创新与供应链战略安全在国民经济发展过程中的重要作用，并将微观层面的供应链创新相关问题上升到国家战略安全与治理的宏观层面，学习借鉴他国在供应链创新领域的政策优劣之处，在此基础上结合我国实际国情，可以为我国政府制定中国情境下的供应链创新政策奠定基础。

首先，对在经济、文化等领域均处于世界领先地位美国的供应链政策进行分析，可以发现：美国于 2005 年便已经注意到供应链安全在国家战略安全中的重要地位，并于 2012 年发布了《全球供应链安全国家战略》，标志着美国政府正式将供应链安全上升到国家战略安全层面。

其次，对曾经的英国的供应链政策进行分析。相较于美国政府的供应链政策，英国供应链政策截然不同，这是由英国在全球供应链所占生态位所决定的。2013年，英国政府制定柔性制造计划，寄希望于通过供应链上下游协同应对供应链竞争挑战，于2015将供应链安全与提升供应链竞争力上升为国家战略，于2017年强调参与全球供应链战略的重要性，并动用团结国家各界力量提升英国供应链竞争力。具体来看，英国政府通过改善供应链资金流提升供应链竞争力，通过设立制造业咨询服务中心，为供应链制造商提供技术援助、信息咨询等服务。可以发现，完全不同于美国政府的战略政策，英国不具备完整的工业体系，且已有传统的制造业强国演变成一个以服务业支撑国民经济的国家，从英国政府的政策可以看出英国政府意识到了提升供应链竞争力的重要性，然其举措略显力不从心，但是英国政府为供应链提供资金链、通过国家力量团结可以团结的力量提升供应链竞争力的举措可为中国政府作为借鉴。

最后，对欧洲发达国家，也是制造业强国德国的供应链战略政策进行分析。2013年，为迎接即将到来的第四次工业革命，德国政府推出德国工业4.0战略，提出领先的供应商战略和市场战略。领先的供应商战略要求企业通过创新实现企业竞争力的提升，而领先的市场战略则要求龙头企业和中小企业进行匹配，形成发展合力。因此可以看出，德国的供应链战略强调创新的同时，强调供应链合作。德国企业创新时，常倚重于供应链合作，德国政府的主要功能就是战略上鼓励创新合作，政策上通过项目研发招标抑或创新券等方式促使企业间及校企合作研发[①]。

类似于德国政府，加拿大政府亦通过向企业发放创新券，在改变传统科技资金投入方式，降低企业创新成本的同时，更好地促进校企合作。类似于英国政府，加拿大政府为了提升小微企业竞争能力，帮助小微企业打造创新力，设置了遍布全国的220家技术咨询中心，并将政、产、学研结合，推动小微企业获取知识，创新技术。

6.3.2 经验启示

相较于德国等出口依赖型国家，美国政府对供应链管理措施及技术封锁措施主要包括：一是希望可以将供应链中制造业环节的核心技术牢牢掌握在手中，二

---

① 资料来源：International benchmarking of countries' policies and programs supporting SME manufacturers https：//itif. org/publications/2011/09/14/international-benchmarking-countries%E2%80%99-policies-and-programs-supporting-sme.

是美国政府推动制造业回流背景下的逆全球化举措，三是美国政府寄希望于通过相关供应链政策实现制造业的本土化。美国相关政策警示我国，必须掌握制造业核心技术研发的主动权，在推动经济全球化、互利合作的进程中，不能过度依赖于市场换技术、资本换技术。

德国制造业的成功为中国带来了丰富的供应链管理经验，我国政府一直也在推动产学研合作，通过充分利用社会创新资源，提升制造业创新能力，上海、北京、深圳等多地亦借用创新券的发放推动产学研合作，但是我国创新券的使用还存在不少问题。一是相较于德国，我国国土面积、地域差异大等因素严重限制了创新券的跨区使用；二是创新券机构范围窄，服务内容与企业需求不匹配，当然，创新券的跨区差异加重了服务内容与企业需求不匹配的现状；三是创新券兑现周期问题，灵活的兑换方式和快速的兑现是推动创新券有效使用的保障，过长的周期和烦琐的流程在一定程度上限制了创新投入方的创新积极性。此外，德国提出的双领先战略值得我国借鉴，因为，虽然竞争是推动创新的重要动力，但是可以发现，我国国内各行各业参差不齐的发展现状造成了严重的内部消耗，诸多自主品牌在没有积攒足够力量走出国门的情况下就倒在了国内激烈的竞争环境中，然而被淘汰的产能并非完全是落后产能。因此，应借鉴德国双领先战略，鼓励龙头企业和中小企业进行匹配，形成发展合力，避免国内市场的过度竞争。如德国奥迪虽是大众的子品牌，但奥迪和大众之间也存在激烈的市场竞争，然而它们会共用先进成熟的生产线，降低生产成本，共同拓展国际市场；实际上，美国的多家汽车制造商也在同时使用福特生产线，在一定程度上降低了生产线建设成本和汽车制造成本，提升了供应链在全球的竞争力。

相较于德国、美国，英国和加拿大两国设置的技术咨询中心更加值得我国学习。虽然我国互联网技术得到了空前发展，信息传递便捷性大大提升，但是当前我国产学研模式推进亟须建设有效的匹配平台，以实现产学研模式深入底层，而不是仅停留在大型企业与院校、科研院所的合作阶段。因为大型企业与院校、科研院所的接触是双方都乐于见到的，而小微企业与院校、科研院所的接触存在较大的难度，尤其是在高等院校师生都在忙于申请大型横向项目和纵向科研项目以满足个人需要的大背景下。因此，建立全国性的双向技术咨询平台将大大提升技术与需求的匹配，降低搜寻成本。

6.3.3 供应链企业横向创新竞合系统可持续运行的政策保障

为推动供应链企业横向创新竞合系统可持续运行，结合第 3 章至第 5 章模型分析结论与国外供应链创新管理启示，有如下政策保障建议：

（1）"人"和"财"的支持

由 5.2 部分政府补贴对创新成果共享模式下供应链企业横向创新竞合决策过程的影响研究可知，政府对供应链内创新领导企业补贴比例的增加，直接提升了创新领导企业产品的市场需求，进而提升了创新领导企业的产品定价，促使创新领导企业提升了产品创新水平，有利于社会科学技术的快速进步，此外，随着政府对创新领导企业补贴比例的增加，降低了创新领导企业的创新成果共享最优定价，可推动创新成果共享与转让；但是，政府对创新领导企业补贴比例的不断增加却会抑制创新追随企业的产品市场需求，如若政府不能对创新追随企业进行合理补贴，将致使创新追随企业产品需求快速下降，进而抑制社会创新成果扩散，并可能导致创新领导企业一家独大问题的出现。因此，政府必须对创新领导企业和创新追随企业同步进行补贴，寻找鼓励创新竞争和创新共享的平衡点，建立良性的考核机制，针对创新领导企业的创新行为和创新领导企业的创新学习行为，平衡各方利益，以实现供应链创新的可持续和创新成果的普及。此外，政府可以通过引入创新基金，化解财政压力，培育健康可持续的创新竞争与创新合作氛围，对过度竞争和创新垄断行为进行限制。

相较于政府对创新追随企业进行直接财政补贴，政府通过向创新追随企业加大补贴降低创新追随企业学习成本的路径，政府加大社会资源整合，帮助创新追随企业提升知识吸收能力的路径，可以更加有效地缓解消费者品牌消费偏好对创新追随企业产品定价和利润的冲击，更加有助于推动创新成果的共享与普及。因此，政府在推动创新成果共享与普及的过程中，"人"的因素对供应链创新技术共享及共享结果具有至关重要的作用。政府可以适当地对创新追随企业进行财政补贴，降低创新追随企业创新成果引进成本，提升创新追随企业产品的市场竞争力，同时，更应当通过社会资源的整合，提升创新追随企业学习能力，进而提高创新追随企业知识吸收能力。

（2）积极发展、推进供应链金融

风险评估是金融借贷的必要环节，在传统金融借贷模式中，借贷主体尤其是中小微企业普遍尚未具备良好的征信信息，这严重抑制了商业银行向中小微企业发放贷款的积极性。相较于传统金融借贷模式，在供应链金融模式中，供应链中的核心企业（创新领导企业）往往已经拥有了良好的征信信息，且作为核心企业，对行业发展前景评估具有较高的话语权，能够为供应链中的创新追随企业及附属的供应链其他利益相关主体提供信用背书，因此，相较于传统金融借贷模式，供应链金融具有风险低、易评估等特点，为发展供应链金融提供了良好基础。本书的5.2部分验证政府建立推动供应链金融对供应链企业横向创新竞合系统发展的重要性，因此，为推动供应链企业横向创新竞合系统的可持续发展，保障系统的资本供给安全，政府应积极发展、推进供应链金融。但是，在发展、推进供应链金融的过程中，政府一是应推动供应链企业、金融机构、人民银行征信平台对接，推动建立更加全面的供应链征信体系；二是应保证资本流向实体经济，打击核心企业利用信用优势与供应链其他企业串谋导致的骗贷骗补行为。

（3）建设全国统一的跨区域"科技创新券"平台

当前，我国多地正在尝试、探索如何更好地利用科技创新券服务于供应链中的制造业创新。其中，由上海科技创新券最新数据可知，上海科技创新券入驻了服务机构747家，接受服务并已发布3863件，累计下单总额将近10亿元。但是，我国跨地区的科技创新券无法通用，跨地区间的服务机构与服务需求方无法实现匹配，其主要原因包括：资助服务对象不同，有的地区倾向于资助具有较强实力的大型企业，而有的地方则倾向于培植小微企业；各地区的资助金额不等，从几千元、几万元到数十万元均有；政策实施主体不同，既有省级的，也有县市级的实施主体；科技创新券使用范围和各地政策特色也有不同，有些地区的科技创新券仅限本地使用，而有些地区推出了可以跨区域使用的版本，但是依旧无法实现全国通用。上述问题导致企业和科研院所对使用科技创新权的积极性并不高，此外，过于繁杂的手续流程也限制了科技创新券的使用。而在科技创新券使用过程中，有学者发现，法律体系不健全导致了部分利益相关主体通过科技创新券套取资金问题的发生。基于上述问题，推动科技创新券更好地服务于供应链产学研协同创新，就应当由国家出面，建设全国统一的跨区域"科技创新券"平台，建设过程中应注意：第一，建立完善的法律体系，为科技创新券的合理使用保驾护航，对使用过程中的违法违规问题处理做到有法可依；第二，简化申报及兑现流程，建立电子档案，做到问题有据可查；第三，完善信用担保体系，供应链中的创新主体并非孤立存在的，这为信用担保提供了基础，提升了违规成本，有利于降低科技创新券使用过程中的违法违规行为；第四，建设基于互联网技术的双向技术咨询平台，仿照英、加两国方法，建设技术咨询平台，并利用强大的互联网优势，将科技创新券使用过程中的科研机构等服务方和创新企业等服务接受方信息录入平台，实现双向匹配，降低搜寻成本，提高匹配效率和匹配的契合度；第五，将各地已建平台，集成到全国统一的科技创新券平台，实现地域信息搜集到全国资源整合的过渡，充分利用县市级政府在地区治理和信息搜集的优势；第六，健全地区考核机制，促进信息的共享，防范地区保护等壁垒问题。

（4）鼓励创新合作，适当引入竞争，规避过度竞争

英国、德国等欧洲国家在供应链创新政策领域，鼓励创新合作，以提升本国供应链在全球供应链体系中的竞争力，美国国内的供应链创新合作案例亦比比皆是。但是由第 5 章供应链企业横向创新竞合模式选择研究可以发现，虽然创新成果共享可以推动供应链企业整体创新水平的提升，但需要提供可替代服务的供应链企业通过联合决策才可以规避产品市场竞争导致的创新成果意愿不足的问题。然而由第 3 章可知，提供可替代服务的供应链企业间联合决策容易产生 Cartel 问题，因此为了推动供应链企业横向创新竞合系统的可持续发展，我国政府：一是要形成有效的激励体制，通过补贴或减免税负，降低创新合作成本，以提升供应链创新能力和市场竞争力。二是要鼓励企业走出国门，进而形成竞争，以提升国内供应链企业间的横向创新合作积极性，防止某些供应链企业在本土占据大量市场份额后的吃老本问题。三是要对垄断性的过度竞争进行限制，可效仿美国反托拉斯法，对通过垄断恶意操控市场的行为进行打击。需要注意的是，并非所有的市场占有率高的企业都是垄断企业，如大疆创新科技有限公司虽是占据了全球无人机市场70%以上的份额，但此乃大疆通过不断创新研发赢得的市场，并非通过恶意的价格战导致的。

（5）引导创新消费，为供应链企业横向创新合作提供动力

由国外经验启示及本书所构建之考虑了消费者偏好的供应链企业横向创新竞合决策模型分析可知，创新消费为供应链企业创新带来了动力，因此政府必须引导消费者对创新产品进行消费，为供应链企业创新提供动力。一是要加大对创新消费的宣传，培养消费者对创新产品进行消费后的创新参与者观念，进而引导消费者的消费观念。二是要对供应链创新采取减免赋税措施，降低供应链企业创新成本，同时对消费者的创新消费行为进行补贴，降低消费者创新产品消费成本。三是要为类似于新能源汽车行业的产品提供便利的基础设施，如高速增设充电桩，消除消费者创新产品使用过程中的后顾之忧。四是要合理的、不断地提升一些产品的标准或要求，如汽车国六标准、空调能效等级等，通过禁止大排放量汽车上路，迫使消费者选择符合排放标准的产品进行消费，进而迫使供应链企业横向创新合作。五是要敦促企业创新，对不符合标准的产品禁止流入市场。

7 结论与展望

本章为本书的总结部分，于 7.1 部分中对全书研究内容及结论进行整理，并给出相应的基本观点；于 7.2 部分中对本书的一些待研究问题进行了阐述，给出了未来的研究问题和方向。

7.1 主要研究结论

随着供应链创新竞争加剧，打破垄断，除继续推动不同服务环节供应链企业间纵向创新合作外，推动提供可替代服务的供应链企业间的横向创新合作，成为了实现供应链创新竞争力提升及保障供应链安全的重要渠道。本书通过对提供可替代服务的供应链企业间利益相关关系进行分析，梳理出提供可替代服务的供应链企业间的两类横向创新合作实现形式，设计了基于利益相关者理论的两类横向创新合作模式下供应链企业横向创新竞合系统的分析框架；通过构建联合决策模式下和创新成果共享模式下供应链企业横向创新竞合决策模型，探讨了不同横向创新合作模式下供应链企业横向创新竞合决策问题；通过构建政府规制下考虑权力结构的供应链企业横向创新竞合决策模型，探讨了供应链企业横向创新竞合模式选择与政府规制策略问题。上述研究内容为进一步提高供应链企业横向创新竞合效率，助推供应链企业产品创新水平的共同提高，实现供应链战略安全，妥善解决提供可替代服务的供应链企业间的横向创新竞合问题做出了贡献。本书的主要研究内容及结论如下：

一是梳理出供应链企业横向创新竞合过程中的两种横向创新合作实现形式。本书于第 2 章基于第 1 章文献梳理，并结合现实情境，梳理出供应链企业横向创新竞合过程中的两种横向创新合作实现形式，并设计了供应链企业横向创新竞合系统分析框架。研究发现：联合决策模式虽实现了供应链企业间的横向创新合作，但若供应链企业间不存在创新成果共享过程，将导致供应链整体创新水平无法得到有效提升；创新成果共享模式虽然可以带动供应链企业整体创新水平的提升，但提供可替代服务的创新领导企业与创新追随企业之间必然存在着市场竞争问题和公平关切问题；政府规制改变了供应链企业横向创新竞合过程中的权力结构，为供应链企业选择横向创新合作模式提供了契机，然而鲜有学者对提供可替代服务的供应链企业间的横向创新合作模式选择问题和政府规制问题进行分析。文献分析定位了本书的研究创新点，为本书创新性工作奠定了基础。

二是构建了联合决策模式下供应链企业横向创新竞合决策模型，探究了消费者异质偏好结构对联合决策模式下供应链企业横向创新竞合决策的影响机理。在本书的第 3 章，引入消费者异质偏好结构，以此刻画提供可替代服务的供应链企业间的产品竞争问题，在此基础上，分析了消费者异质消费偏好结构对联合决策模式下供应链企业横向创新竞合过程中的产品定价、创新决策以及市场需求的影响机理；对比分析了分散式决策和联合决策对供应链企业横向创新竞合决策问题及利益演化问题的影响，为联合决策模式下供应链企业横向创新竞合系统的利益分配和道德风险规制提供了策略。研究发现：利益协调契约的建立，是联合决策模式下供应链企业横向创新竞合系统维系的前提，否则创新领导企业和创新追随企业间的联合决策将无法得到有效的执行；联合决策是把"双刃剑"，联合决策压缩了落后产能，有利于系统整体利润的提升，但是联合决策抑制了创新领导企业的创新研发活动，存在引发 Cartel 问题的风险，政府应对采取联合生产、兼并购企业的生产活动加强监管，适当地引进新的研发企业进行竞争，以规避垄断风险，并对高技术壁垒行业的供应链企业创新研发活动进行补贴，降低供应链企业的创新研发成本。

三是构建了创新成果共享模式下供应链企业横向创新竞合决策模型，探究了市场竞争强度及供应链企业间公平关切对创新成果共享模式下供应链企业横向创新竞合决策的影响机理。本书于第 4 章，引入市场竞争强度和公平关切，于 4.2 部分和 4.3 部分，先后分析了市场竞争强度和公平关切对创新成果共享模式下供应链企业横向创新竞合决策的影响机理。研究发现：产品市场竞争强度与供应链企业间的公平关切，对系统内定价、创新策略及市场需求产生了较为复杂的影响，随着市场竞争强度的提升，创新追随企业必须降低产能和市场定价，以避免过度竞争可能造成的损失，创新领导企业则应积极拓展独立市场，开拓海外市场；供应链企业间的公平关切抑制了创新领导企业产品创新，不利于高端技术的突破，创新追随企业公平关切提高了创新领导企业创新成果共享定价，不利于创新成果共享，而创新领导企业公平关切降低了创新成果共享定价，有利于创新成果共享；因此，政府应警惕创新追随企业公平关切情境下创新领导企业通过哄抬创新成果共享定价制造激烈的市场竞争环境，以实现技术垄断。

四是构建了政府规制下考虑权力结构的供应链企业横向创新竞合决策模型，探究了政府规制与权力结构对供应链企业横向创新竞合决策及模式选择的影响机理。本书于第 5 章，尝试构建了政府规制下考虑权力结构的供应链企业横向创新竞合决策模型，分析了供应链企业横向创新竞合决策问题及系统稳定性问题，进而探讨了供应链企业的创新合作模式选择问题及如何推动供应链企业横向创新竞合关系健康发展的问题。研究发现：创新追随企业主导的供应链企业横向创新竞合关系虽然有利于创新成果共享活动，但由于创新追随企业利润水平始终为负，导致创新追随企业主导的供应链企业横向创新竞合关系在现实情境下无法维系；供应链企业横向创新竞合过程中采取 Nash 分散式决策策略时，创新成本系数的提升，迫使创新领导企业通过创新成果共享分担创新成本和创新风险；而在创新领导企业主导的供应链企业横向创新竞合关系中，创新成果共享加剧了提供可替代产品供应链企业间的创新竞争，又由于创新领导企业在系统中具有绝对话语权，因此，创新领导企业绝不会采取创新成果共享策略，此时，联合决策和政府补贴一定程度上将有利于推动创新领导企业采取创新成果共享策略。上述结论从侧面揭示了路风、李东红在本土竞合与境外竞合研究中的结论：当境外竞争者在合作过程中处于主导地位时，"市场换技术"政策并无法有效实现技术从境外企业向境内企业的转让。

五是分别从企业视角和政府视角探讨了供应链企业横向创新竞合决策问题，并据此提出了相应的管理提升策略。本书第 6 章基于前述研究分析结论，并借鉴国外供应链创新管理经验，总结了供应链企业横向创新竞合系统运行优化机制（系统优化）、供应链企业横向创新竞合系统可持续运行的政策保障措施，以及不同横向创新合作模式下供应链企业横向创新竞合系统运行的一致性与异质性（异质视角）。上述总结从系统优化、政府及供应链异质视角两个维度，为供应链企业横向创新竞合决策与管理提供了启示。

7.2　研究展望

　　本书构建了两类横向创新合作模式下供应链企业横向创新竞合决策模型，研究了供应链企业横向创新竞合过程中的产品策略、模式选择及政府规制等问题。但是，本书仍存在一定的可拓展空间。首先，在决策模型构建过程中，本书将供应链中的中间商视作产品制造商与消费者间的媒介，为分析简便，未深入讨论供应链中间商行为策略对供应链企业横向创新竞合系统决策的影响，因此，在未来的研究中，作者将把中间商行为策略考虑到横向创新竞合系统决策模型中，进一步使模型能够更加客观地反映现实情境。其次，供应链企业创新成果共享活动的开展可能会导致知识的外泄问题，进而冲击供应链企业间的横向创新合作关系，致使供应链企业蒙受损失，因此，本书下一步将对存在知识外泄情境的供应链企业间横向创新竞合问题进行探讨。最后，考虑到两类横向创新合作模式下供应链企业横向创新竞合系统的运行均仍存在一定的缺陷，因此，本书下一步将试图探索供应链内横向创新竞争企业间创新合作新模式。

参考文献

［1］帕拉格·康纳．供应链：下一个国家竞争优势［J］．中欧商业评论，2017（8）：40-45．

［2］丁俊发．美国全球供应链安全国家战略与中国对策［J］．中国流通经济，2016，30（9）：5-9．

［3］国务院办公厅关于积极推进供应链创新与应用的指导意见［EB/OL］．http：//www. gov. cn/zhengce/content/2017-10/13/content_5231524. htm？trs＝1．

［4］商务部等 8 部门关于公布全国供应链创新与应用试点城市和试点企业名单的通知［EB/OL］．http：//www. mofcom. gov. cn/article/h/redht/201810/20181002797245. shtml．

［5］中国 2019 年全社会研发支出 2.17 万亿元创新指数居世界第 14 位［EB/OL］．http：//baijiahao. baidu. com/s？id＝1667126585846076025&wfr＝news-app．

［6］赵树宽，王慧军，张晶敏．集成供应链企业间合作创新能力评价研究［J］．中国工业经济，2010（2）：68-77．

［7］李京文，姚蔚．发展我国自主汽车工业的战略选择［J］．中国软科学，2004（5）：5-10．

［8］Chen X，Wu J. Do different guanxi types affect capability building differently? A contingency view［J］. Social Science Electronic Publishing，2011，40（4）：581-592．

［9］André Nemeh，Yami S. The Determinants of the emergence of competition and cooperation Strategy in R&D［J］. Post-Print，2016，46（2-3）：159-178．

［10］Bengtsson M，Kock S. Competition and cooperation-Quo vadis? Past accomplishments and future challenges［J］. Industrial Marketing Management，2014，43

（2）：180-188.

［11］Ritala P，Kraus S，Bouncken R B. Introduction to competition and cooperation and innovation：Contemporary topics and future research opportunities ［J］. International Journal of Technology Management：The Journal of the Technology Management of Technology，Engineering Management，Technology Policy and Strategy，2016，71（1-2）：1-9.

［12］Huang K F，Yu C M J. The effect of competitive and non-competitive R&D collaboration on firm innovation ［J］. The Journal of Technology Transfer，2011，36（4）：383-403.

［13］Wu J. Cooperation with competitors and product innovation：Moderating effects of technological capability and alliances with universities ［J］. Industrial Marketing Management，2014，43（2）：199-209.

［14］Gnyawali D R，Park B J. Co-opetition between giants：Collaboration with competitors for technological innovation ［J］. Research Policy，2011，40（5）：650-663.

［15］刘洋，魏江，江诗松. 后发企业如何进行创新追赶？——研发网络边界拓展的视角 ［J］. 管理世界，2013（3）：96-110+188.

［16］Anne-Sophie，Fernandez，Frédéric，et al. Sources and management of tension in co-opetition case evidence from telecommunications satellites manufacturing in Europe ［J］. Industrial Marketing Management，2014，43（2）：222-235.

［17］李东红，乌日汗，陈东. "竞合"如何影响创新绩效：中国制造业企业选择本土竞合与境外竞合的追踪研究 ［J］. 管理世界，2020，36（2）：161-181+225.

［18］孙自来，王旭坪，詹红鑫，阮俊虎. 不同权力结构下制造商双渠道供应链的博弈分析 ［J］. 中国管理科学，2020，28（9）：154-163.

［19］Jia D f，Li S J. Optimal decisions and distribution channel choice of closed-loop supply chain when e-retailer offers online marketplace ［J］. Journal of Cleaner Production，2020（265）：1-13.

［20］范小军，陈宏民. 零售商导入自有品牌对渠道竞争的影响研究 ［J］. 中国管理科学，2011，19（6）：79-87.

［21］王晓锋，凡友荣，段永瑞，等. 考虑品牌竞争的双渠道供应链定价策

略研究 [J]. 工业工程与管理, 2015, 20 (3): 36-43.

[22] Dumrongsiri A, Fan M, Jain A, et al. A supply chain model with direct and retail channels [J]. European Journal of Operational Research, 2008, 187 (3): 691-718.

[23] 谭佳音, 李波. 公平关切对批发价格契约协调效果的影响 [J]. 预测, 2013, 32 (03): 65-69.

[24] 王桐远, 李延来. 零售商信息分享对双渠道绿色供应链绩效影响研究 [J]. 运筹与管理, 2020, 29 (12): 98-106.

[25] 周建亨, 赵瑞娟. 考虑引入渠道竞争的双渠道信号传递策略 [J]. 系统工程理论与实践, 2018, 38 (2): 414-428.

[26] 钱萍萍, 严磊, 李敏. 不同决策模式下的双渠道供应链合作广告博弈分析 [J]. 运筹与管理, 2019, 28 (4): 42-47.

[27] 陈安平, 李伟, 李凯, 杨慧姝. 渠道模式和渠道势力对制造商创新的影响研究 [J]. 管理学报, 2020, 17 (2): 298-306.

[28] Liu X G, Dai L F, Wang X F, et al. Pricing strategies in dual-channel supply chain with a fair caring retailer [J]. Complexity, 2019 (4): 1-23.

[29] Jian J, Zhang Y, Jiang L, et al. Coordination of supply chains with competing manufacturers considering fairness concerns [J]. Complexity, 2020 (5): 1-15.

[30] Matthew R. Incorporating fairness into game theory and economics [J]. The American Economic Review, 1993, 83 (5): 1281-1302.

[31] Cui T H, Ra J S, Zhang Z J. Fairness and channel coordination [J]. Management Science, 2007, 53 (8): 1303-1314.

[32] Ho T H, Su X M, Wu Y Z. Distributional and peer-induced fairness in supply chain contract design [J]. Production and Operations Management, 2014, 23 (2): 161-175.

[33] Katok E, Olsen T, Pavlov V. Wholesale pricing under mild and privately known concerns for fairness [J]. Production & Operations Management, 2014, 23 (2): 285-302.

[34] Qin F, Mai F, Fry J. Supply-chain performance anomalies: Fairness concern under private cost information [J]. European Journal of Operational Research, 2016, 252 (1): 170-182.

［35］Niu B，Cui Q，Zhang J. Impact of channel power and fairness concern on supplier's market entry decision ［J］. Journal of the Operational Research Society，2018，68（12）：1570-1581.

［36］Zheng X，Liu Z，Li K. Cooperative game approaches to coordinating a three-echelon closed-loop supply chain with fairness concerns ［J］. International Journal of Production Econonmics，2019（212）：92-110.

［37］李波，李宜楠，侯丽婷，侯棚文. 具有公平关切的零售商对双渠道供应链决策影响分析 ［J］. 控制与决策，2015，30（5）：955-960.

［38］黄芳，郑循刚，代应. 零售商公平偏好对代发货模式下双渠道供应链决策的影响 ［J］. 系统管理学报，2019，28（3）：560-568+578.

［39］邹清明，叶广宇. 考虑公平关切的双向双渠道闭环供应链的定价决策 ［J］. 系统管理学报，2018，27（2）：281-290.

［40］刘丁瑞，李登峰，郑小雪. 公平关切下考虑服务水平的供应链企业产品定价决策研究 ［J］. 南开管理评论，2020，23（1）：98-106+199.

［41］廖治通. 考虑消费者公平关切的制造商渠道选择策略 ［J］. 工业工程与管理，2019，24（4）：72-80.

［42］严磊，梅姝娥，仲伟俊，赵江. 考虑网购偏好行为的双渠道广告与价格竞争策略 ［J］. 系统管理学报，2019，28（2）：369-378.

［43］倪晓，程海芳，刘丛. 考虑消费者偏好的混合销售渠道决策模型 ［J］. 管理学报，2020，17（10）：1544-1553.

［44］Chiang W K，Chhajed D，Hess J D. Direct marketing，indirect profits：A strategic analysis of dual-channel supply-chain design ［J］. Management Science，2003，49（1）：1-20.

［45］Huang S，Yang C，Yang J. Pricing and production decisions in dual-channel supply chains with demand disruptions ［J］. Computers & Industrial Engineering，2012，62（1）：70-83.

［46］Khouja M，Park S，Cai Gangshu. Channel selection and pricing in the presence of retailer-captive consumers ［J］. National Journal of Production Economics，2010，126（2）：158-167.

［47］Ma W M，Zhao Z，Ke H. Dual-channel closed-loop supply chain with government consumption subsidy ［J］. European Journal of Operational Research，

2013，226（2）：221-227.

［48］曹晓刚，郑本荣，闻卉.考虑顾客偏好的双渠道闭环供应链定价与协调决策［J］.中国管理科学，2015，23（6）：107-117.

［49］Yang J Q, Zhang X M, Fu H Y. Inventory competition in a dual-channel supply chain with delivery lead time consideration［J］. Applied Mathematical Modelling, 2017, 42（3）：675-692.

［50］Zhang F, Wang C. Dynamic pricing strategy and coordination in a dual-channel supply chain considering service value［J］. Applied Mathematical Modelling, 2018, 54（1）：722-742.

［51］Modak N M, Kelle P. Managing a dual-hannel supply chain under price and delivery-time dependent stochastic demand［J］. European Journal of Operational Research, 2019, 272（2）：147-161.

［52］徐飞，王红蕾.交货期差异下的双渠道订货与协调优化策略［J］.运筹与管理，2020，29（4）：121-129.

［53］Ha A Y, Tong S. Contracting and information sharing under supply chain competition［J］. Management Science, 2008, 54（4）：701-715.

［54］Ha A Y, Tian Q, Tong S. Information sharing in competing supply chains with production cost reduction［J］. Manufacturing & Service Operations Management, 2017, 19（2）：246-262.

［55］石纯来，聂佳佳.双渠道供应链降低成本研发对零售商信息分享的影响［J］.工业工程与管理，2018，23（4）：81-89.

［56］魏广明，任丽果，秦娟娟，马亚明.低碳双渠道供应链的需求信息共享策略研究［J］.运筹与管理，2019，28（3）：45-56.

［57］林志炳.信息不对称下的制造商返利策略研究［J］.系统工程理论与实践，2020，40（2）：324-333.

［58］张晓，安世阳.保鲜成本分担下考虑零售商公平关切的生鲜品双渠道供应链协调［J］.工业工程与管理，2020（6）：1-7.

［59］Liu G, Yang T, Wei Y, et al. Decisions on dual-channel supply chains under market fluctuations and dual-risk aversion［J］. Discrete Dynamics in Nature and Society, 2020（3）：1-13.

［60］曾丽华，王健.考虑消费者风险规避行为的零售商渠道最优决策

［J］. 统计与决策，2020，36（4）：163-167.

［61］李波，王汝锋，陈蔚淳. 电子商务下风险规避制造商对供应链决策策略的影响研究［J］. 管理工程学报，2019，33（2）：173-179.

［62］王虹，孙玉玲，周晶. 制造商信息私有条件下的双渠道供应链定价决策［J］. 运筹与管理，2013，22（6）：117-122.

［63］Li Q，Li B，Chen P，et al. Dual-channel supply chain decisions under asymmetric information with a risk-averse retailer［J］. Annals of Operations Research，2017，257（1-2）：423-447.

［64］李芹芹，刘志迎. 风险规避对链合创新联盟的决策影响研究［J］. 管理工程学报，2015，29（4）：117-123.

［65］Xu G，Dan B，Zhang X，et al. Coordinating a dual-channel supply chain with risk-averse under a two-way revenue sharing contract［J］. International Journal of Production Economics，2014（147）：171-179.

［66］Petersen K J，Ragatz G L，Moncaka R M. An examination of collaborative planning effectiveness and supply chain performance［J］. The Journal of Supply Chain Management，2005，41（2）：14-25.

［67］Kehoe D F，Dani S，Sharifi H，et al. Demand network alignment：Aligning the physical，informational and relationship issues in supply chains［J］. International Journal of Production Research，2007，45（5）：1141-1160.

［68］石岿然，周扬，朱琳. 供应链成员不同行为对合作的影响研究［J］. 南京工业大学学报（社会科学版），2013，18（2）：49-54.

［69］李胜芬，孙文红. 供应链合作关系对供应链协同及绩效影响的实证研究［J］. 燕山大学学报（哲学社会科学版），2013，14（1）：100-105.

［70］Khan M，Jaber M Y，Guiffrida A L. The effect of human factors on the performance of a two level supply chain［J］. International Journal of Production Research，2012，50（2）：517-533.

［71］刁鸿珍，李随成，Alexander R. 跨国产业供应链合作关键成功因素的实证研究——以中、德印刷产业为例［J］. 管理工程学报，2013，27（2）：209-219.

［72］徐晓燕，李四杰. 单周期产品两层供应链的合作行为分析［J］. 系统工程学报，2005，20（5）：478-484.

［73］ Marufuzzaman M，Deif A M. A dynamic approach to determine the product flow nature in apparel supply chain network ［J］. International Journal of Production E-conomics，2010，128（2）：484-495.

［74］ 杜玉申，马方园，张金玉. 公平感知和效率感知对供应链合作关系稳定性的影响——以环境不确定性为调节变量 ［J］. 企业经济，2012，20（10）：43-47.

［75］ Michalsen A. R&D policy in a vertically related industry ［J］. Economics of Innovation & New Technology，2012，21（8）：737-751.

［76］ Franco C，Gussoni M. The role of firm and national level factors in fostering R&D cooperation：a cross country comparison ［J］. Journal of Technology Transfer，2014，39（6）：945-976.

［77］ 王先甲，黄婧怡. 考虑消费者效用的智能产品供应链定价博弈研究 ［J］. 价格理论与实践，2019（12）：137-140+184.

［78］ Xin C，Zhou Y Z，Zhu X C，et al. Optimal decisions for carbon emission reduction through technological innovation in a hybrid-channel supply chain with con-sumers'channel preferences ［J］. Discrete Dynamics in Nature & Society，2019（1）：1-24.

［79］ 金基瑶，杜建国，金帅，高鹏. 消费者环境创新偏好下政府环境补贴对供应链绩效的影响——基于本土和 FDI 生产型企业竞争的视角 ［J］. 系统管理学报，2020，29（4）：657-667.

［80］ Urban G L，Von H E. Lead user analyses for the development of new indus-trial products ［J］. Management Science，1988，34（5）：569-582.

［81］ Lynn M，Harris J. The desire for unique consumer products：A new indi-vidual differences scale ［J］. Psychology & Marketing，1997，14（6）：601-616.

［82］ 徐岚. 顾客为什么参与创造？-消费者参与创造的动机研究 ［J］. 心理学报，2007，39（2）：343-354.

［83］ Ogawa S. Does sticky information affect the locus of innovation？Evidence from the Japanese convenience-store industry ［J］. Research Policy，1998，26（7-8）：777-790.

［84］ Thomke S，Von H E. Customers as innovators：A way of value creation ［J］. Harvard Business Review，2002，80（4）：74-84.

［85］曹勇，赵莉，长平彰夫．日本制造企业新产品开发开成中模糊前端创新的效果分析［J］．南开管理评论，2009，12（6）：4-10.

［86］Franke N，Shah S. How communities support innovative activities：An exploration of assistance and sharing among end-users［J］. 2003，32（1）：157-178.

［87］McKeen J D，Guimaraes T，Wetherbe J C. The relationship between user participation and user satisfaction：An investigation of four contingency factors［J］. Society for Information Management and The Management Information Systems Research Center，1994，18（4）：427-451.

［88］Lee V H，Ooi K B，Chong Y L，et al. Creating technological innovation via green supply chain management：An empirical analysis［J］. Expert Systems with Applications，2014，41（16）：6983-6994.

［89］Mandal S. Towards an empirical-relational model for supply chain innovation［J］. International Journal of Information Systems & Supply Chain Management，2015，8（3）：67-86.

［90］Mandal S. A social-exchange perspective on supply chain innovation［J］. International Journal of Information Systems in the Service Sector，2016，8（3）：36-57.

［91］毛照昉，刘鹭，李辉．考虑售后服务合作的双渠道营销定价决策研究［J］．管理科学学报，2019，22（5）：47-56.

［92］Wong D T W，Ngai E W T. Critical review of supply chain innovation research（1999-2016）［J］. Industrial Marketing Management，2019（82）：158-187.

［93］张巍，张旭梅，肖剑．供应链企业间的协同创新及收益分配研究［J］．研究与发展管理，2008，20（4）：81-88.

［94］王雪，张培文，孙宏．基于资源投入的供应链联盟利益分配方案研究［J］．统计与决策，2018，503（11）：55-59.

［95］吴铭峰．基于核仁的供应链合作收益分配研究［J］．统计与决策，2012，350（2）：44-46.

［96］Wang J，Shin H. The impact of contracts and competition on upstream innovation in a supply chain［J］. Production and Operations Management，2015，24（1）：134-146.

［97］Yenipazarli A. To collaborate or not to collaborate：Prompting upstream eco-efficient innovation in a supply chain ［J］. European Journal of Operational Research，2017，260（2）：571-587.

［98］Song H H，Gao X X. Green supply chain game model and analysis under revenue-sharing contract ［J］. Journal of Cleaner Production，2018（170）：183-192.

［99］邹艳，陈宇科，董景荣. 三级供应链内中游企业纵向合作研发策略 ［J］. 管理工程学报，2011，25（1）：216-220.

［100］吕璞，林莉. 供应链上下游企业间合作研发博弈模型 ［J］. 大连交通大学学报，2013，144（2）：119-122.

［101］Myerson R B. Graphs and cooperation in games ［J］. Mathematics of Operations Research，1977，2（3）：225-229.

［102］杨洁，赖礼邦. 具有限制结盟结构的供应链合作创新及其收益分配 ［J］. 运筹与管理，2018，27（2）：48-53.

［103］单而芳，吴美慧，吕文蓉，刘贺宇. 基于位置值的四级供应链创新联盟及收益分配 ［J］. 工业工程与管理，2021，26（1）：36-43.

［104］Craighead C W，Hult G T M，Jr D J K. The effect of innovation-cost strategy，knowledge，and action in the supply chain on firm performance ［J］. Journal of Operations Management，2009，27（5）：405-421.

［105］Esper T L，Ellinger A E，Stank T P，et al. Demand and supply integration：A conceptual framework of value creation through knowledge management ［J］. Journal of the Academy of Marketing Science，2010，38（1）：5-18.

［106］李柏洲，尹士，曾经纬，罗小芳. 基于 SEM 和 B-Z 反应的集成供应链合作创新机制与动态演化研究——集成供应链关系质量视角 ［J］. 中国管理科学，2020，28（2）：166-177.

［107］Vinhas A S，Heide J B. Forms of competition and outcomes in dual distribution channels：The distributor's perspective ［J］. Marketing Science，2014，34（1）：160-175.

［108］单汨源，刘超，刘小红. 政府创新补贴对零售商双渠道供应链的影响研究 ［J］. 华东经济管理，2016，30（9）：120-124.

［109］石岿然，蒋凤，孙玉玲. 利他偏好对双渠道供应链成员企业的策略影

响研究［J］. 运筹与管理，2018，27（9）：66-72.

［110］陈静，胡婷婷，韩燕，杜志平. 基于收益共享的双渠道供应链低碳协调研究［J］. 统计与决策，2020，36（10）：176-180.

［111］Asgari N，Tandon V，Singh K，et al. Creating and taming discord：How firms manage embedded competition in alliance portfolios to limit alliance termination［J］. Strategic Management Journal，2018，39（12）：3273-3299.

［112］Hoffmann W，Lavie D，Reuer J J，et al. The interplay of competition-cooperation［J］. Strategic Management Journal，2018（39）：3033-3052.

［113］Brandenburger A M，Balebuff B J. Co-opetition［M］. New York：Doubleday，1996：2-3.

［114］Ring P S，Van de Ven H. Structuring cooperative relationships between organizations［J］. Strategic Management Journal，1992（13）：412-433.

［115］Cristina Q G，Carlos A. Cooperation，competition，and innovative capability：A panel data of European dedicated biotechnology firms［J］. Technovation，2004，24（12）：927-938.

［116］Park B S，Srivastava M K，Gnyawali D R. Walking the tight rope of competition and cooperation：Impact of competition-cooperation Intensities and balance on firm innovation performance［J］. Industrial Marketing Management，2014（43）：210-221.

［117］陈伟，张旭梅，宋寒. 供应链企业间知识交易的关系契约机制：基于合作创新的研究视角［J］. 科研管理，2015，36（7）：38-48.

［118］Bouncken R B，Clau B T，Fredrich V. Product innovation through competition and cooperation in alliances：Singular or plural governance？［J］. Industrial Marketing Management，2016（53）：77-90.

［119］彭珍珍，顾颖，张洁. 动态环境下联盟竞合、治理机制与创新绩效的关系研究［J］. 管理世界，2020，36（3）：205-220+235.

［120］Palmer K，Oates W E，Portney P R. Tightening environmental standards：The benefit-cost or the no-cost paradigm［J］. The Journal of Economic Perspectives，1995，66（5）：88-96.

［121］Rassier D G，Earnhart D. The effect of clean water regulation on profitability：Testing the porter hypothesis［J］. Land Economics，2010，86（2）：329-

344.

[122] Costantini V, Mazzanti M. On the green and innovative side of trade competitiveness? The impact of environmental policies and innovation on EU exports [J]. Research Policy, 2012, 41 (1): 132-153.

[123] Ding H P, Wang L, Zheng L. Collaborative mechanism on profit allotment and public health for a sustainable supply chain [J]. European Journal of Operational Research, 2018 (267): 478-489.

[124] 张艳丽, 胡小建, 杨海洪, 等. 政府补贴下考虑消费者策略行为的 GSC 决策模型 [J]. 预测, 2017, 36 (2): 57-63.

[125] 卢亚丽. 社会福利视角下的产业链研发政府补贴方式 [J]. 系统管理学报, 2017, 26 (6): 1055-1060.

[126] 孙晓华, 郭旭, 王昀. 政府补贴、所有权性质与企业研发决策 [J]. 管理科学学报, 2017, 20 (6): 18-31.

[127] 徐磊, 董明, 陈靖. 双寡头竞争环境下的补贴对象选择问题 [J]. 系统管理学报, 2018, 27 (5): 961-970.

[128] Harmeling C M, Moffett J W, Arnold M J, et al. Toward a theory of customer engagement marketing [J]. Journal of the Academy of Marketing Science, 2017, 45 (3): 312-335.

[129] 万骁乐, 郝婷婷, 戎晓霞, 孟庆春. 共创视角下考虑开放式创新的供应链价值创造研究 [J]. 中国管理科学, 2017, 25 (7): 57-66.

[130] Kamakura W A, Kim B, Lee J J. Modeling preference and structural heterogeneity in consumer choice [J]. Marketing Science, 1996, 15 (2): 152-172.

[131] Keane M, Wasi N. How to model consumer heterogeneity? Lessons from three case studies on SP and RP data [J]. Research in Economics, 2016, 70 (2): 197-231.

[132] 白让让. 轿车细分市场中产品线定位的影响因素分析 [J]. 管理科学学报, 2010, 23 (1): 2-9.

[133] 赵伟光, 李凯. 考虑消费者异质偏好的产品线定价策略识别及其效应分析 [J]. 管理学报, 2019, 16 (12): 1854-1863.

[134] Desarbo W S, Ansari A, Chintagunta P K, et al. Representing heterogeneity in consumer response models 1996 choice conference participants [J]. Marketing

Letters，1997，8（3）：335-348.

［135］林雅琴，郭强，张志文，等．淡季中酒店与 OTA 合作模式选择研究
［J］．中国管理科学，2018，26（5）：187-196.

［136］王春苹，南国芳，李敏强，等．寡头市场信息产品与服务的最优定价
策略［J］．管理科学学报，2016，19（3）：92-106.

［137］刘征驰，马滔，申继禄．个性定制、价值感知与知识付费定价策略
［J］．管理学报，2018，15（12）：1846-1853.

［138］雷西洋，丁彦，李姚矿，等．一种考虑子公司竞合关系的跨国公司固
定成本分摊方法［J］．系统工程理论与实践，2019，39（7）：1714-1720.

［139］Chen M J，Miller D. Reconceptualizing competitive dynamics：A multidi-
mensional framework［J］. Strategic Management Journal，2015，36（5）：758-775.

［140］Menon A R，Yao D A. Elevating repositioning costs：Strategy dynamics
and competitive interactions［J］. Strategic Management Journal，2017，38（10）：
1953-1963.

［141］肖旦，周永务，范丽繁，等．改良技术共享下改良品联合采购联盟的
竞合博弈研究［J］．中国管理科学，2019，27（2）：129-137.

［142］Crawford S S，Gray W R，Kern A E. Why do fund managers identify and
share profitable ideas？［J］. Journal of Financial and Quantitative Analysis，2017，52
（5）：1903-1926.

［143］Baumg R. Heinrich on stackelberd on joint production［J］. The European
Journal of the History of Economic Thought，2001，8（4）：509-525.

［144］Han X H，Wu H Y，Yan Q X，et al. Collection channel and production
decisions in a closed-loop supply chain with remanufacturing cost disruption［J］. Inter-
national Journal of Production Research，2017，55（4）：1147-1167.

［145］李友东，夏良杰，王锋正，等．考虑渠道权力结构的低碳供应链减排
策略比较研究［J］．管理评论，2019，31（11）：240-254.

［146］Han X H，Wu H Y，Yan Q X，et al. Reverse channel selection under re-
manufacturing risks：Balancing profitability and robustness［J］. International Journal of
Production Economics，2016（182）：63-72.

［147］Qi X T，Bard J F，Yu G. Supply chain coordination with demand disrup-
tions［J］. Omega，2004，32（4）：301-312.

［148］Xu G Y，Dan B，Zhang X M，et al. Coordinating a dual-channel supply chain with risk-averse under a two-way revenue sharing contract ［J］. International Journal of Production Economics，2014（147）：171-179.

［149］张伸，孟庆春，安国政. 电商平台扣点率影响下的双渠道供应链协调定价研究［J］. 中国管理科学，2019，27（10）：44-55.

［150］刘新民，赵梁，王垒，等. 考虑随机市场需求的双渠道供应链风险补偿策略研究——从质量与价格竞争视角［J］. 中国管理科学，2019，27（1）：73-84.

［151］李友东，夏良杰，王锋正. 基于产品替代的低碳供应链博弈与协调模型［J］. 中国管理科学，2019，27（10）：66-76.

［152］人民网. 科技部：2019 年全社会研发投入达 2. 17 万亿元 ［R/OL］. http：//society. people. com. cn/n1/2020/0519/c1008-31715099. html.

［153］Scherer F M. Heinrich von stackelberg's marktform und gleichgewicht ［J］. Journal of Economic Studies，1996，23（5）：58-70.

［154］Batarfia R，Mohamad Y，Simone Z. Dual-channel supply chain：A strategy to maximize profit ［J］. Applied Mathematical Modelling，2016，40（21）：9454-9473.

［155］张维迎. 论价格功能 ［J］. 中国社会科学，1985（3）：51-64.

［156］Anderson E J，Bao Y. Price competition with integrated and decentralized supply chains ［J］. European Journal of Operational research，2010，200（1）：227-234.

［157］Wu C H，Chen C W，Hsieh C C. Competitive pricing decisions in a two-echelon supply chain with horizontal and vertical competition ［J］. International Journal of Production Economics，2012，135（1）：265-274.

［158］马捷，段颀，张维迎. 所有权与经营权分离情况下的自由进入均衡 ［J］. 经济研究，2013，48（8）：120-130.

［159］Hafezalkotob A. Competition of two green and regular supply chains under environmental protection and revenue seeking policies of government ［J］. Computers & Industrial Engineering，2015（82）：103-114.

［160］Zhu W，He Y. Green product design in supply chains under competition ［J］. European Journal of Operational Research，2017，258（1）：165-180.

［161］丁锋，霍佳震. 服务水平对双渠道供应链协调策略影响研究［J］. 中国管理科学，2014，22（S1）：485-490.

［162］桂云苗，龚本刚，程永宏. 双边努力情形下电子商务平台质量保证策略研究［J］. 中国管理科学，2018，26（1）：163-169.

［163］陈林，朱卫平. 创新竞争与垄断内生——兼议中国反垄断法的根本性裁判准则［J］. 中国工业经济，2011（6）：5-15.

［164］汪明月，刘宇，史文强，李梦明，钟超. 碳交易政策下低碳技术异地协同共享策略及减排收益研究［J］. 系统工程理论与实践，2019，39（6）：1419-1434.

［165］吴洁，陈璐，盛永祥，车晓静，施琴芬. 考虑风险的产业技术联盟知识共享演化博弈研究［J］. 运筹与管理，2018，27（11）：36-42.

［166］菅利荣，王大澳. 政府调控下的战略性新兴产业集群企业知识共享演化博弈［J］. 系统工程，2019，37（4）：30-35.

［167］唐厚兴. 市场竞争结构对"市场换技术"战略的影响研究［J］. 科学学研究，2017，35（6）：907-916.

［168］Fahimnia B，Sarkis J，Davarzani H. Green supply chain management：A review and bibliometric analysis［J］. International Journal of Production Economics，2015（162）：101-114.

［169］Fehr E，Schmidt K M. A theory of fairness，competition，and cooperation［J］. Quarterly Journal of Economics，1999，114（3）：817-868.

［170］Cui T H，Raju J S，Zhang Z J. Fairness and channel coordination［J］. Management Science，2007，53（8）：1303-1314.

［171］刘建丽，刘瑞明. 来源国形象、消费者偏见与中国品牌跨国营销——中国电子产品在美国的品牌来源国效应检验［J］. 经济管理，2020，42（3）：133-150.

［172］姜宝，李秋实，李剑. 航运供应链上的品牌价值、公平关切与契约协调［J］. 中国管理科学，2020，28（1）：101-112.

［173］柳键，万谧宇，周辉，江玮璠. 非均衡状态下双寡头价格——质量动态竞争策略［J］. 计算机集成制造系统，2019，25（7）：1839-1854.

［174］Mohannad R，Guoqing Z. Pricing policies for a dual-channel retailer with cross-channel returns［J］. Computers & Industrial Engineering，2018（119）：63-

75.

［175］Li B，Zhu M，Jiang Y，et al. Pricing policies of a competitive dual-channel green supply chain ［J］. Journal of Cleaner Production，2016，112（20）：2029-2042.

［176］杨桂菊，李斌. 代工企业品牌升级的 5W-1H（360 度）创新模型 ［J］. 科学学研究，2015，33（11）：1749-1759.

［177］Alex W，Carolyn L. Effects of content class with endorsement and information relevancy on purchase intention ［J］. Management Research Review，2011，34（4）：417-450.

［178］刘新民，孙向彦，吴士健. 不同权力结构下二级双渠道供应链决策研究 ［J/OL］. 系统工程：1-9 ［2020-10-18］. http：//kns. cnki. net/kcms/detail/43. 1115. N. 20201015. 1343. 002. html.

［179］杨宏林，彭诗雨，袁际军. 零售商混合融资模式下双渠道供应链订购决策 ［J/OL］. 计算机集成制造系统：1-16 ［2020-10-24］. http：//kns. cnki. net/kcms/detail/11. 5946. TP. 20200817. 1019. 016. html.

［180］李新然，刘媛媛，俞明南. 不同权力结构下考虑搭便车行为的闭环供应链决策研究 ［J］. 科研管理，2018，39（3）：45-58.

［181］Bronzini R，Piselli P. The impact of R&D subsidies on firm innovation ［J］. Research Policy，2016，45（2）：442-457.

［182］Howell A. Picking "winners" in China：Do subsidies matter for indigenous innovation and firm productivity? ［J］. China Economic Review，2017（44）：154-165.

［183］张慧雪，沈毅，郭怡群. 政府补助与企业创新的"质"与"量"——基于创新环境视角 ［J］. 中国科技论坛，2020（3）：44-53.

［184］孙忠娟，刘晨蕊，周江华，李纪珍. 科技资助影响企业创新的资源门槛 ［J］. 科学学与科学技术管理，2020，41（1）：16-32.

［185］赵文，李月娇，赵会会. 政府研发补贴有助于企业创新效率提升吗?——基于模糊集定性比较分析（fsQCA）的研究 ［J］. 研究与发展管理，2020，32（2）：37-47.

［186］陈劲，王方瑞. 中国本土企业自主创新的路径模式探讨 ［J］. 自然辩证法通讯，2007，129（3）：49-58.

［187］杨照东，任义科．体制环境与区域创新效率：基于理论与实证的分析［J］．中央财经大学学报，2018（8）：87-98.

［188］刘洪春，夏昊翔．博弈视角下联合创新策略及协调机制研究［J］．工业技术经济，2020，39（3）：3-9.

［189］路风，封凯栋．发展我国自主知识产权汽车工业的政策选择［M］．北京：北京大学出版社，2005：53-55.

附录　变量注释

变量	注释	初现页
b_1 & b_2	需求交叉弹性系数	36
a	市场初始容量	36
ρ	消费者对产品创新属性消费偏好	36
c_1	创新追随企业单位沉没成本	36
h	创新领导企业单位生产成本系数	36
Q_1	创新领导企业产品市场需求	36
P_1	创新领导企业产品定价	36
P_2	创新追随企业产品定价	36
r	产品相对创新度系数	36
s	产品创新难度系数	37
b	创新领导企业产品创新成本系数	37
Q_2	创新追随企业产品市场需求	36
c_1	新领导企业单位产品生产成本	56
r_1	创新领导企业产品的独立市场需求	56
r_2	创新追随企业产品的独立市场需求	56
q_1	创新领导企业产品在重合市场的需求	56
q_2	创新追随企业产品在重合市场的需求	56
λ	单位创新附加值	56
ω	创新成果转让共享价格	56
α	需求交叉弹性系数	70
ω	创新成果转让共享价格	71

变量	注释	初现页
τ_1 & τ_2	产品市场需求对创新水平敏感系数	70
θ	创新领导企业产品创新水平	70
δ	创新成果共享、转让比例	70
σ	政府对创新领导企业补贴比例	86
k	政府补贴对企业产品市场需求的刺激系数	86
λ_1	产品创新水平对创新领导企业产品市场需求的刺激系数	86
λ_2	产品创新水平对创新追随企业产品市场需求的刺激系数	86